消費者理解に基づくマーケティング

感覚マーケティングと消費者情報消化モデル

須永 努 著

有斐閣

目　次

序　章　現代マーケティングと消費者理解 —————— 1

　1．世界―厳しい日本の消費者 ……………………………… 1

　2．消費者／顧客志向のマーケティングは終焉を迎えたのか ……… 4

　3．感覚マーケティングの台頭 ……………………………… 7

　4．消費者行動研究の過去・現在・未来 ………………… 10

　5．本書の構成 ……………………………………………… 11

第 1 章　消費者意思決定の連続性 ———————————— 15
　　　　　消費者行動における相互依存効果

　1．消費者行動を点でなく線（流れ）で捉える ………… 15

　2．背景対比効果の存在 …………………………………… 17
　　　購買意思決定間のつながり（17）　背景対比効果が生じる理由（19）

　3．逐次選択 ………………………………………………… 21

　4．異なる製品カテゴリー間の逐次選択 ………………… 22
　　　買い物運動量効果（22）　免罪符効果（24）

　5．線分と線分をつなぐ …………………………………… 26

第 2 章　消費者の情報処理を促進する情報のあり方 ——— 29
　　　　　意思決定時におけるメタ認知の影響

　1．認知の認知 ……………………………………………… 29

　2．流暢性の種類と操作 …………………………………… 31
　　　図と地の分化（31）　さまざまなタイプの流暢性（34）

　3．素朴理論 ………………………………………………… 37

　4．消費者意思決定への影響 ……………………………… 39
　　　流暢性のメリット（39）　低い流暢性の効果（40）

　5．今後の展開 ……………………………………………… 41
　　　クロスモーダル対応の活用（41）　ニューロ・マーケティングとのつな

i

がり（44）　情報を消化する消費者（44）

第3章　店舗内環境の捉え方―――――――――――――――47
ホリスティック・アプローチと実験的アプローチ

1. **環境の影響** ……………………………………………………… 47
   店舗内環境の重要性（47）　店舗内環境研究の視点（48）

2. **ホリスティック・アプローチ** ……………………………… 49
   環境を全体として捉える（49）　ホリスティック・アプローチの利点と
   課題（51）

3. **実験的アプローチ** ………………………………………… 52
   色の三属性：色相，明度，彩度（53）　照明の影響（55）　ハイブリッ
   ド・アプローチ（56）

4. **eコマース時代における実店舗環境の重要性** ………… 56
   店舗の位置づけと役割の変化（56）　店舗内環境研究の課題と展望（58）

第4章　感覚マーケティングと消費者行動①―――――61
視覚による影響

1. **感覚マーケティングと感覚対応** ………………………… 61

2. **色，視覚的重量，位置の感覚対応** ……………………… 64

3. **仮　説** ……………………………………………………… 66

4. **実験1** ……………………………………………………… 69
   プリテスト（69）　手続き（71）　分析結果（72）　議論（74）

5. **実験2** ……………………………………………………… 74
   環境および手続き（74）　分析結果（77）　議論（79）

6. **実験3** ……………………………………………………… 80
   プリテスト（80）　手続き（81）　分析結果（82）　議論（84）

7. **実験4** ……………………………………………………… 85
   プリテスト1（86）　プリテスト2（87）　手続き（89）　分析結果（90）
   議論（93）

8. **総　論** ……………………………………………………… 94
   理論的・実務的示唆（94）　限界と今後の展望（97）

目　次

第5章　感覚マーケティングと消費者行動②―――― 99
聴覚による影響

1. 音楽心理学の活用 ……………………………………… 99
聴覚と消費者行動（99）　本章のねらい（101）　音楽の周波数（高さ）
と知覚距離の連合（102）

2. 音／音楽の一致効果と解釈レベル理論 ……………… 103
聴覚の感覚対応研究（103）　一致の効果（104）

3. ダウンストリーム効果と媒介効果 …………………… 106
ダウンストリーム効果（106）　流暢性の媒介効果（108）

4. 実験1A ………………………………………………… 109
実験素材と手続き（109）　分析結果（111）　議論（113）

5. 実験1B ………………………………………………… 113
実験素材と手続き（113）　分析結果（115）　議論（115）

6. 実験2 …………………………………………………… 116
プリテスト（116）　実験素材と手続き（117）　分析結果（118）
媒介分析（120）　議論（122）

7. 実験3A ………………………………………………… 122
実験素材と手続き（122）　分析結果（124）　議論（125）

8. 実験3B ………………………………………………… 126
実験素材と手続き（126）　分析結果（127）　議論（128）

9. 総　論 …………………………………………………… 128
本章の知見（128）　理論的・実務的示唆（129）　限界と今後の展望
（132）

第6章　消費者情報処理パラダイムの課題―――― 137
コンピュータ・アナロジーからの転回

1. 消費者情報処理におけるコンテクストの重要性 ……… 137
全体像を捉える（137）　消費者コンテクストの異質性（138）

2. マーケティング・コミュニケーションにおける他者性問題 … 140
マーケティング・ダイアログ（140）　価値共創型マーケティング・コミ
ュニケーション（143）

3. 消費者情報処理パラダイムの広がり …………………… 145
主観に基づく情報処理（145）　パースペクティブ理論（147）

iii

4. 消費者情報処理パラダイムの課題 ················· 148

消費者情報処理の基本構図（148）　コンピュータ・アナロジーの限界
（152）

5. 生物学的観点の導入 ················· 154

第7章　消費者情報消化モデルの概要と意義 ——— 157

1. 消費者情報消化モデルの概要 ················· 157

情報消化モデルを提示する狙い（157）　情報消化の流れ（フロー）
（158）　情報処理における編集機能（160）　スキーマと情報消化の関係
（161）

2. 消費者の情報消化におけるコンテクストの役割 ············ 162

消費者のコンテクスト（163）　マーケターのコンテクスト（165）

3. 環境コンテクストの活用 ················· 167

顧客接点の意味（167）　コンテクスト間の相互作用（168）

4. 消費者情報消化モデルの意義と課題 ············ 171

消費者情報消化モデルの意義（171）　消費者情報消化モデルから見えて
くるもの（173）

終　章　消費者理解に基づくマーケティングの構築へ ——— 177

1. マーケターのコンテクストと消費者のコンテクストを
つなぐ ················· 177

本書のまとめ（177）　コンテクスト共有型マーケティングの実践（178）

2. 消費者行動の未来 ················· 179

ソーシャルな情報環境と消費者行動（179）　コミュニケーションの本質
（180）　消費者行動研究者に求められるもの（182）

参考文献一覧　185

あとがき　207

索引（事項・人名・企業名）　211

iv

序　章

現代マーケティングと消費者理解

1. 世界一厳しい日本の消費者

　日本の消費者の特性を述べるとすれば，「特殊性」と「厳しさ」の二言に集約できるであろう。たとえば，話題のラーメン店やスイーツ店に長蛇の列をつくる日本人の姿が，世界（とくにイタリア人をはじめとするラテン系）の人たちには信じ難い光景に映るようである。かつて，ガラパゴス化／ガラケー（ガラパゴス携帯電話）と揶揄された日本の携帯電話も，日本の消費者（この場合は日本市場といった方が適切かもしれない）が世界の中で異質であることを物語っていた。日本の消費者がもつこうした特殊性の1つとしても位置づけられるのが，2つ目の特性として挙げた「厳しさ」である。「千三つ」という業界用語があるように，日本の飲料市場は年間1000点近い新製品が発売されるが，そのうち3点程度しか生き残らない厳しい競争環境にある。

　飲料に限らず，日本の消費者は多くのカテゴリーで世界一品質に厳しく，品質管理を徹底しないとすぐにクレームが来るほどタフ，すなわち満足させるのが難しい消費者であるといわれる（三浦 2013）。それも，単に品質が優れていれば良いというわけでなく，見た目にも美しくなければ満足しない。野菜や果物の生産者が，「味や品質にはまったく問題ないが，形や大きさが揃っていないとお店で扱ってもらえない」と言って収穫物の一部を処分した

I

りしている光景を（テレビなどで）見ることも少なくないし，それを見ても多くの人は「まあ，そうだろうなぁ」といった反応しか示さないのではないであろうか。つまり，スーパーの青果売り場では，形の悪いものは避け，きれいな形をした青果，箱入りの青果であれば形の揃ったものを選ぶのは，日本人からするとごく普通のことである。

　また，パッケージはもちろん，製品の梱包物に対しても，日本人は厳しい目で評価する。家電量販店で新しい家電の購入を決めた際，バックヤードから店員が持ってきた商品の箱が破れていたら，あるいはオンラインで購入した商品が届いたところ，箱の一部がつぶれていたら，とても嫌な気分になる人が多いだろうし，交換を申し出る消費者も少なくないであろう。こうした感覚は，欧米の消費者にはあまりない。合理主義的な彼／彼女らからすると，商品の箱は商品を守るためにあるのであって，箱がつぶれているだけならば，それは箱がその役目をみごとに果たしたということでしかない[1]。しかし，日本の消費者は箱も商品の一部であると考えているため，箱がつぶれていたら「新品」の気分が味わえず，嫌な気分になるのである。

　三浦（2013）は，こうした日本人特有の厳しさの根源を神道に由来する日本文化，中でも「清浄」という美的価値に見出しており，非常に興味深く，説得力がある。書店で平積みにされている本を購入する際，一番上に置かれているものは避け，できれば上から2冊目や3冊目の本をレジへ持っていくようにするのは，筆者ばかりでないだろう。ここには，不特定多数の人が触った可能性のあるものは嫌で，まっさらなものの方が良いという心理が働いている。「清浄」を好み，その対立概念としてある「穢れ」を嫌うという日本の社会・文化に根づいた観念の影響が顕著に表れている。

　このように，品質を含めたさまざまな点で商品に対して非常に厳しい目をもつ日本の消費者は，海外の企業からすると最も攻略が難しい相手であるといえる。そのため，最初の海外進出先として日本を選び，グローバルに展開できるか否かの試金石にしようとする企業も少なくない。日本の消費者に受け入れられれば，世界のどこへ出て行っても通用するというわけである。あるいは，日本の消費者から厳しい意見や評価をもらい，それを製品やサービ

スの改善に活かそうという狙いもある。イギリスのダイソン社におけるロボット掃除機「Dyson 360Eye」(2015年)，フレンチの三ツ星レストラン「ポール・ボキューズ」(1972年)，ニューヨークのステーキハウス「ウルフギャング」(2014年)，ミラノピザを提供するイタリアの「SPONTINI（スポンティーニ）」(2015年)，これらはいずれも最初の海外進出先（海外1号店）として日本市場を選択した事例である。スターバックスが北米以外の市場に初めて進出した（1996年）のも，やはり日本であった。

　2017年3月，コカ・コーラ社はコカ・コーラとしては世界初となる特定保健用食品の「コカ・コーラ プラス」を市場導入した。翌2018年1月には，日本の神話で邪気を祓う力があるとされ，桃の節句などで古くから親しまれている桃のフレーバーを使用した「コカ・コーラ ピーチ」を期間限定で発売した。さらに同年4月，同じくコカ・コーラとしては世界で初めてパッケージにパウチを採用した容器入りフローズン飲料「コカ・コーラ フローズンレモン」を発売した。これまで，「コカ・コーラ」ブランドの製品開発はアトランタの本社だけが行ってきた，いわば「聖域」であった。しかし，これら3つの新商品は，日本コカ・コーラ株式会社が日本市場向けに開発した製品である。本社以外で「コカ・コーラ」ブランドの製品開発がなされ，市場導入された初のケースとなった。以前は奇妙なマーケット（ガラパゴス）として捉えられていた日本市場も，厳しい目をもつ消費者とそれに鍛えられたマーケターからなる先進的な市場として見直されつつある証拠であろう。

　本書は，とくに日本人に限定した消費者行動の理解を目的とするものではない。日本の消費者の特殊性については，三浦(2013)が非常に興味深い視点から深い洞察を得ているので，そちらを参照されたい。ここでは，日本の消費者と欧米やアジアなど他の国々の消費者に共通してみられる普遍的特徴やメカニズムの把握を目指す。そこから得られた知見は，世界一厳しいといわれる日本の消費者への対応にも役立てることができるし，グローバルにマーケティングを展開する際の一助にもなるであろう。

2. 消費者／顧客志向のマーケティングは終焉を迎えたのか

　マーケティングの基本は消費者／顧客志向であり，顧客のニーズを理解し，その充足に寄与する解決策を提供することにある。マーケティングにおける4つのP／マーケティング・ミックスを提唱したジェローム・マッカーシー（J. McCarthy）は図 序-1 を示した上で，「これを見て，顧客（ⓒ）がマーケティング・ミックスの一部であると考えるのはまったくの誤りである。顧客はあらゆるマーケティング努力の中心にあるべき存在であり，図の中心に顧客を置いたのは，顧客にフォーカスするべきであることを強調するためである」（McCarthy, 1978, p. 40）と述べている。

　したがって，顧客である消費者の理解は効果的なマーケティングの実践に不可欠であり，消費者行動の分析と理解なくしてマーケティング戦略の立案も成功もありえないというのが，マーケティングの常識であり，土台でもあった。

　ところが，近年ではこの根本原理に異を唱える，あるいは疑問を呈する風潮がある。その論理はこうである。これだけ世の中が経済的に豊かになり，技術も発達すると，消費者が欲しいものは大体手に入っているか，少なくとも手に入れられる状況が整っている。つまり，消費者の基本的なニーズはほぼ満たされた状態にあるといってよい。そのうえ，テクノロジーのレベルはきわめて高い水準にあり，素人である消費者がその違いを認識できるレベルを超えたところで競争が展開されている。そのような現代の消費者は，もはや自分が欲しいものは何かと聞かれても，明確な答えを持ち合わせておらず，回答できるのはせいぜい小さな改良点程度である。よって，消費者ニーズを起点とする従来型のマーケティング，いわゆる消費者志向のマーケティングは限界にきている。消費者志向でスマートフォンやロボット掃除機のようなイノベーティブな製品を開発することはできない。消費者は何が欲しいのか，自分ではわからないのである。消費者志向は終わった，消費者に何が欲しいか聞いてはいけない。おおよそこのような論旨である。

4

序　章　現代マーケティングと消費者理解

図序-1　マーケティング・ミックス

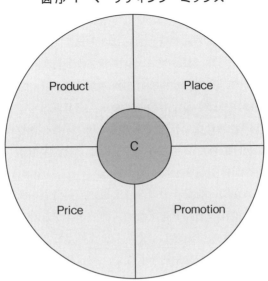

（注）中心の C は顧客（customer）を表している。
（出典）McCarthy（1978），p. 40.

　そして，少し前の例になるが，この主張を裏づけるかのような出来事があった。それは 2008 年に開催された北京オリンピックの際に起こった。オリンピック開催前，イギリスの SPEEDO 社が開発した競泳用水着であるレーザー・レーサーを着用した競泳選手が，次々と世界記録を更新した。しかし，日本水泳連盟はミズノ，デサント，アシックスの 3 社としか契約しておらず，北京オリンピックで日本代表選手はレーザー・レーサーを着用できない。直前に行われたジャパンオープンでも，日本新記録が 17 も出る異常事態であったが，そのうちの 16 がレーザー・レーサーを着用した選手によって達成されていた。この結果を受け日本水泳連盟は，ついにレーザー・レーサーの使用を認める方針を発表した。北京オリンピックの競泳では 21 種目で世界新記録，30 種目でオリンピック新記録が誕生したが，そのほとんどがレーザー・レーサーを着用した選手によるものである。日本の北島康介選手もレーザー・レーサーを着用し，100 m 平泳ぎで世界新記録，200 m 平泳ぎでオ

5

リンピック新記録を樹立し，みごと 2 つの金メダルを獲得した。

実は，このレーザー・レーサーという水着は，ユーザーである選手が嫌がる要素を取り入れた製品であった。競泳選手のほとんどは，「着心地の良さ」を強く求めていた。一方，レーザー・レーサーは，身体の凹凸を減らして水の抵抗を減らすよう，身体の締めつけ力が非常に強いという特徴を有していた。その締めつけ具合は半端なものではなく，全身用スーツの場合は他人の手を借りなければ着られないほどであるという。「着心地の良さ」という顧客ニーズからはかけ離れた製品だったのである。それでも，ユーザーは最終的に，この画期的な新製品を選んだのである。

この例が示すように，消費者の声に耳を傾け，消費者の要望に応える製品を開発しても，消費者の想像を超えたイノベーティブな製品を前にすると，彼／彼女らは簡単に手の平を返し，そちらを支持してしまう。消費者／顧客志向型マーケティングはもはや通用しない，時代遅れのものになってしまったのであろうか。ユーザーに「どんな水着が良いか」と聞いてはいけなかったのであろうか。

この問題の本質を捉えるためには，消費者／顧客ニーズについて深く理解する必要がある。マーケティングの世界的テキスト『コトラー&ケラーのマーケティング・マネジメント（第 12 版）』に，ニーズには 5 種類あると書かれている。明言された（stated）ニーズ／真の（real）ニーズ／明言されない（unstated）ニーズ／喜びの（delight）ニーズ／隠された（secret）ニーズ，の 5 つである（Kotler & Keller, 2006, p.24）。それぞれの詳細な説明は割愛するが，ここで大切なことは，消費者ニーズには「明言されない」ものや「隠された」ものもあれば，明言されたニーズとは別の「真の」ニーズも存在しうるという視点である。消費者が明言できるのは既存製品の改善点など，従来の延長線上にある発想から生まれる内容であることが多い。消費者が欲しいといったものイコール消費者ニーズであるという発想の下では，イノベーティブな製品が生まれにくいのはそのためである。「着心地の良い水着」は，明言されたニーズに他ならない。

「消費者は欲しいものがいえない／わからない」，「消費者に聞いてはいけ

6

ない（無駄である）」，「消費者志向は終わった」，「マーケティングは過去のもの／時代遅れ」，「マーケティングから画期的な新製品は生まれない」など，ここ数年耳にすることが多くなったこうした懐疑論の正体はここにある。これらの懐疑論は，明言されたニーズのみを考えていて，その他のタイプのニーズに目を向けていないか，それらを捉えようとする努力を放棄している（無理だと諦めている）。つまり，自らに「明言されたニーズ」以外のニーズを知る術，知ろうとする視点がないことに気づかず，「消費者は自分のニーズをわかっていない」と結論づけてしまっている。そこには，明らかな論旨のすり替えがある。問題の根本は，真のニーズ／明言されないニーズ／喜びのニーズ／隠されたニーズを捉えることのできる創造的な手法が確立されていないこと，つまりマーケターや筆者のような消費者行動研究者の側にあるのであり，わかっていないのは自分たちの方なのである。

　多くの消費者が欲しいと発言した商品を提供することが，消費者志向のマーケティングではない。「これが欲しいというから作りました」というのは，どこか無責任な感じがする。消費者のことを深く観察・分析し，何気ない発言や行動からその真意に思いを巡らし，消費者の歩む人生や社会が豊かになることを願って商品を届けるのが，消費者志向のマーケティングである。マーケティングは終わったのでも時代遅れになったのでもなく，これから成長期を迎える（ようにしなければならない）発展途上の，あるいは重大な転換期にある学問分野なのである。消費者が単に聞かれただけでは明言できないような，つまり自分自身でも明示的には意識していないような深層心理に辿り着くには，これまで以上に消費者について深く理解し，リアリティのある消費者像を捉えることが必要となる。

3. 感覚マーケティングの台頭

　そのような中で，感覚（sensation）と知覚に関する理解を消費者の知覚，認知，感情，学習，選好，選択，評価などへ応用しようとする感覚マーケティング（sensory marketing）に注目が集まっている（Krishna, 2012）。消費者

が特定の製品やサービスに魅力を感じるのは，その品質や機能が優れている
ためだけではない。機能面では明らかに優れているのに，それとは別の製品
を選ぶ消費者もいる。その理由はさまざまであるが，色使いやスタイルなど，
感覚的な部分で受け入れられないことが原因となる場合もある。こうした感
覚的な要素は単に付随的な属性であると侮ってはいけない。美しく盛りつけ
られた料理はおいしく感じるように，感覚的な要素（ここでは視覚的要素）
は商品の品質や機能といった本質的な要素（おいしさ）の評価にも大きく影
響するからである。

　現代のマーケティングでは，企業間における技術的水準が同質化し，製品
やサービスにおける本質部分での差別化が困難となるコモディティ化の問題
が深刻化し，いかにして脱コモディティ化を図るかが重要なテーマとなって
いる（コモディティ化の詳細に関しては恩藏（2007）を参照されたい）。しかも，
現代のコモディティ化はデジタルカメラの画素数，スマートフォンの薄さや
軽さ，PC のハードディスク容量のように，消費者の知覚できる水準を超え
たハイレベルな技術的次元で同質化しているところに特徴がある。感覚マー
ケティングは，こうした現代のマーケティング環境において，消費者がどの
ように製品の品質を知覚し，選択肢を評価し，選択しているのかについて理
解し，競争優位を獲得する上で重要な役割を果たしうる。とりわけ小売店舗
においては，市場環境の変化とも相まって，脱コモディティ化や実店舗の
（ネット販売業者に対する）優位性構築の切り札として，感覚マーケティング
に対する期待が高まっている（石井・平木 2016）。

　冒頭で日本の消費者が品質評価に非常に厳しいことに触れたが，感覚マー
ケティング研究における世界的トップランナーの 1 人であるミシガン大学の
アラドナ・クリシュナ（A. Krishna）教授は，著書 *Customer sense: How the
5 senses influence buying behavior* の翻訳書が日本で出版されるにあたり，
次のような序文を寄せている。

　　「*本書の翻訳版が日本で出版されることを喜ばしく思う。これまで私が
　見てきた中で，日本ほど視覚的な審美性に価値を置く国は他にない。料理*

8

序　章　現代マーケティングと消費者理解

の盛り付けには調理と同じくらい注意を払い，ギフトの包装にはギフトそのものと同じくらい気をつかう。桜の時期には社会全体が活発になるし，日本人が振舞う所作にはそれぞれ意味があるため，品位や趣がある。

視覚以外の感覚も活用して製品開発を行う日本のマーケター，そしてそれらの感覚を味わう日本の消費者にとって，本書がその一助となることを願っている」（平木いくみ・石井裕明・外川拓訳）。

クリシュナ教授が指摘しているように，日本にはもともと，感覚的な要素を重視する文化・国民性がある。それは，日本の消費者をタフにしている要因の1つであるかもしれない。しかし，感覚マーケティングが重視され，企業の競争優位の源泉になる現代のマーケティング環境にあって，日本のマーケターがそのようなコンテクストの中で生活し，感覚的な要素に対する繊細な感受性を持ち合わせていることは，グローバルな競争の中で大きな強みとなるはずである。

欧米で買い物をした際（それもそれなりの品を扱う店舗で），ギフト用にラッピングをお願いしたところ，店員が慣れない手つきで手間取っている様子を見て，何となく申し訳ない気分になるという経験をしばしばする。反対に，海外から日本へ来た旅行客や留学生からは，日本のデパートで店員がまるで魔法のように素早く，しかもみごとなまでの美しさで製品を包んでくれることに感動したという話を頻繁に耳にする。

「もののあわれ」や「わびさび」に表されるように，私たちは古くから繊細な美的感覚を磨いてきたDNAを受け継いでいる。ラッピングのすばらしさも，日本に古くからある風呂敷などの「包む文化」や折り紙文化に根差しており，一朝一夕に真似できるものではない。感覚マーケティングの台頭は，近年のグローバル・ビジネスにおいてやや後塵を拝してきた感のある日本企業に訪れた千載一遇の機会であることを，クリシュナ教授の序文は教えてくれているように思う。

9

4. 消費者行動研究の過去・現在・未来

　1895 年，ミネソタ大学で心理学の教授をしていたハーロウ・ゲイル（H. Gale）は，広告に関する初の学術研究（企業側の広告目的に関するサーベイ調査）を実施した。さらに，翌年，今度は広告の受け手である消費者に着目し，広告注目度に関する研究（学生サンプルによる実験室実験）を行った（Ross & Richards, 2008）。ここに，消費者行動研究の歴史は幕を開けたといわれる。

　現在，消費者行動研究のメイン・ストリームとなっている情報処理パラダイムが提唱されるのには，それから 70 年以上の時を待たなければならない。この間，モチベーション・リサーチ，ライフスタイル分析，EKB（Engel-Kollat-Blackwell）モデルといった CDP（消費者意思決定プロセス）モデル，AIDMA を代表とするコミュニケーション反応モデル，ハワード・シェス・モデルといった S-O-R 型モデルなど，多くの有用な視点が発表されている。

　しかしながら，心理学，社会学，社会心理学などの既存分野から独立し，消費者行動研究が 1 つの学問分野として確立したのは，1970 年代に入ってからのことである（中西 2012）。それは，消費者情報処理研究が盛んに行われ始めた時期と一致する。1960 年代末から 70 年代初頭にかけて登場した情報処理という視点は，消費者行動研究が独自の学問分野であるというアイデンティティの形成に寄与するとともに，その後の消費者行動研究を大きく方向づけていった。

　以降，現在に至るまで，情報処理パラダイムが消費者行動研究の発展にもたらした貢献は計り知れないほど大きい。記憶の二重貯蔵庫モデル，チャンク化，知覚符号化，スキーマ，カテゴリー知識構造（カテゴリー化），意味ネットワーク・モデル，ブランド知識，ブランド・カテゴライゼーションなど，情報処理研究の中から発展してきた概念やフレームワークは枚挙に暇がない。消費者情報処理のありようを関与概念との関連で捉える視点からは，精緻化見込みモデル（Elaboration Likelihood Model; Petty & Cacioppo, 1986）や FCB グリッド（Foote, Cone, & Belding Grid; Vaughn, 1980），ロシター・パーシ

ー・グリッド（Rossiter & Percy, 1997），アサエルによる購買行動類型（Assael, 1987）など，広告をはじめとするマーケティング・コミュニケーションにも有用な示唆が与えられてきた。

このように，1970年代以降の消費者行動研究において中心的役割を担ってきた情報処理パラダイムも，誕生から40年以上が経過した現在，大きな視点の転回が必要になってきているように思われる。というのも，これだけ消費者情報処理研究が蓄積され，消費者理解が進んだにもかかわらず，企業によるマーケティング・コミュニケーションの効果が飛躍的に上がっているとは必ずしもいえないからである。消費者としても，何がいいたいのかわからないマーケティング・コミュニケーションに触れることがあったり，広告によって期待していたイメージとは異なる製品やサービスに遭遇したりすることがある。つまり，消費者理解が深まっている現在においても，マーケティング情報の送り手である企業のメッセージが，受け手である消費者へ意図したように伝わらない状況が依然として存在している。

本書では，マーケティングが長らく抱えてきたこの問題の本質に，情報処理の視点から迫りたい。そこから，消費者情報処理モデルの課題をあぶり出し，その解決に向けて新たな視点の導入を提唱する。

5. 本書の構成

本書の構成は以下の通りである。

第1章では，消費者行動の連続性について論じる。ショッピング・モール，カタログ，ウェブサイト，レストラン，スーパーでの購買のように，消費者が次から次へと選択をする状況は少なくない。それらの選択は，互いに影響を及ぼし合っている。それにもかかわらず，購買意思決定に関する研究はこれまで，ワンショットのブランド選択や購買に焦点を当ててきた。消費者行動を真に理解しようとするならば，消費者行動を点でなく線（流れ）や面（線と線の関わり）で捉える必要がある。第1章では，今なされている意思決定プロセスは過去の意思決定から影響を受け，未来の意思決定に影響するこ

とが示される。

　その上で，第2章ではそれぞれの意思決定時に何が起きているのかみてい
く。意思決定時に消費者が活用している外的な情報だけをみていては，その
様相を正しく理解することはできない。消費者の判断や評価，選択の実態を
解明するためには，外的な情報とそれによって生じる主観的な経験情報（メ
タ認知）の相互作用を考慮する必要がある。第2章では，流暢性の概念に焦
点を当て，メタ認知が消費者の意思決定へ及ぼす影響について論じる。

　続く第3章では，消費者自身が身を置いている環境が購買意思決定に及ぼ
す影響について概観する。環境は消費者の情報処理に大きな影響を及ぼす。
消費者が感じる流暢性，すなわちメタ認知も多分に環境の影響を受ける。消
費者の情報処理を理解し，消費者との適切なコミュニケーションを図るには，
環境が及ぼす影響を頭に入れておくことはきわめて重要である。

　店舗内環境の影響について理解することは，小売業者にとってはもちろん，
メーカーにとっても重要な課題である。インターネット販売の増加により，
メーカーが消費者へ直接販売できる環境が整っている。このことは一方で，
消費者が購買前に自らの目や手で製品を確かめながら吟味する機会を減少さ
せている。そこでメーカーは，自社ブランドのコンセプト・ショップを立ち
上げ，ブランドの世界観や新しい製品・サービスを体験できる場を提供する
ようになりつつある。ネット販売の拡大につれ，店舗内環境研究の重要性は
むしろ増大するのである。

　第4章と第5章では，感覚マーケティングに関する実証研究の結果が示さ
れる。そこでは，第3章で提示された「店舗内環境における感覚的刺激の相
互作用」が消費者の購買意思決定へ本当に影響を及ぼすのか，及ぼすとすれ
ばそれはどのような影響なのかについて，実験を繰り返しながら慎重に検証
される。第4章では視覚的な要素，第5章では聴覚的な要素にそれぞれフォ
ーカスする。

　人が経験するさまざまな感覚特性の間には，互いになんとなく「しっくり
くる」と感じる強い結びつきを有する組み合わせがある。たとえば，ピアノ
の音は甘い味，金管楽器の音は苦い味とそれぞれ相性が良い（Crisinel &

Spence, 2010)。そうした対応関係は感覚対応（sensory correspondence）と呼ばれ，心理学や神経科学を中心に多くの研究が蓄積されている（Spence, 2011; 2012 など）。感覚対応に関する研究成果は効果的な陳列方法，消費者の情報処理や選択のサポート，店舗内における買い物経験の向上など，広範囲な適用可能性が期待できる。マーケティング研究や消費者行動研究においても，複数の感覚モダリティを扱った研究は存在するが（これらの研究のレビューについては Spence et al.（2014）を参照されたい），そのほとんどは，感覚対応研究による最新の知見を十分に取り入れられていない。

　そこで第 4 章では，色と重さ，空間的な位置と重さという 2 つの感覚対応に着目し，新たに「色と空間的位置」の感覚対応があることを示す。さらに，色と位置の感覚対応を考慮した陳列方法が，消費者の購買意思決定に及ぼす影響を明らかにする。続く第 5 章では，音楽と距離感の感覚対応を取り上げる。音楽は至るところに存在しうるため，音楽が消費者行動へ及ぼす影響は感覚マーケティングにおいても重要なテーマである。現実の世界においても，広告や店舗内の BGM を中心に，マーケティングでは音楽が幅広く活用されている。

　消費者行動研究では近年，解釈レベル理論（construal level theory）に大きな関心が寄せられている。解釈レベル理論とは，対象への心理的距離によって，その心的表象が異なるというものである（Liberman & Trope, 1998; Trope & Liberman, 2000 など）。解釈レベル理論は，消費者心理のさまざまな側面をカバーできる高い汎用性を有しており，ここ数年の消費者行動研究において，理論的説明に用いられることが非常に多くなっている。これまで，多様な要因が消費者の解釈レベルと関連することが明らかにされてきたが，解釈レベル理論の枠組みの中で音楽の効果について検討されることはほとんどなかった。そこで第 5 章では，音楽の高さ（周波数）によって消費者の解釈レベルが変化することを示す。

　第 4 章，第 5 章ではとくに，非常に細分化されたテーマを扱い，深く掘り下げられた厳密な議論が展開される。しかし，消費者情報処理プロセスの一部分のみを徹底的に分析し，いくら正確に記述・説明できたとしても，「木

を見て森を見ず」ではいけない。物事の本質にはさまざまな側面がある。それを捉えるためには，全体を捉えようとする視点や意識が不可欠である。

　そのような問題意識から，第6章，第7章では，第1章から第5章までで得られた消費者理解をもとに，消費者情報処理プロセスの全体像を捉える新たな試みに挑戦する。まず，第6章で消費者情報処理パラダイムの系譜を整理し，今日的な課題を浮かび上がらせる。具体的には，消費者をコンピュータのアナロジーで捉える視点には限界があることを指摘する。そして，消費者情報処理プロセスの本質に迫るためには，人間が行っている消化活動のアナロジーとして捉えることが有効であると主張する。それを受け，第7章では新たな視点で構築した「消費者情報消化モデル」（CIDモデル：consumer information digestion model）が提示され，その意義と展望が示される。

　最後に，終章では全体のまとめをした上で，消費者行動研究の未来について私見を述べ，本書を締めくくることにする。

注 ────────

1　ただし，C to C 市場が拡大している現代では，箱などの梱包物まできれいに残っていた方がリセール・バリューが高くなるので，箱のもつ重要性がそうした意味（合理的な理由）で従来よりも大きくなることはありうる。

第 1 章

消費者意思決定の連続性
消費者行動における相互依存効果

1. 消費者行動を点でなく線（流れ）で捉える

　ショッピング・モール内にある書店にいることを想像してほしい。ふと書棚に目を向けると，話題の小説が平積みにされている。それを手に取ったあなたは読書欲に火がつき，ビジネス書，語学のテキスト，科学の歴史に関するエッセイも続けて購入することにした。満足して書店を出た後，あなたはモール内のカフェでコーヒーとお菓子を注文し，購入したエッセイを読みながらしばしくつろぐ。その日の夕食は家族と寿司屋へ行くことになり，カウンターで好きなネタを注文しながら皆で食事を楽しんだ。

　「人生とは選択の連続である」（シェイクスピア），「生きるとは，次にするべきことを選択する絶え間ないプロセスである」（オルテガ）といった言葉が示すように，われわれは次々と選択を行っている。そして，その連続的な選択行動の中には，上記のような購買行動（購買意思決定）も少なからず含まれている。書店，寿司屋，あるいはスーパーの中のように，消費者が次から次へと選択をしなければならない（したくなる）状況に置かれることは少なくない。

　それらの選択は，互いに影響を及ぼし合っている。たとえば，寿司屋のカウンターで注文をする際には毎回，直前に食べたネタとこれまでに食べたネ

15

タが意識的にも，無意識的にも影響する。さらには，その日にモールで費やした金額や，翌日に予定されている食事会のメニューが注文に影響することもある。あるいは，カフェで食べたお菓子のカロリーが気になっているかもしれない。このような連続的・逐次的な購買意思決定がなされる状況は，ショッピング・モール，カタログ，ウェブサイト，レストラン，スーパーでの購買など，枚挙にいとまがない。それほど日常的にきわめてありふれた行動であるにもかかわらず，購買意思決定に関する研究はこれまで，ワンショットのブランド選択や購買量に焦点を当ててきた（Khan & Dhar, 2006; Mukhopadhyay & Johar, 2009; Novemsky & Dhar, 2005）。

　先の例が示すように，ある一時点での購買意思決定は，たとえ両者が一見無関連のように思えるものであったとしても，続いてなされる決定・選択に影響を及ぼす可能性がある。消費者行動研究は最近になってようやく，これらの問題に取り組むようになってきた（Dhar et al., 2007; Dholakia et al., 2005; Mukhopadhyay et al., 2008 など）。たとえば，永井ほか（2016）は，都心型アウトレット・モールにおける回遊距離や行動範囲，立ち止まり傾向といった行動特性と買回行動との結びつきについて検証している。そこでは，立ち止まり回数が増加すると，消費者の非計画購買が促進されることなどが明らかにされている。また，消費者が連続して選択を行う際，選択肢や選択集合の性質とは独立に，使用する意思決定ルールを変える傾向にあることも知られている（Drolet, 2002）。つまり，連続的な選択行動時には，購買意思決定の仕方に対してもバラエティ・シーキングがなされるということである。このような選択行動間の影響を考慮せずに，それぞれの意思決定を個別に捉えようとしていては，本当の意味で消費者行動を理解することはできない。

　そこで第1章では，このような選択行動間の相互依存関係に着目し，消費者行動研究領域における既存研究を整理しておこう。

2. 背景対比効果の存在

購買意思決定間のつながり

現在の購買意思決定に過去の購買行動が影響を及ぼすこと自体は，実は古くからいろいろな形で言及されている。たとえば，ID 付き POS データなどの購買履歴データからブランドの選択確率を予測する数理モデルは，当該カテゴリーにおける過去の選択結果と将来のブランド選択の関係を数式化したものである。しかし，このタイプの研究は，消費者の内面がブラック・ボックスとして扱われる傾向にあり，なぜそのような結果になるのかはもちろん議論されるものの，そのメカニズムが検証の対象になることはほとんどない。

また，消費者の内的なプロセスに焦点を当てる CDP モデルにおいても，購入後評価の影響が次回の購買意思決定に影響することを示すフィードバック・パスが描かれていることが多い（CDP モデルのレビューに関しては，須永(2010) を参照されたい)。ただし，CDP モデルのフィードバック・パスが意味するところは，ある購買行動の結果として生じた消費者の満足や不満足が，同様の問題認識を知覚した際の購買意思決定に影響を及ぼすということである。たとえば，同一の製品カテゴリーの購買時に，以前選択したブランドに満足していれば情報探索や選択肢評価を簡略化したり，当該ブランドを支持するような歪曲的処理がなされたりしやすくなる，というものである (Boulding et al., 1999; Carlson et al., 2006; Russo et al., 1998; Russo et al., 1996)。一方，以前選択したブランドに満足していなければ，新たな情報探索や選択肢の再評価がなされ，異なるブランドが選択されやすくなる。このように，過去の購買意思決定が及ぼす影響に関しては，その多くが購入後評価，すなわち満足度の影響を考慮するのが一般的であった。

しかし，現在の消費者行動研究では，過去の購買意思決定が，通常考えられるよりも広い範囲にわたって影響を及ぼしていることが指摘されている。ここで，広い範囲というのは，過去に購入した製品やサービスに対する満足度だけでなく，①過去に行った購買意思決定の仕方そのものや②購入した製

品のタイプ（満たされたニーズ／達成された目標）が影響を及ぼす．さらには③異なる問題認識によって生じた，異なる製品カテゴリーに関する過去の購買意思決定さえも影響を及ぼす，という意味である．

　そのうちの1つが，背景対比効果（background contrast effect）と呼ばれる現象である．この効果は，過去に行った意思決定自体が，現在の選択に影響することを示している．購買意思決定のコンテクストにおいて，普遍的かつ影響力の大きな要素は，過去の購買意思決定に用いた情報である（Dhar & Simonson, 1999; Kardes, 1986）．背景対比効果もその原則に従っているが，ここで注目されるのは，過去の選択における属性間のトレードオフ値である（Priester et al., 2004; Simonson & Tversky, 1992）．つまり，2回目の選択でどの選択肢が好まれるのかは，1回目の選択肢（のあり方）によって異なるということである．

　たとえば，旅行好きの消費者が，旅行先での宿泊施設について検討しているとしよう．説明をわかりやすくするため，ここでは「価格」と「宿泊施設のグレード」（100点満点による評価，ただし，価格を考慮したコスト・パフォーマンスの評価ではなく，宿泊施設の水準のみに関する評価とする）という2つの属性のみに基づいて意思決定するものとする．その際，前回の旅行計画時に比較検討した宿泊施設が，①1泊1万円・グレード40の宿と1泊2万円・グレード45の宿であった場合と，②1泊4万円・グレード65の宿と1泊4万2000円・グレード85の宿であった場合では，今回の宿泊施設を検討する際，消費者は同一の選択集合（たとえば，1泊3万円・グレード50と1泊3万6000円・グレード60）に対して異なる選好を示すようになる．

　背景対比効果によると，2回目の選択において，グレードを上げるために必要な追加的コスト（1点当たり600円）が1回目よりも割安になっている場合（①のパターン：1回目の選択では2000円／点），消費者はグレードの高い宿泊施設（1泊3万6000円・グレード60）を選択しやすくなる．反対に，2回目の選択において，グレードを上げるために必要な追加的コストが1回目よりも割高になっている場合（②のパターン：1回目の選択では100円／点），消費者はグレードの低い宿泊施設（1泊3万円・グレード50）を選択しやすく

第1章 消費者意思決定の連続性

図1-1 背景対比効果のメカニズム

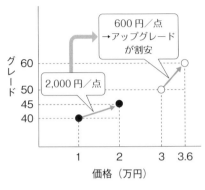
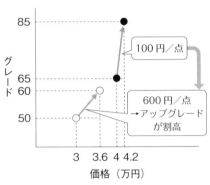

なる。

背景対比効果が生じる理由

　これは，過去の購買意思決定時に感じたトレードオフ（ここでは宿泊施設の価格とグレード）の比率によって，現在直面しているトレードオフの比率に対する知覚（これを知覚トレードオフと呼ぶことにする）が異なるために生じるものと思われる。図1-1をご覧いただきたい。①のパターンでは，前回の選択に比べ今回の選択の方が，選択肢間を結ぶ直線（矢印）の傾きが大きく（つまり，傾斜が急に）なっている。一方，②のパターンでは，前回の選択と今回の選択を比べた場合，今回の傾きが相対的に小さく（つまり，傾斜が緩やかに）なっているのがわかる。この傾きが宿泊施設のグレードを上げるために必要な単位当たりのコストを表している。傾きが大きいということは，少ないコストで宿泊施設をグレード・アップできることを意味し，傾きが小さいということは，同じコストを払っても，それでアップできる宿泊施設のグレードはわずかであることを意味している。

　つまり，①のように，過去に直面した「価格とグレードのトレードオフ

19

比」（グレード・アップするためにあきらめなければならない支出）が現在直面している トレードオフ比よりも高いと，現在の知覚トレードオフが低くなるため，知覚される追加的コスト（痛み）が小さくなる。その結果，高額だがグレードの高い宿泊施設が選択されやすくなる。反対に，②のように現在直面しているものよりも低いトレードオフ比を過去に経験していると，現在の知覚トレードオフが高くなり，知覚される追加的コスト（痛み）が大きくなるため，消費者はグレードの低い（その分痛みも少ない）宿泊施設を選択しやすくなる。

　背景対比効果が生じる理由として，次のような点も指摘することができる。背景対比効果を扱った実験では一般に，「最初の」選択に関しては，追加的なコストが割高な条件（上記の例でいうところの①）ではロー・コスト製品（1泊1万円・グレード40の宿），追加的なコストが割安な条件（同じく②）ではハイ・パフォーマンス製品（同じく1泊4万2000円・グレード85の宿）がそれぞれ選択されやすいという結果が出ている（たとえばSimonson & Tversky, 1992）。

　この結果自体は，コストとパフォーマンスを比較検討して出した結論として妥当なものである。しかし，2回目の選択時に前者はハイ・パフォーマンスの宿泊施設（1泊3万6000円・グレード60），後者はロー・コストの宿泊施設（1泊3万円・グレード50）をそれぞれ選択しやすいという結果（背景対比効果）は，心理的財布（あるいは単に予算）やバランス理論によっても説明できる。つまり，最初にロー・コスト（したがってパフォーマンスも相対的に低い）製品を選んだ消費者は，心理的財布および実際の予算に余裕ができるので，次は価格の高いハイ・パフォーマンス製品を選ぶことができるし，そうすることで「良い施設に宿泊したい」という欲求も満たすことができる。一方，最初にハイ・パフォーマンス製品を選んだ消費者は，心理的財布または実際の予算に余裕がなくなっているのかもしれないし，「良い施設に宿泊したい」という欲求は前回の選択で満たされているため，次はロー・コスト製品で我慢することがしやすくなっている。

　このように，消費者は複数の選択を通じて複数の目標（ここでは，「良い施

設に宿泊したい」と「無駄遣いをしない」や「賢く旅行したい」「何度も旅行に行きたい」など）のバランスを取ろうとする（Laran, 2010）。このような心理的メカニズムについては，逐次選択に関する研究で解明が進められている。

3. 逐 次 選 択

　逐次選択（sequential choices）とは，ある選択の後に続けて別の選択をする行為を指す（Dholakia et al., 2005）。近年，逐次的な意思決定において，前の選択が次の選択へどのような影響を及ぼすのかについて，多くの注目を集めるようになっている。たとえば，意思決定におけるコンテクスト効果を扱った研究の多くが，前の選択課題で用いられた情報が，①直後の選択で用いられる属性，②それらの重みづけ，③選択結果などに影響することを示している（Dhar & Simonson, 1999; Drolet, 2002; Simonson & Tversky, 1992）。

　逐次選択を扱った研究において最も多くの注目を集めている構成概念は，消費者の目標（goal）である。そしてそれらの研究の大半は，最初の選択によって，続いて行う選択が類似化される条件と，差異化される条件の識別に焦点を当てている。たとえば，Fishbach and Dhar（2005）は，最初の選択がある焦点目標の進展を表すシグナルとなるとき，消費者は続く選択機会において最初の選択と一貫性のない選択肢（ヘルシーなメイン・ディッシュの後に脂肪分の多いデザートを選ぶといった行為）を選びやすくなることを示している。一方，最初の選択がある焦点目標へのコミットメントを表すシグナルとなるとき，消費者は続く選択機会において最初の選択と一貫性のある選択肢を選びやすくなる（メイン・ディッシュの量を少なくし，デザートも食べない，など）という。前者のように，最初の選択によって当初の目標が達成・消滅し，別の目標が駆動されるようになることをバランス（balance）と呼ぶ。一方，後者のように，最初の選択を駆動する目標がその選択によってよりいっそう強くなり，一貫した選択が続くようになることを強化（reinforcement）と呼ぶ（Huber et al., 2008）。

　Novemsky and Dhar（2005）によると，おいしいメイン・ディッシュと

いった，最初の選択によって好ましい経験を得られた消費者は，目標達成の基準が上方修正されることにより，続く選択時により高い満足を得られる可能性があるハイ・リスクな選択肢（たとえば，定番のデザートよりもはるかにおいしいかもしれないが，はるかにまずいかもしれないデザート）を選択しやすくなるという。

以上の知見をまとめると，消費者は最初の選択によって自らの目標基準を考慮するようになり，それによって同一の焦点目標と一貫性のある選択をするのか，あるいは別の目標と一致する選択をするのかが決まるということである。

Fishbach and Dhar（2005）は，逐次選択をする際，消費者には複数の目標間でバランスを取ろうとする基本的傾向があると主張する。複数の目標間でバランスを取ることによって消費者は，快楽にふけりたいという欲求を満たしつつ，自己制御（self-control）を行使することが可能となる。そのため，選択集合内に自己制御と快楽追求的な目標に関連する選択肢がどちらも含まれているような場合に逐次選択をする機会があると，消費者は目標管理（goal management）志向になりやすくなる（Dhar & Simonson, 1999; Laran, 2010）。

ここから，バラエティ・シーキング対策に関して有益な示唆を得ることができる。すなわち，単に味やフレーバーといった点でバラエティを提供するのではなく，異なる複数の目標（健康，味，ダイエットなど）を軸とするバラエティを提供することによって，マーケターは新たな価値を提供できる可能性がある。

4. 異なる製品カテゴリー間の逐次選択

買い物運動量効果

同一製品カテゴリーの逐次選択に関する研究は，それまで点で捉えてきた消費者行動を線で捉えようとする試みである。書店やレストランのような購買環境では，このような視点がとりわけ重要かつ不可欠なものになる。しか

第1章　消費者意思決定の連続性

し，それに加えて，ショッピング・モールやウェブサイトのように，異なる
製品カテゴリーにわたって逐次選択がなされる環境も少なくない。「本を買
ったから雑貨はまた今度にしよう」といったように，コストの観点からする
と一般に，ある製品の購買は，異なる製品カテゴリーの購買行動へネガティ
ブに働くことが予想される。

　その一方で，ある製品の購買が消費者の買い物意欲に火を付け，次々とシ
ョップやサイトのはしごをしてたくさんの購買をすることもある。同一製品
カテゴリーにおける購買意思決定の流れを線とするならば，こうした現象は
異なる線同士の交わりといえるので，面である。消費者はそれぞれの線（各
製品カテゴリーにおける購買意思決定プロセスの時間的流れ）を単独で走らせて
いるわけではなく，それらを四方八方へ，縦横無尽に走らせている。各線は
常に平行でもねじれの位置にあるわけでもなく，時にぶつかり互いに影響し
合っているのだ。消費者行動を真に理解するためには，線から面への展開も
求められるというわけである。

　Dhar et al.（2007）は，最初の購買が，その製品とは非関連の製品も購買
したいという心理的衝動を引き起こし，購買へと至らせる効果があることを
指摘し，それを「買い物運動量効果」（shopping momentum effect）と呼んだ。
この買い物運動量効果は，ブラウジングと購買の間には心理的なハードルが
存在し，購買という行為によっていったんそのハードルが越えられると，さ
らなる購買が生じやすくなるという慣性的性質の存在が前提となっている。
さらに彼らは，Gollwitzer et al.（1990）が示したマインドセット（行動の開
始から目標の達成までのプロセスに特徴的な認知，思考状態）の理論に基づき，
最初の購買が消費者のマインドセットを審議（deliberation）型から実行（im-
plementation）型へと移行させることで買い物運動量効果が生じることを実
証している。

　Gollwitzer et al.（1990）によると，審議型マインドセットは特定の行動を
追求することに関する良し悪しを評価するのに対し，実行型マインドセット
は目標志向型行動のタイミングと流れに焦点を当てる。つまり，最初の購買
がトリガーとなって，審議ベースのブラウジング（購買するべきか否か）か

23

ら，実行ベースの買い物（どのように購買するか）へとマインドセットが移行し，それによって逐次的な購買がなされやすくなるというわけである。Xu and Wyer（2007）においても，カテゴリー x の購買を考慮することによって，消費者が「どれを購買するか」というマインドセットに自らを置くため，次に x とは関連のないカテゴリー y の製品を購買する可能性まで高まることが示されている。

　このように，逐次選択型購買意思決定には，購買計画のなかったカテゴリーの製品を購買したいという誘惑や衝動に屈するか，計画通りの購買に止めるかという意思決定も含まれる。この点に関連して，Dholakia et al.（2005）は，最初の選択時に消費者が衝動的な行動を起こすと，続いて直面する選択時に衝動的な選択をする可能性が低くなることを発見している。彼らによると，消費者は衝動的な選択をしたいという動機を有しているが，それは有限の資源のようなものであって，一度，衝動的な選択を行った消費者はその資源を消費し，消耗するので，続く購買意思決定において衝動的な選択に対する欲求は小さくなるという。Dholakia et al.（2005）では，これを逐次低減効果（SME：sequential mitigation effect）と呼んでいる。

　ただし，SME では，制御焦点に関する消費者の長期的な性向が調整変数となる。制御焦点理論（regulatory focus theory）によると，人間には促進焦点（promotion focus）と予防焦点（prevention focus）という 2 つの異なる自己制御的志向があり，前者は望ましい状態の増大，後者は悪い状態の回避・予防を志向するというものである（Higgins, 1997; Higgins et al., 2001）。ポジティブな結果の増大に敏感な促進焦点の性向が強い消費者は，一度の衝動的選択による（衝動的選択への）欲求の消耗が少なく，SME が小さい。すなわち，SME はネガティブな結果の回避に敏感な予防焦点の性向が強い消費者に顕著な効果であるという。

免罪符効果

　反対に，逐次選択に限らず，過去に衝動購買の誘惑に打ち克った消費者は，後の購買機会において，その自制的な行動が思い出されると，快楽的な製品

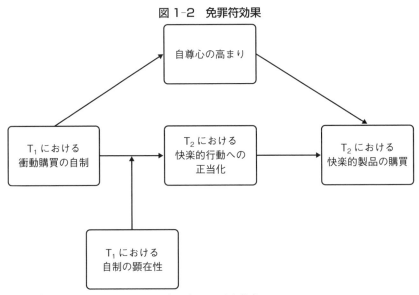

(出典) Mukhopadhyay and Johar (2009) p. 335 より作成。

を選択する傾向にある。その理由を Mukhopadhyay and Johar (2009) は，正当化 (justification) の視点から説明している。正当化が消費者の選好や選択に影響を及ぼすことはいくつかの研究によって確認されており，その頑健性の高さや重要性が指摘されている (Shafir, 1993; Shafir et al., 1993; Tetlock & Boettger, 1989)。そして，贅沢品などの快楽的製品の選択に，正当化のメカニズムが介在していることは，多くの研究が指摘するところである (Fishbach & Dhar, 2005; Kivetz & Simonson, 2002; Kivetz & Zheng, 2006; Okada, 2005)。

Mukhopadhyay and Johar (2009) は，衝動購買に対する自制が快楽的製品の選択につながるメカニズムを図1-2のように表している。多くの消費者が，不必要な出費は控えたいという目標を有している。衝動購買は，この一般的な目標に反する行為である。反対に，衝動購買の誘惑に屈しなかったという経験は，目標の達成と捉えることができる。そのような過去の経験（自制）は，快楽的製品の購入を正当化する機能があるため，後に快楽的製品を

購入する可能性を高める効果がある。つまり，過去の善良な（virtuous）行いが免罪符のような役割を果たし，快楽的製品の購買という欲望の充足行為（indulgence）に付随する罪悪感を低減してくれるのである。ただし，このメカニズムが働くのは，過去の自制的行動が顕著な（意識的に顕在化されている）場合に限られる（Mukhopadhyay & Johar, 2009）。また，正当化効果とは独立に，善良な選択は自尊心を高めることで，快楽的製品の購買可能性を高める。ここでは，以上のようなメカニズムを「免罪符効果」と呼ぶことにする。

事前の課題がその後の行動に及ぼす認知プロセスの解明は，社会的認知の領域においても進められている。そこでは，最初の課題が特定の表象（目標など）や自己概念のプライムとなり，次に起こす行動を導くという考えがベースとなっている。たとえば，LeBoeuf et al.（2010）は，事前の課題において学術的なアイデンティティが顕在化されると，*Cosmopolitan*（女性向けファッション誌）と *The Economist* のどちらを選択するか聞かれた際に，*The Economist* が選択されやすくなることを確認している。

過去の善良な行いが自尊心を高め，快楽的製品の購買可能性を高めることは，Khan and Dhar（2006）によっても指摘されている。彼女らは，事前の課題において善良に振る舞うことが（あるいは，そう宣言するだけでも），ポジティブな自己概念の活性化と増大をもたらし，贅沢品選択の（自分自身に対する）許可へとつながることを実証した。そこでも，彼女らが「免許効果」（licensing effect）と呼ぶメカニズム，すなわち善良であろうとする事前の意図が自己概念を向上させ，贅沢品の購買に付随するネガティブな自己帰属（self-attribution）を低減させるメカニズムが示されており，図1-2の免罪符効果と符合する結果が得られている。

5. 線分と線分をつなぐ

本章では，消費者の選択行動間における相互依存関係を扱った研究について，背景対比効果と逐次選択を中心に概観した。最後に，本テーマにおける

第1章　消費者意思決定の連続性

残された課題と今後の方向性を示したい。

　まず，問題点として，既存研究のほとんどが，最初に選択した後，1回または2回の選択しか対象としていない点を指摘することができる。これは，実際に実験などを行って実証しようとする際の手続きによる問題が大きいと思われる。実験で何度も繰り返し購買してもらうことは，実験協力者の負担も大きい上，相互依存関係も複雑になるため，影響度の測定や検証も困難である。しかし，消費者のライフスタイルを構成するような反復購買は，ワンショットの実験によって検証されるものとは異なるメカニズムによって駆動されている可能性もある（Huber et al., 2008）。本章で取り上げた研究も，実際には線分，すなわち2つの点に挟まれた部分の線を解明したにすぎない。

　また，これまでの逐次選択研究では，1回目の結果，すなわち購買製品に対する満足度の影響は度外視される傾向にあった。逐次選択では，前の選択によって生じた消費経験を踏まえて次の選択を行うはずである。その際，購買製品に対する満足度は，強化とバランスの生じ方に大きく影響するであろう。

　もう1つの重要な課題は，逐次選択時の意思決定方略に関する研究である。消費者行動研究ではこれまで，問題解決における「構え効果」（einstellung effect）として知られる現象が確認されてきた（Amir & Levav, 2008; Levav et al., 2012）。すなわち，消費者は最初の意思決定において問題解決に成功したやり方を，たとえその意思決定方略が適切でなく，より簡便な方略の存在が明確であったとしても，異なるコンテクストに適用してしまうというものである。たとえば，株式市場における逐次的意思決定を対象としたBröder and Schiffer（2006）の研究では，意思決定環境が変化し，やり方を変えないと経済的に最適な結果が得られなくなった場合でも，人々はいったん採用した意思決定方略に固執する傾向にあることが示されている。

　その一方で，冒頭に示したように，Drolet（2002）では，逐次選択の際に消費者が使用する意思決定ルールを変える傾向にあることが示されている。これは，どちらかが正しくて，どちらかが間違っているという問題というよりも，どのような状況において消費者は最初の意思決定方略に固執し，どの

27

ような条件下では意思決定方略のバラエティ・シーキング傾向が強まるか，
という問題であると思われる。今後，強化／バランス，関与，製品のタイプ
（思考的／感情的，必需品／贅沢品など），パーソナリティといった調整変数と
の関連を調べ，整理しなければならない。

　その他，逐次選択時における消費者の感情状態が及ぼす影響も未開拓の領
域である。これらの課題へ取り組むことによって，線分と線分の間をつなぎ，
消費者の選択行動間における相互依存関係の理解を深めることが求められて
いる。

＊　本章の内容は，須永努（2013）「消費者の選択行動間における相互依存効果——背景
　　対比効果と逐次選択」『商学論究』第61巻第2号，71-84に加筆修正を行い，再構成し
　　たものである。

第2章

消費者の情報処理を促進する情報のあり方
意思決定時におけるメタ認知の影響

1. 認知の認知

　前章では，消費者行動の連続性について議論した。消費者の購買意思決定がワンストップの単発的なものではないことを理解した上で，本章ではそれぞれの意思決定時に何が起きているのか見ていくことにする。本書全体を通じて言えることであるが，第1章で論じたように，今なされている意思決定プロセスは過去の意思決定から影響を受け，未来の意思決定に影響することを念頭に置くことが重要である。それはつまり，マーケターが消費者とコミュニケーションをとる上で忘れてはならない点であることを意味している。

　人は自分が認知していることだけでなく，「自分がどのようなことを認知しているか」についても認知している。このような「認知に関する認知」をメタ認知と呼び，人間の思考過程には常に，こうしたメタ認知的な経験が伴っている。メタ認知の最も顕著な例は，何かを思い出したり，検討したりするとき，それを容易にできた，あるいは難しかったと感じる経験である。人々は客観的な情報に加え，あるいは客観的な情報の代わりに，そうしたメタ認知的経験を判断の材料に用い，結論を下す（Schwarz, 2004）。

　消費者は心的過程に費やされる労力を自らモニタリングしており，その際に知覚された主観的な処理の容易さは，アクセス可能な感情となって表出す

29

る。外的な刺激に対して感じるこうした処理の容易さを処理流暢性（process-ing fluency）といい（Alter & Oppenheimer, 2008, 2009; Oppenheimer, 2008; Reber & Unkelbach, 2010; Schwarz, 2004），単純さ，対称性，明確さといった刺激の知覚的特性による影響を受ける。そのときの感情が実際の判断対象によって生じたものであれば，この"How do I feel about it"ヒューリスティクス（heuristics）は，判断に対して有益な情報を提供してくれる可能性がある。しかし，その感情的な反応は，天気など別の要因によって引き起こされているのかもしれない。このように，人間はしばしば，たまたま生じている感情を対象への反応の一部として誤って解釈（誤帰属）することがある（Schwarz & Clore, 2007）。ここでヒューリスティクスとは，必ず正解が得られるわけではないが，短時間で正解に近い結論が得られる方法のことを指す。消費者は日常的な判断や意思決定を通じて，経験的にこの方法を獲得し，蓄積していく。

　現在のところ，単純接触効果（mere exposure effect：過去に接触したことのある刺激に対してポジティブな感情を抱く傾向）の最も有力な理論的説明は，処理流暢性によるものである（Arkes, 2013; Janiszewski & Meyvis, 2001）。ある刺激へ繰り返し接触すると，記憶の中に当該刺激の表象ができあがる。後にその刺激へ遭遇したとき，記憶の中の表象が当該刺激の符号化や処理を促進するため，より流暢に処理できるようになる。そのとき，当該刺激の好ましさについて判断するコンテクストにあると，人間はその流暢性を好ましさに誤帰属させてしまう。単純接触効果にとって，処理流暢性は最も有力な媒介変数であるというわけである。

　意思決定時に消費者が活用している外的な情報だけを見ていては，その様相を正しく理解したり，精度の高い予測をしたりすることはできない。消費者の判断や評価，選択の実態を解明するためには，外的な情報とそれによって生じる主観的な経験情報（メタ認知）の相互作用を考慮する必要がある。そこで本章では，流暢性の概念に焦点を当て，メタ認知が消費者の意思決定へ及ぼす影響について論じる。

2. 流暢性の種類と操作

　非常に多くの要因が，流暢性に影響を及ぼす。過去の研究では，さまざまな方法で流暢性が操作されているが，最も一般的な方法はフォントによる操作である（Alter & Oppenheimer, 2008; Mead & Hardesty, 2018; Novemsky et al., 2007; Reber & Zupanek, 2002; Simmons & Nelson, 2006; Shen et al., 2010; Song & Schwarz, 2008; West & Bruckmüller, 2013)。これらの研究では，読みやすいフォント（Times New Roman や Arial）で書かれた資料と読みにくいフォント（サイズが小さい，グレー，斜体，**Snap ICT** や *Curlz MT*）で書かれた調査票を用いて実験をしている（図2-1を参照されたい)。この操作は，ターゲット刺激に対する実験参加者の知覚しやすさを変えているため，処理流暢性の中でも知覚流暢性（perceptual fluency）を扱っているといってよい。

図と地の分化

　知覚流暢性を変化させるのは，フォントだけではない。Reber et al. (1998)，Reber and Schwarz (1999)，Hansen et al. (2008) などは，図と地の分化（figure-ground segregation）に基づく操作を行っている。図と地の分化とは，まとまりをもって際立って見える部分（図）と，その背後に切れ目なく広がっているように見える部分（地）に対象を区別することであり，図は形をもつが地は形をもたない，境界線は図に属しているといった特徴を有している（箱田ほか 2010)。図と地の分化を体験できる素材として最も有名なものは，ルビンの壺である。この絵を見る際，黒い部分に着目する（黒い部分を図として捉える）と花瓶が見えるのだが，反対に黒い部分を地とし，白い部分が図となるよう捉え直すと，向かい合った2つの横顔が浮かび上がってくる（図2-2 a)。

　話が少し横道にそれるが，図と地の分化は企業のロゴやシンボル・マークにも組み込まれている例がある。図2-2 b および c がそれに当たるが，どこに図と地の分化が隠されているかわかるであろうか。

図 2-1　流暢性操作の例

Samsung-55" LED
1080 p-120 Hz
Smart-3D-HDTV

Samsung-55" LED
1080 p-120 Hz
Smart-3D-HDTV

Samsung-55" LED
1080 p-120 Hz
Smart-3D-HDTV

（注）　上下段は流暢性の高いフォント（Times New Roman)，
　　　中段は流暢性の低いフォント（Curlz MT）で価格が表示さ
　　　れている。
（出典）　Mead and Hardesty（2018）Experiment 1（p. 105）
　　　で用いられた刺激。

　フェデックスでは，Eとxの間にある空間を図として捉えると，そこに右向きの矢印を見ることができる。フェデックスは国際輸送サービスを提供する世界最大の航空貨物輸送会社であり，同社の素早いサービス（スピード）が表現されている。通常は文字の方が図として認知されており，矢印は地に追いやられている。境界線は図に属しているため，意識しない限り，ほとんどの人は矢印の形を知覚することができない。一方，スイス（現在はアメリカのモンデリーズ・インターナショナルが保有）のチョコレートバー・ブランドであるトブラローネでは，ロゴの上にアルプスの山が描かれている。通常はこれを図として捉えるが，山の中にある白い部分を図（色のある部分を地）として捉え直してみると，熊の絵が隠されていることに気づく。これは，創

第2章　消費者の情報処理を促進する情報のあり方

図2-2　図と地の分化
a. ルビンの壺

b. フェデックス

c. トブラローネ

業の地であるスイスのベルンが"City of bears"として知られることに由来する。

　Reber et al. (1998), Reber and Schwarz (1999), Hansen et al. (2008)では，モニターの背景色と表示される文字や図形のコントラストを変えるという方法がとられている。こうした方法も図と地の明確化であり，刺激の視覚的な知覚の容易さ，すなわち流暢性に影響を及ぼす。具体的にいうと，Hansen et al. (2008)では，図と地の分化が低い（不明確な）条件では，白色の背景にライトブルー（RGB; color code 219, 229, 255）／ライトピンク（RGB; 255, 223, 255），ライトグリーン（RGB; 209, 255, 255）／黄色（RGB; 255, 255, 161）の文字で書かれた文章の真偽を判断させた。一方，図と地の分化が高い（明確な）条件では，同じく白色の背景にダークブルー（RGB; 0, 0, 170）／ダークピンク（RGB; 200, 0, 0）／ダークグリーン（RGB; 0, 135, 0）／橙色（RGB; 255, 180, 0）で文字が示された。その結果，図と地の分化が高い，すなわち流暢性が高いグループの方が，図と地の分化が低い，すなわち流暢性が低いグループよりも，書かれた文章が真であると判断しやすくなっていた。視覚以外では，Rhodes and Castel (2009)が音量を操作した結果，音量が大きいと知覚流暢性が高まることを確認している。

33

また，同じ刺激であっても，刺激の提示時間を変えると，ターゲット刺激の知覚流暢性は変化する。Winkielman and Cacioppo（2001）では300ミリ秒と900ミリ秒（ターゲット刺激は写真），Reber et al.（1998）では100／200／300／400ミリ秒（ターゲット刺激は図形）という水準を用い，露出時間を長くするほど流暢性が高まることを確認している。

さまざまなタイプの流暢性

韻を踏んだ文章はそうでない文章に比べ，処理されやすい（McGlone & Tofighbakhsh, 2000）。この種の流暢性は，言語流暢性（linguistic fluency）と呼ばれる。言語流暢性に関連する要素は韻だけではない。特定の言語を話す人々にとって，発音しやすい文字の並びとそうでない並びがある。たとえば，英語を母国語とする人々にとって，SBGとSUGはどちらも無意味な綴りであるが，前者は発音しにくいのに対し，後者はきわめて容易に発音できるという。発音しにくい綴りを読もうとするとき，人々は言語的な非流暢性を経験する（Alter & Oppenheimer, 2009）。こうした言語流暢性は，グローバルにビジネスを展開する企業の企業名やブランド名，製品名と大きな関わりを有する。

人間の情報処理は，それに先立って接触した刺激の影響を受ける。これをプライミング効果（priming effect）と呼び，事前に特定の刺激（プライム）を呈示して特定の知識を活性化させる手法をプライミング（priming）という。意味的に関連する概念のプライミングを行うことによっても，人々の情報処理（概念的流暢性：conceptual fluency）は容易になる（Begg et al., 1992）。

たとえば，バーへと入っていく人を描いた広告を事前に見た消費者は，（この広告がプライムとなって）その後の製品評価においてビールに対する処理流暢性が高くなる（Lee et al., 2004）。同様に，コカ・コーラのペットボトルに繰り返し接触していると，その物理的特徴（赤，流線形など）を容易に識別できるようになるとともに，コカ・コーラに関する連想（飲み物，アメリカなど）を容易に思い浮かべることができるようになる。この例に関していうと，前者の経験（物理的特徴の識別）が知覚流暢性に当たり，後者（連想

第 2 章　消費者の情報処理を促進する情報のあり方

図 2-3　Labroo et al.（2008）の実験で用いられた刺激

（出典）　Labroo et al.（2008），
　　　　p. 830.

の想起）が概念的流暢性に該当する。

　ただし，概念的流暢性と知覚流暢性は密接に関連している。「カエル」という概念のプライミングを行った Labroo et al.（2008）の実験では，ラベルにカエルが描かれているワインボトル（図 2-3 左）の方が，ラベルにカエルの描かれていないワインボトル（図 2-3 右）よりも容易に処理されていた（その結果好まれていた）。しかし，この効果はワインボトルが概念的な処理をするのに十分な時間（3秒）提示されていた場合よりも，概念的処理には短すぎる（したがって実験参加者は知覚的処理に頼らざるをない）時間（16 ミリ秒）しか提示されない場合の方がむしろ顕著に生じていた。

　また，プロトタイプ的な刺激は，ターゲット・カテゴリーの最もシンプルなエグゼンプラー（代表例）であることから，本来的に概念的流暢性が高いといえる（Alter & Oppenheimer, 2009）。実際の市場データを分析した Landwehr et al.（2011）によっても，心的なプロトタイプと一致しているために，消費者にとって処理しやすいモデル・デザインとなっている自動車メーカーは好業績であることが確認されている。

35

図2-4 運動流暢性の違い

　さらに，右利きの人は，歯ブラシの柄やマグカップの取っ手の部分が右側（左利きの人は左側）を向いていた方が動きをイメージしやすいため，情報処理にかかる認知的負荷が少なくなる。図2-4を見ると，多くの人が利き手でカップやスプーンの柄をつかむので，右利きの人にとっては右側の画像，左利きの人にとっては左側の画像の方が流暢に処理できる。この種の流暢性を身体化された認知（embodied cognitive）的流暢性ないし運動流暢性（motor fluency）と呼び（Eelen et al., 2013），店舗内やウェブサイトに陳列する製品，あるいは広告に掲載する製品の向きに適用できる。この他にも，どれだけ状況をイメージしやすいかを表す描写流暢性（imagery fluency）や，特定のルールに該当する例を思い出す際に感じる主観的な容易さを表す検索流暢性（retrieval fluency）など，さまざまなタイプの流暢性が存在する。

　これまでの店舗内環境研究では，香りや音楽の好ましさ，馴染み度，（製品や小売環境との）一致度といった要因に焦点が当てられてきた。しかし，好ましい香りや音楽であれば何でも良いというわけではない。製品の香りや食品のフレーバーに関していえば，オレンジの香りに緑茶の香りを加えるなど，香料の成分を加えるほど香りの複雑性は増し，流暢性が低くなるため，消費者の反応へネガティブな影響を及ぼす危険性がある（Herrmann et al., 2013; Lévy et al., 2006）。このように，流暢性の概念は比較的シンプルであるため，マーケターにとって使い勝手の良い示唆を提示することができる。

3. 素朴理論

消費者が自らのメタ認知的経験からどのような結論を導くかは，特定の事物について考えたり，新しい情報を処理したりする容易さ（難しさ）を決める要因に関する自らの仮説（assumptions）によって異なる。人は日常生活におけるさまざまな経験を通して無意識にそうした仮説，すなわちある種の思い込みを形成している。これを素朴理論（naïve theory）と呼ぶ。素朴理論は，自らの経験とそこから導かれる推論を結ぶリンクの役割を果たしている。

最もベーシックな素朴理論は，馴染みのある，すなわち以前に見たり聞いたりしたことのある刺激は処理しやすい，というものである。その結果，新しい刺激が何らかの理由で処理しやすいと感じると，その刺激に馴染みがあると誤って結論づけてしまうことが知られている（Schwarz, 2004）。単に繰り返し接触するだけでその対象への評価や好意度が高まることを意味する単純接触効果も，この素朴理論に関連して生じる現象である。

その他，「たくさんの例を挙げることが難しいのは，その実態が乏しいことの証である」といった素朴理論も存在する。多くの研究が，実験協力者に挙げてもらう例の数によって，その事物に対する評価が変わることを確認している。たとえば，オランダの学生を対象に行われた実験では，自転車の使用例を8つ挙げるグループよりも3つ挙げれば良いグループの方が，自転車をより頻繁に使用すると報告した（Aarts & Dijksterhuis, 1999）。同様に，イギリスの学生はトニー・ブレアに関する好ましい考えをたくさんリストアップするグループよりも少しだけリストアップすれば良いグループの方が，彼を好ましいと感じ（Haddock, 2002），アメリカ人の男性は心臓病のリスクを高める行為についてたくさん想起するグループよりも少しだけ想起すれば良いグループの方が，自分が心臓病になるリスクが高いと推測した（Rothman & Schwarz, 1998）。

いずれの結果も，想起や思考の（経験された）容易さが想起される内容と一致した判断（例：好ましさが容易に想起できれば，対象を好ましいと判断す

る）を生むのに対し，想起や思考の難しさは，想起される内容とは反対の判断につながる（例：好ましさを想起するのが難しいならば，対象を好ましくないと判断する）ことを示している。

　このように，「たくさんの例を挙げることが難しいのは，その実態が乏しいことの証である」という素朴理論は，Tversky and Kahneman（1973）が示した利用可能性ヒューリスティクスの根幹でもある。そこでは，例がなかなか思いつかないときよりも，容易に思いつくときの方が，人々はその頻度や確率を高く推論する傾向にあることが示されている。また，頻度の高い事例は当該カテゴリーの中で典型性が高いので，再生の容易さは，典型性の高さとも結びついている（Schwarz, 2004）。

　近年，SNS によるクチコミが消費者行動へ大きな影響を及ぼすという認識から，SNS へクチコミを投稿することを奨めたり，それを条件に値引きなどのセールス・プロモーションを提供したりするといった施策を行う企業もある。しかし，そこであまり詳細なコメントを求めたり，良かった点をできるだけ多く書いてもらうことを奨めたりするのは得策でない。いざクチコミを書こうとした際に，何を書いたらよいか迷ってしまうと，当該の製品やサービスに対する（発信者自身の）評価を下げることにつながるからである。加えて，無理にクチコミを書いてもらったために，読みにくい文章になってしまうようなことがあると，流暢性が低いのでかえって逆効果（クチコミの受け手が当該の製品やサービスをネガティブに捉える）になってしまう恐れもある。企業サイドで文章に手を入れることはもちろんできないが，背景と文字の色を工夫したり，フォントを読みやすいものにしたりするといった配慮が欠かせない。

　「心理的距離の近い出来事は，遠い出来事よりもその詳細を想起しやすい」という素朴理論もある。オクラホマ・シティで起こった爆撃事件の詳細について 10 想起しなければならない実験参加者は，2 つだけ想起すれば良い参加者に比べ，その事件を時間的に遠いときに起こったものであると考えた（Schwarz, 2004）。こうした結果は，消費者行動研究で近年注目が集まっている解釈レベル理論（阿部 2009; Liberman & Trope, 1998; 須永・石井 2012）とも

第2章　消費者の情報処理を促進する情報のあり方

関連するであろう（解釈レベル理論については，第5章で詳しく取り上げる）。

4. 消費者意思決定への影響

流暢性のメリット

　先に述べたように，処理流暢性には概念的流暢性，知覚流暢性，言語流暢性など非常に多様な種類があるが，いずれの流暢性も意思決定に及ぼす影響は共通しているという特徴がある。刺激の処理流暢性が高まると，当該刺激に対する好意度・選好が高まる（Reber et al., 1998; Winkielman & Cacioppo, 2001），内容が真実であると判断されやすくなる（Begg et al., 1992; McGlone & Tofighbakhsh, 2000; Reber & Schwarz, 1999），意思決定に対する自信が強まる（Alter et al., 2007）といったことにより，その後の選択行動へポジティブな影響を及ぼすということである。この基本原則は，マーケティング・コミュニケーションの効果を高めたいマーケターにとって有益なものであろう。実際に，流暢性の効果はブランド・ロゴのデザイン（Janiszewski & Meyvis, 2001; Salgado-Montejo et al., 2014），広告（Labroo & Lee, 2006; Lee et al., 2004），店舗内の香り（Herrmann et al., 2013）にも適用可能であることが確認されている。

　Song and Schwarz（2008）が行った実験において，読みにくい字体で書かれているよりも読みやすい字体で書かれている方が，簡単に実行でき，時間のかからないトレーニング手順である（Study 1），短時間で容易に調理できるレシピである（Study 2）と判断される傾向にあった。さらに，この実験の参加者は，読みやすい字体で書かれている方が（読みにくい場合と比べて），トレーニング手順にきちんと従うことや，レストランの料理として出された場合により多くの金額を支払う意思があることを示した。この結果は，メタ認知的経験が判断だけでなく，行動意図にも影響を及ぼすことを示している。こうした流暢性の影響は，多様な製品カテゴリーで確認されている。たとえば，消費者は容易にイメージできる場所を旅行の目的地として好む傾向や（Petrova & Cialdini, 2005），将来，自分が成功していることを容易に想

39

像できるときにラグジュアリー製品を好む傾向にある（Mandel et al., 2006）
という。

低い流暢性の効果

　ただし，特定の領域においては，消費者が読みにくい刺激に対して選好を
示すこともあるので，注意が必要である。なぜなら，読みにくい刺激には，
その実現に高いスキルや労力が求められることを伝える働きや，わくわく感，
興奮，あるいは冒険心を醸し出す効果があるからである（Song & Schwartz,
2010）。

　刺激の流暢性は，消費者が用いる情報処理様式にも影響を及ぼす。Alter
et al.（2007）では，刺激の流暢性が低くなると，説得的コミュニケーション
を評価する際に，人々がシステマティック（分析的）な処理をしやすくなる
ことが明らかにされている。このことから，流暢性が高いとヒューリスティ
クスを用いた簡略的な情報処理がなされやすく，流暢性が低いとシステマテ
ィック型の分析的な情報処理がなされやすくなるものと思われる。

　消費者の情報処理様式と関連して，刺激の流暢性は消費者のカテゴリー化
にも影響を及ぼす。Miles and Minda（2012）は，カテゴリー・メンバーで
はない対象であっても，その知覚流暢性が高いと，カテゴリー・メンバーと
して認知されやすくなることを実証している。この結果は，消費者がカテゴ
リー化を行う際，知覚流暢性を手がかりとして用いている可能性を示唆する
ものである。

　先に述べたように，流暢性の低い刺激が常に，消費者反応へネガティブな
影響を及ぼすわけではない。Nielsen and Escalas（2010）は，消費者が物語
処理（narrative processing：自ら創作したストーリーの中でブランド経験の意味
を理解しようとする思考様式）によって選好を形成するとき，広告を処理する
際の難しさ（非流暢性）が広告対象のブランドに対する評価を高めると指摘
する。広告のストーリーに入り込んでいる物語処理の状況下では，広告スト
ーリーの理解が消費者の目標となるため，流暢性の低い刺激（ストーリー）
に直面したときの方がより多くの認知資源が投下され，ハイレベルの移入

40

（transportation）がなされる。その結果，広告の説得効果が高まり，ブランド評価にプラスの影響を及ぼすという。

　興味深いことに，複数回の広告露出ごとに小さな変更を加えた方が，消費者が判断する際に知覚する流暢性はむしろ高まるという実証結果もある。Shapiro and Nielsen（2013）では，広告が反復露出される際，ブランド・ロゴの位置が固定されているときよりも，露出ごとにロゴの位置が変えられているときの方が，実験参加者によって知覚される流暢性は高く（Experiment 2），ブランド・ロゴに対する選好が高まり（Experiment 1），当該ブランドに対する実際の選択確率も高かった（Experiment 3）。この実験で用いられた刺激（広告）に関して，露出ごとに変更されたのはロゴの位置のみであり，その他の要素はまったく同一であった。実際に，実験参加者はその変更について指摘することはできなかったが，丁度可知差異（just noticeable difference）の活用が有効であることをこの研究は示しているといえよう。

　丁度可知差異とは，違っている／変わったということがかろうじてわかる程度の小さな違いのことをいう。既存のロイヤル・ユーザー（彼／彼女らは，当該ブランドに変わってほしくないと願っている）を維持しながら，その時代のトレンドに合わせてブランドの鮮度を保つ方法として，ロングセラー・ブランドを中心に活用されている。

5. 今後の展開

クロスモーダル対応の活用

　Herrmann et al.（2013）は，特定の嗅覚的刺激に対する認知的処理の容易さが異なるため，店舗内の香りによって異なる反応が引き出されることを明らかにしている。それによると，処理の容易な（すなわち流暢性の高い）嗅覚的刺激は，売上高の増加（Study 1），認知的処理の促進（Study 2a および 2b），買い物の効率化（Study 3）をもたらす。これまで，好ましい香りが消費者の態度，評価，行動にポジティブな影響を及ぼす理論的説明はあまりなされてこなかった。流暢性の概念は，これらを含むさまざまな現象や効果を

説明する理論的根拠を提供できるかもしれない。

近年，心理学や神経科学の分野で行われた実験の結果から，人間が異なる感覚モダリティ（五感，運動感覚，平衡感覚，内臓感覚といった感覚の種別，様相のこと）における多様な刺激特性の間に，一貫性のある対応関係を有していることが明らかにされている（Evans & Treisman, 2010; Koelewijn et al., 2010; Li et al., 2007; Spence, 2011, 2012）。これをクロスモーダル対応（crossmodal correspondences，多感覚統合：multi-sensory integration，感覚間相互作用などと呼ばれることもある）といい，1つの感覚モダリティにおける特定の属性が，別の感覚モダリティにおける感覚的な特性や属性と密接に結びつく，あるいは調和する傾向のことを指す（Spence, 2011, 2012）。たとえば，「尖った」味や「円やかな」味という言葉があるように，苦味，酸味は角張った形と相性がいいのに対し，甘味やクリーミーな味は，丸みを帯びたフォルムと親和性がある（Spence, 2012）。

クロスモーダル対応が世の中の注目を集めるきっかけとなった現象の1つとして，「ブーバ／キキ効果」を挙げることができる。この現象は W. ケーラーによって世界で初めて報告され（Köhler, 1929 など），H. ウェルナーがさらに深化させた（Werner, 1957 など）後，世界的に有名な V. S. ラマチャンドランが紹介し（Ramachandran & Hubbard, 2001 など），広く知られるようになったといわれる。図 2-5 に示された 2 つの図形は「火星人の言語で，一方がブーバ（bouba），もう一方がキキ（kiki）であるが，どちらがブーバで，どちらがキキだと思うか」と尋ねると，ほとんど（95〜98％）の人が右側がブーバで，左側がキキだと回答する（Ramachandran & Hubbard, 2001 など）。興味深いのは，この現象が特定の言語や文化に限ったものではなく，あらゆる母国語や文化圏に共通して見られるということである。日本語を話す私たちも，おそらくほとんどの人が同じように感じるであろう。また，ブーバ／キキはそれぞれ baluma（あるいは maluma）/takete などとしても結果は同じである（Ramachandran & Hubbard, 2001）。ブーバ／キキ効果は言語音と図形の間に見られる連合であり，あらゆるクロスモーダル対応が世界共通のものであるとはいえないが，クロスモーダル対応研究の成果がグローバルに

第2章 消費者の情報処理を促進する情報のあり方

図2-5 ブーバ／キキ効果

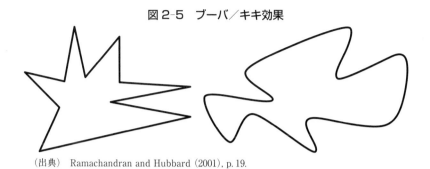

（出典）　Ramachandran and Hubbard（2001），p. 19.

適用できる可能性を示唆しており，今後ますます重要性が高まることを感じさせる。

なお，特定の音と色が一対一に対応する「色聴」と呼ばれる現象のように（音だけでなく文字や数字と色，あるいは音と味など，さまざまなケースがある），一部の人だけ（2000人に1人，数万人に1人ともいわれる）が感じる対応関係も存在する。これらは一般に「共感覚」（synaesthesia）と呼ばれ，広い意味ではクロスモーダル対応の一種と見ることができる。しかし，共感覚は非常に稀な現象であることに加え，具体的な対応関係（どのような音が何色に見えるのか）が人によって異なるため（Harrison, 2001; Koelewijn et al., 2010），一般化がしにくいことから，マーケティングへの応用が非常に困難となる。そこで本書の対象からは除外する。すなわち，多くの心理学研究や神経科学研究がそうであるように，本書でいうクロスモーダル対応とは，大多数の人に共通して見られる普遍性の高い（共有化された）現象を指す。

Spence（2012）では，食品や飲料の製品名，ブランド名，パッケージ・デザイン，ラベルなどと消費者が無意識的に予想（期待）する味，匂い，香り，食感をクロスモーダル的に対応させることによって，消費の経験価値を高められることが示されている。しかしながら，クロスモーダル対応に沿った刺激が，なぜ消費者の評価にポジティブな影響を及ぼすのか，そのメカニズムは明確にされているとは言い難い。

クロスモーダル対応は，異なる感覚モダリティから得られた情報を結合す

ることで知覚システム内のノイズを減らし，対象を探知するスピードや正確さを高めるとともに，適切な反応の選択を促す働きがある（たとえば，Evans & Treisman, 2010; Klapetek et al., 2012 など）[1]。このことは，消費者のクロスモーダル対応が知覚流暢性と密接に関わるものであることを示唆している。両者の関係を明らかにすることによって，消費者行動およびマーケティングにおけるクロスモーダル対応研究の意義はいっそう深まるであろう。

ニューロ・マーケティングとのつながり

石井ほか（2008）では，脳の半球優位性の観点から，消費者にとって処理のしやすいパッケージ・デザインの検討がなされている。そこでは，言語的情報をパッケージの右側，非言語的情報をパッケージの左側に配置した方が，パッケージに対する消費者の記憶や印象にポジティブな影響を及ぼす可能性が指摘されている。実験の結果，一部の製品においてのみ仮説が支持されたが，半球優位性を考慮したパッケージが消費者の反応に好ましい影響を及ぼすメカニズムを，処理流暢性の観点から捉えることもできるであろう。

石井ほか（2008）は，仮説が支持されなかったパッケージ（図2-6に示したカレールーのパッケージ）について，ブランド・ネームに用いられたフォントや色が一般的に使用されるものとは少し違ったデザインになっていたために，パッケージに記載されているブランド・ネームが言語として，あるいは文字として消費者に認識されにくかった可能性があると考察している（p.11）。こうした点は，まさに知覚流暢性の影響を示唆している。今後，研究を進めることで，流暢性の視点がニューロ・マーケティングと認知的な消費者行動研究の懸け橋となることも期待される。

情報を消化する消費者

消費者は，マーケターによって発信された情報をそのまま受け取る静的な存在ではない。消費者には，自分がそのとき置かれている環境やそこに至る経緯，すなわち各自に固有の「コンテクスト」がある。それはマーケターも同じである。マーケターにはそれぞれのマーケターに固有のコンテクストが

第2章 消費者の情報処理を促進する情報のあり方

図2-6 石井ほか（2008）の実験素材

（注）チョコレートのパッケージでは統計的に有意差が得られたが，カレールーのパッケージでは，統計的な有意差は確認されなかった。
（出典）石井ほか（2008），p.8。

ある。両者のコンテクストは当然違っているので，消費者はマーケターが送った情報に対して，そのすべての意図を汲み取り，寸分たがわず取り入れることは不可能である。そのため消費者は，接触したマーケティング情報を自らのコンテクストに取り込むために，そのメッセージを歪めて解釈することがある。たとえるならば，食物の消化活動において，自分とは異なる情報を有した食物の吸収を可能にするため，タンパク質を分解する必要があるのと同じことである。情報の歪曲的処理と消化は，それが無意識（無自覚）のうちになされる点でも共通している。

そこで，マーケティング・コミュニケーションにおいて重要なことは，消費者が情報を消化しやすくなるよう，情報を上手に調理して提供する「調理師」の役割をマーケターが果たすことである。情報を分解して再合成する編集のようなこの情報処理活動は，既存の知識・記憶によって形成された消費者の「期待」や「仮説」によって方向づけられるという特徴を有している。したがって消費者の期待や仮説と一致した情報は，初めからきわめて消化されやすい情報であるため，よく噛まなくても容易に消化できるであろう。

しかし，消化を促進する要素は，料理の素材，すなわち情報のコンテンツだけではない。調理方法はもちろん，盛りつけや器など，見た目の美しさによっても消化が影響されるように，図と地の分化を明確にしたり，韻を踏んだ文章にしたりして，さまざまな処理流暢性を高めることによって，消費者の情報消化を促進することができる。盛りだくさんの料理（＝情報）を提供され続け，消費者が胃もたれを起こしかけている現代のコミュニケーション環境を踏まえると，胃に優しい情報を提供する心配りが必要であろう。

＊　本章の内容は，須永努（2014）「消費者の意思決定時におけるメタ認知の影響」『商学論究』第 62 巻第 2 号，17-31 に加筆修正を行い，再構成したものである。

注 ————————
1　そのため，感覚対応はいわゆる「結びつけ問題」（binding problem）を解決する糸口となるかもしれない。色，形，大きさ，動きといったモダリティは脳内の異なる経路・領域で処理されるが，2 つ以上の物体（たとえば赤い丸と青い四角形）を同時に知覚した場合，私たちの脳はなぜ（青い丸と赤い四角形ではなく）異なるモダリティ間の正しい組み合わせを再結合できるのであろうか。この謎は「結びつけ問題」と呼ばれる（Treisman, 1996）。

第3章

店舗内環境の捉え方
ホリスティック・アプローチと実験的アプローチ

1. 環境の影響

店舗内環境の重要性

　ある店舗のことである。BGM はクラシック，シルバーと黒で統一された内装がオレンジがかった白熱灯で薄暗く照らされている。一方，別の店舗はヒットチャートの上位曲を BGM に用い，ビビッドな色（またはベージュや白）の内装が蛍光灯で明るく照らされている。

　こうした店舗内環境の違いは，消費者が抱くストア・イメージに影響する。多くの人は前者に高級店のイメージ，後者に安売り店のイメージを抱く（Baker et al., 1994; Bitner, 1992）。店舗内環境はストア・イメージ以外にも，消費者の購買量，非計画購買，店舗好意度，滞在時間，支出金額（Baker et al., 2002; Donovan et al., 1994; Milliman, 1982, 1986; Sherman et al., 1997; Yoo et al., 1998），品揃えやサービス品質に関する推論（Baker et al., 1994; Chebat & Morrin, 2007; Hightower et al., 2002; Reimer & Kuehn, 2005），検討商品数（Areni & Kim, 1994），バラエティ・シーキング（Mohan et al., 2012），満足度（Bitner, 1990; Lam et al., 2011），再来店（Kim & Moon, 2009）など，多くの影響を消費者に与える重要な要因である。

　第1章では消費者行動を時間的な流れの中で捉えることの意義を強調し，

47

異なる時点間における選択行動の相互作用について論じた。続く第2章では，そうした流れの中で，消費者が内省的に生み出す情報の重要性を指摘した。本章では，消費者自身が身を置いている環境が購買意思決定に及ぼす影響について概観したい。

　消費者の情報処理が消化と類似しているとすれば，環境の影響は非常に大きいはずである。第4章と第5章で実証しながら詳しく検討するが，実際に，消費者が感じる流暢性，すなわちメタ認知も環境の影響を多分に受ける。つまり，消費者の情報処理（情報消化）を理解し，消費者との適切なコミュニケーションを図る上で，環境が及ぼす影響を頭に入れておくことはきわめて重要なことだといえる。前章で消費者とマーケターはそれぞれ別のコンテクストに身を置いていると述べたが，実際の店舗は，両者が共存する数少ない貴重な"共有コンテクスト"なのである。

店舗内環境研究の視点

　店舗内環境研究における代表的な視点はサービススケープ（servicescape）であるが，それ以外にも雰囲気（atmosphere），環境心理学（environmental psychology），店舗環境（store environment）など，さまざまな角度から研究が蓄積されている。サービススケープには外装や内装の他，気温，騒音，匂いなどの雰囲気（サービススケープ研究では ambience という用語が用いられることが多い），POP や冊子などのコミュニケーション・ツールも含まれる。Bitner（1992）によって提唱されたこのサービススケープ概念は，バーチャルな空間にも適用されるなど，広がりを見せている（Vilnai-Yavetz & Rafaeli, 2006; Harris & Goode, 2010）。

　Kotler（1973-74）は雰囲気を「買い手に特定の影響を及ぼすよう意図された空間デザイン」（p.50）と定義し，騒音，形，香り，音楽，色といった店舗内の環境的要素が特定の感情的反応を誘発し，それによって購買確率を高めることが可能であると主張した。店舗内の雰囲気という用語を定義したのは，これが初めてである。そのため，Kotler（1973-74）が店舗内雰囲気研究の起源であるという印象が強いが，それ以前にも音楽のボリュームを操作し，

第3章　店舗内環境の捉え方

滞在時間や売上に及ぼす影響を検証した Cox（1964）など，いくつかの先行研究が存在している。

　雰囲気が購買行動へ及ぼす影響を扱った実証研究の包括的レビューを行った Turley and Milliman（2000）は，雰囲気を①外観（エントランス，建物の高さや色，建築様式，外壁など），②内装（床，色，照明，音楽，匂い，通路の幅，内壁の素材，天井，気温，清潔さなど），③レイアウト／デザイン（空間デザイン，商品の配置方法，備品やレジの位置，待合所など），④POP／装飾（案内表示，内壁の装飾，絵画や美術品，価格表示など），⑤人的要因（従業員の特徴や制服，混雑の程度，顧客の特性など）という5つの変数群にまとめて整理している。しかしながら，店舗内の雰囲気が消費者の購買意思決定へ及ぼす影響は複雑であるため，十分な理解が得られているとは言い難い。

2. ホリスティック・アプローチ

環境を全体として捉える

　店舗内環境が消費者へ及ぼす影響を扱った研究は，大きく2つのタイプに分けることができる。1つ目のタイプは，マーケティング研究に多く見られるアプローチで，多様な店舗内環境要素を網羅し，それらが消費者へ及ぼす影響を全体として捉えようとするものである。ここではそうしたタイプの研究をホリスティック・アプローチと呼ぶことにする。サービススケープおよび店舗環境という用語を用いた研究の多くは，このホリスティック・アプローチを採用する傾向にある（Hooper et al., 2013; Reimer & Kuehn, 2005; Sherman et al., 1997; Wakefield & Blodgett, 1996, 1999; Yoo et al., 1998）。

　このアプローチの背景にあるのは，消費者はさまざまな環境要素を個別に感じるのではなく，全体的に知覚し，それに基づいて行動がなされるものだという認識である。実際に，ドバイのモールにある5つの食料品店で調査を行った Mohan et al.（2012）では，音楽，照明，従業員，レイアウトといった各要素が消費者のポジティブ感情へ直接影響を及ぼすモデルよりも，図3-1 に示されているような2次因子（図3-1 a：観測変数をもたず，観測変数を

49

図 3-1　店舗環境の因子構造

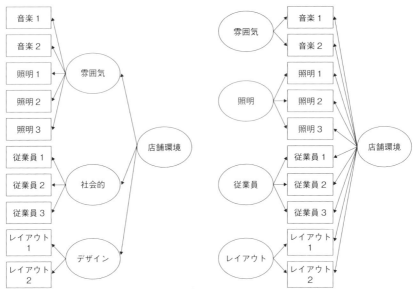

（出典）　Mohan et al.（2012），pp. 424-425 より作成。

もつ 1 次因子によって抽出される高次の因子が存在する構造）や Schmid-Leiman 因子（図 3-1 b：階層因子構造と呼ばれることもある。図 3-1 a の 2 次因子に当たる因子が 1 次因子と同じ観測変数群によって抽出される構造）が影響を及ぼすモデルの方がはるかに高い適合度を示していた。なお，Mohan et al.（2012）は，2 次因子構造（a）よりも Schmid-Leiman 因子構造（b）の方がよりデータと適合することも明らかにしている。

同様に，Sherman et al.（1997），Wakefield and Baker（1998），Wakefield and Blodgett（1999）も店舗環境を 2 次因子構造で捉えることを推奨しており，これらの結果は「消費者はさまざまな環境要素を個別に感じるのではなく，全体的に知覚し，それに基づいて行動がなされるものだ」というホリスティック・アプローチの信念が妥当であることを裏づけるものとなっている。

ホリスティック・アプローチの利点と課題

　ホリスティック・アプローチ研究に見られる特徴の1つは，さまざまな業態を対象に現実の店舗を用いたフィールド調査がなされている点である。ただし，J.ベイカーらの研究グループを中心に「雰囲気要因」（音楽，匂いといった非視覚的要素），「デザイン要因」（レイアウト，色などの視覚的要素），「社会的要因」（従業員，買い物客といった人的要素）という3分類が提唱されているものの（Baker & Cameron, 1996; Baker et al., 1994, 2002; Mohan et al., 2012など），サービススケープを測定する具体的な項目（要素）については，研究間で必ずしも統一されているわけではない。

　アイルランドのダブリンにあるコンビニエンス・ストア併設型ガソリンスタンドで調査を行ったHooper et al. (2013) は，設備，デザイン（インテリア，色，建築物），空間（床，通路），雰囲気（BGM，照明，匂い），衛生面といったサービススケープ要素の中で，デザインが行動意図への影響において重要であること，サービススケープはサービス品質とは弁別されるべき構成概念（サービス品質の先行要因）であることを明らかにしている。

　マカオのカジノで調査を行ったLam et al. (2011) も，サービススケープが顧客の認知的満足と感情的満足に影響を及ぼし，それらが滞在意向や再訪問意向へ影響することを明らかにしている。ただし，ここでは，サービススケープの次元を雰囲気（コインが出てくる音，BGM，照明，気温，空気のきれいさ），ナビゲーション，座席の快適さ，内装（interior décor），清潔さで測定している。分析の結果，雰囲気と清潔さは認知的満足のみ，座席の快適さと内装は感情的満足のみ，ナビゲーションは認知的・感情的満足の双方へ正の影響を及ぼすことが確認された。

　このように，ホリスティック・アプローチには店舗内環境が消費者の反応へ及ぼす影響を俯瞰的に捉え，その相対的影響力について知ることができるという利点がある。しかし，その一方でこのアプローチには限界もある。それは，調査手法の問題（限界点）である。ホリスティック・アプローチ型研究のほぼすべてが音楽，照明，色，香りといった個々の要素に対する評価を消費者へ尋ねる形で測定している。具体的には，「店舗内の○○（各環境要

素）は好ましい（快適な／適切な／魅力的な，など）ものであった」といった質問に対し，「そう思う」から「そう思わない」のようなリッカート尺度で測定している。同様のやり方で消費者の感情的／認知的反応，行動意図（購買，再来店，クチコミなど）についても測定し，それらの間に存在する因果関係を構造方程式モデリングによって確認するのが，一般的で最も多く用いられている方法である（Baker et al., 2002; Hightower et al., 2002; Hooper et al., 2013; Lam et al., 2011; Mohan et al., 2012; Reimer & Kuehn, 2005; Sherman et al., 1997; Wakefield & Blodgett, 1996, 1999; Yoo et al., 1998）。

こうした手法の場合，そのとき実際に経験したさまざまな店舗内環境要素と特定の消費者反応の関係性について知ることはできる。しかし，それら個々の要素が消費者にとって好ましいと感じられる「水準」を識別することはできない。そのため，ホリスティック・アプローチには，ストア・マネジャーが音楽，照明，色，香りといった要素を「どのようにすれば」良いのかについて，明確な指針を提供することが難しいという課題がある。

さらに，店舗内環境に対する消費者の心理的および行動的な反応が，無意識のレベルで生じることも（Milliman, 1982; Turley & Milliman, 2000; Yalch & Spangenberg, 1990），ホリスティック・アプローチ型研究に対して重大な課題を突きつけることになる。なぜなら，先に述べたように，このタイプの研究の多くが，環境要素に対する消費者の評価的反応（すなわち意識レベル）を分析のベースとしているからである。

3. 実験的アプローチ

ホリスティック・アプローチの限界を補うのが，音楽（Areni & Kim, 1993; Chebat et al., 2001; Dubé et al., 1995; Herrington & Capella, 1994; Jacob, 2006; Milliman, 1982, 1986; Yalch & Spangenberg, 1990, 2000），色（Bellizzi et al., 1983; Crowley, 1993），照明（Areni & Kim, 1994; Summers & Herbert, 2001），匂い（Bone & Ellen, 1999; Davies et al., 2003; Mitchell et al., 1995; Spangenberg et al., 1996; Ward et al., 2003），天井の高さ（Meyers-Levy & Zhu, 2007）など，

個々の要素（1つとは限らない）を取り上げてその水準を実験的に操作し，消費者の反応に生じる差異を突き止めようとする2つ目のタイプの研究群である。これらは，実験的アプローチと呼ぶことができよう。実験的アプローチには，実験室実験とフィールド実験の双方が存在する。環境心理学に加え，店舗内の雰囲気（atmosphere）研究で多く採用される傾向にある。

　実験的アプローチの中で最も多く取り上げられている要素は音楽であるが，本章では色の影響に着目する（音楽の影響については第5章で取り上げる）。その理由は，色は音楽とともに店舗内の雰囲気を決定づける二大要因の1つであることに加え（Lin & Worthley, 2012），床（通路），壁，天井，陳列棚などの備品を含む設備，照明，従業員の服装など，店舗内環境要素におけるおよそすべての可視物と関連する，適用範囲の広い要素だからである。

色の三属性：色相，明度，彩度

　色は消費者の購買行動，滞店時間，ポジティブ感情，覚醒，店舗や商品のイメージに影響を及ぼすだけでなく，消費者を陳列棚へ引き寄せる力ももつ（Bellizzi et al., 1983）。Bellizzi and Hite（1992）によると，青に比べて赤は消費者の覚醒水準を高めるが，購買の中止や延期をもたらしたり，ブラウジングや情報探索行動を抑制したりするといったネガティブな効果がある。一方，青には消費者をリラックスさせ，落ち着かせることにより，知覚や購買行動へポジティブに働くことが知られている。ただし，赤には顧客の衝動購買や当該店舗が最新の品揃えをしているという知覚を促進する効果があるとされる（Crowley, 1993）。

　総論として，消費者は暖色系よりも寒色系の店舗環境を好む傾向にあるが（Babin et al., 2003; Chebat & Morrin, 2007; Labrecque et al., 2013），これは色相（hue）に関する言明である。しかし，色の影響を正確に捉えるためには色相だけでなく，明度（lightness/value）と彩度（saturation）を含めた色の三属性を考慮しなければならない（Gorn et al., 2004; Labrecque et al., 2013）。

　色相は特定の波長が際立つことによって感じる色の質的性質（波長の長い順に赤＞黄＞緑＞青），明度は明るさ（白が最も明るく，黒が最も暗い），彩度

（クロマともいう）は色の鮮やかさ（強さ，当該色相の密度）をそれぞれ表す。彩度とクロマ（chroma）は同じ意味で使われることも多いが，厳密にいうと，彩度は色と白みの比（色の飽和度）で決まる見え方を指す。したがって，明度を高く（低く）すると彩度は減少する（増す）ように見える。一方，日本視覚学会編集の『視覚情報処理ハンドブック』（朝倉書店）によると，クロマは色の絶対量に対応した見え方を指すので，明度が変化してもクロマは変わらない。

　ただし，色の三属性が人に及ぼす影響は互いに関連し合っている。店舗環境が時間知覚へ及ぼす影響についてまとめた Baker and Cameron（1996）によると，色がもつ温かみには色相だけでなく，明度や彩度も関係しており，明度が高く，彩度が低くなるほど温かく見え，待ち時間を長く知覚させる作用がある。Gorn et al.（2004）は，明度が低い色よりも高い色の方が，彩度の影響が大きくなるという交互作用効果を見出している。明度の低い色は暗いので，彩度の違いが知覚されにくくなるためにこのような現象が生じやすくなるものと思われる。また，明度や彩度は大きさの知覚とも関係している（Labrecque et al., 2013）。スペースに制限のある小売店は，明度の高い色（明るい色）を用いることで空間を広く見せることができる。反対に，親密な空間を演出したい小売店は，明度の低い色または彩度の高い色を用いると良い。

　これまでの説明からわかるように，色の三属性はすべて量的な変数であるが，人間の目は波長を量的に捉えるというよりも色の違いとして経験するため，色相に関しては赤や青といったカテゴリーで捉えるのが一般的である。ウェブページの背景色が時間知覚へ及ぼす影響を実証した Gorn et al.（2004）では，知覚される迅速性，ウェブページの評価，および推奨意向の媒介変数となるリラックス感に与える影響が明度（正）＞彩度（負）＞色相（青＞黄／赤）の順に大きいことが示されている。

　広告効果に及ぼす色の影響を検証した Gorn et al.（1997）においても同様に，明度や彩度に比べ，色相は媒介変数となる感情状態へ及ぼす影響が小さいことが明らかにされている。既存研究はこれまで，色相に注目しすぎてきた感がある。そこでは暖色系に不利な結果が多く報告されているが，暖色系

のイメージ・カラーをもつブランドは少なくない。IMC の観点から，同系色を店舗内でも用いたいという要望は少なくないであろう。その場合，明度や彩度を変えることで，色相がもつ負の影響を抑制するといった対策も可能になるということである。

しかしながら，色相に比べ，明度や彩度に関する研究は限られているだけでなく，明度や彩度をコントロールしないまま色相の影響を測定している研究も少なくない。そのような設計では，得られた結果が色相によってもたらされたものなのかどうか判別できない。少なくとも，研究で使用した色の情報について，色相だけでなく明度や彩度についても記載をすることが求められよう。

照明の影響

三属性に加え，測定がなされた環境の明るさ（照明）についても考慮または報告する必要がある。Babin et al.（2003）はシナリオ調査（対象店舗は女性用ファッション店）の結果，薄暗い照明とオレンジの内装を組み合わせると，暖色によるネガティブな反応が抑制され，価格の知覚公正性が高まるという交互作用効果を発見している。

明るい照明は覚醒水準の上昇をもたらすが，過度に明るい照明は時間を長く知覚させる作用があるため（Baker & Cameron, 1996），レジ付近や銀行等の待合室での使用は避けた方が良い。近年では，Barlı et al.（2012）がトルコのエルズルムにあるショッピング・モールで内装（壁，天井，陳列棚）の色（青／緑／黄／赤／白）と照明（15W／32W）を操作したフィールド実験を行っている。その結果，①緑の内装は購買を促進する，②赤の内装は滞店時間に負の影響を及ぼす，③照明の明るさは滞店時間に負の影響を及ぼす，④滞店時間は購買に正の影響を及ぼす，ことが明らかにされた。

適切にデザインされた照明は消費者をわくわくさせる雰囲気を創り出し，ポジティブな気分が喚起され，消費者の視線を誘導する働きがある（Smith, 1989）。Areni and Kim（1994）によると，照明は買い物客が手に取って検討する商品の数に影響を及ぼす。適切にデザインされた照明はより多くのブラ

ウジングや情報探索を促すというわけである。ただし，どの程度の照明が好まれるかは社会的状況（同伴者との関係性など）とタスクによって変化する（Baker & Cameron, 1996）。

ハイブリッド・アプローチ

　最後に，ホリスティック・アプローチと実験的アプローチを融合（両立）させた数少ない例を1つ紹介しよう。Baker et al. (1994) では，雰囲気（音楽と照明），デザイン（色，装飾，レイアウト，陳列方法），社会的要因（販売員の数，挨拶，服装）を操作し（高級イメージ／安売りイメージ），商品およびサービスの知覚品質，ストア・イメージに及ぼす影響へどのような違いが生じるか実験室実験を行って検証している。その結果，雰囲気の影響は，安売りイメージのときよりも高級イメージのときに顕著になることなどが明らかにされた。

4. eコマース時代における実店舗環境の重要性

店舗の位置づけと役割の変化

　店舗内環境の影響について理解することは，小売業者にとってはもちろん，メーカーにとっても重要な課題である。インターネット販売の増加により，メーカーは小売業者を通さずに消費者へ直接販売する機会が増えている。これは，消費者が購買前に自らの目や手で製品を確かめながら吟味する機会の減少をもたらす。そこでメーカーは，自社ブランドのコンセプト・ショップを立ち上げ，ブランドの世界観や新しい製品・サービスを体験できる場を提供するようになっている。ネット販売の拡大につれ，店舗内環境研究の重要性はむしろ増大しているのである。

　アメリカ・クチコミ・マーケティング協会（WOMMA；Word of Mouth Marketing Association）の初代会長であり，同協会の殿堂入りも果たしたエド・ケラーと同協会の役員であるブラッド・フェイは著書 *The Face-to-Face Book: Why Real Relationships Rule in a Digital Marketplace* の中で，「店舗

第3章 店舗内環境の捉え方

図3-2 IT企業が展開する実店舗

（注）左はアマゾンが展開するリアル書店「amazon books」のニューヨーク店。右はグーグルがロンドンで展開している「Google Shop」（時事通信フォト提供）。

は，人々がわくわくするような製品を見たり，時にはそれを試したりすることができ，店舗内にいる友人や家族とその興奮を共有することができる場所でもある」（Keller & Fay, 2012, p.130）と述べている。なお，同書は2013年にアメリカ・マーケティング協会（AMA）の最優秀書籍に選ばれている。

IT企業の雄アップル社の創業者であるスティーブ・ジョブズは，ビジネスにさまざまな革命をもたらした。PC，音楽，スマートフォン，タブレット端末など，デジタル技術に関するイノベーションが真っ先に思い浮かぶであろうが，私見を述べると，ジョブズが成し遂げた最大の偉業は，アップルストアを創ったことであると思う。彼の伝記を著したウォルター・アイザックソンによると，アップルが成功するためには，顧客と直接コミュニケーションをとる手段をもつことが必要であり，それを実現するための最良の，そして実際のところ唯一の方法は小売店舗であると，ジョブズは2000年時点で気づいていたという（Keller & Fay, 2012, p.131）。

ここ数年，アマゾン，グーグル，フェイスブック，日本では楽天のように，インターネット上でサービスを展開してきた企業が，実際の店舗をオープンする例が後を絶たない（図3-2）。これらIT企業の世界的巨人たちの動きはまさに，リアル店舗が有する重要性の増大を示しているとともに，その位置づけが単なる「商品の販売場所」から転換していることを物語っている。ア

57

ップルストアは買い物をする場所であるが，それだけでなく，アップル製品を体験し，訪れた人々を感情的エネルギーに包み込む場所でもあるのだ（Keller & Fay, 2012）。これからの店舗は，「買い場」ですらなくなるかもしれない。少なくとも，「買い場」としての役割が相対的に低下するのは間違いないであろう。

店舗内環境研究の課題と展望

　以上を踏まえ，今後の方向性としては，第1に，前章で述べたクロスモーダル対応研究の成果を店舗内環境へ適用していくことが実務的にも，学術的にも重要であると考える。ホリスティック・アプローチ研究が想定しているように，人間は，異なる感覚モダリティからの情報を統合して環境を知覚している。それらの感覚モダリティ間には，互いに強い結びつきをもつ特性の組み合わせが存在する（Spence, 2012）。クロスモーダル対応には非常に多様な組み合わせが存在し，世界中の研究者によって新たな対応関係が次々と報告されている。その中には，明るい（暗い）色は軽く（重く）感じる（Walker, 2012），低い（高い）音は下（上）の方から聞こえてくるように感じる（Evance & Treisman, 2010; Rusconi et al., 2006）など，店舗内環境へ適用可能な対応関係も多い。それらは，店舗内における消費者の視線の動きや注意，購買行動とも深く関連すると思われるため，その関連性が明らかになれば陳列などへ応用できる。しかし，クロスモーダル対応を応用した研究は，店舗環境研究，消費者行動研究，インストア・マーケティング研究のいずれにおいてもきわめて少ない。実際の店舗環境への適用は，さらに遅れているといわざるをえない。

　第2に，価格帯のみならず，さまざまな店舗特性による差異を整理することも必要である。たとえば，実用的（家電量販店，病院など）か快楽的（ジュエリー店，コンサート・ホールなど）か，プロセス志向（カルチャー・スクール，ホテルなど）か結果志向（学習塾，銀行など）かなどによって，環境要素の中で重要になるものや好ましい水準が違ってくるのは間違いない。銀行よりもレストランの方が備品，設備，従業員の装い，冊子などのコミュニケーショ

ン・ツールといった有形要素がサービスの知覚品質へ及ぼす直接的な影響が大きいことを示した Reimer and Kuehn（2005）の分析結果は，そのことを示唆している。今後，この点をさらに精緻化する研究が求められる。

　店舗内環境の影響に関する研究の大部分は，S-O-R パラダイムを理論的基盤としている。S-O-R パラダイムとは，人間の行動を刺激（stimulus）と反応（response）という観察可能な2つの側面だけを捉えて分析する（これを S-R モデルという）のではなく，刺激と反応を媒介するさまざまな内的プロセス（organism）に着目し，その構造を明示することに主眼を置く理論枠組みのことをいう（青木ほか 2012）。ホリスティック・アプローチをとる研究のほとんどすべてが，Mehrabian and Russell（1974）および Donovan and Rossiter（1982）をベースにしており，いずれのモデルも，特定の環境的刺激に露出されることで，消費者の感情的反応が生じ，接近‐回避という行動的反応へとつながることを示すものである。最新の研究でもこのスタイルは変わっていない（Hooper et al., 2013; Lam et al., 2011; Mohan et al., 2012; Vieira, 2013 など）。

　今後は，S-O-R 型研究の中に情報処理理論（人間を1つの情報処理システムとして捉え，情報を探索・取得・統合するプロセスに焦点を当てた理論枠組みのこと。青木ほか 2012）を取り入れ，両者を融合した研究を進めることで，よりいっそう深い洞察を得ることができるものと考えられる。たとえば，同一の店舗内環境であっても，それによって生じる反応は関与，目標，知識といった消費者特性によって異なるであろう。すでに，文化（Chebat & Morrin, 2007），覚醒探求性向（arousal-seeking tendency; Lin & Worthley, 2012），刺激のスクリーニング能力（さまざまな感覚器官において重要でない情報を自動的に篩い落とす能力；Dijkstra et al., 2008）といった調整変数の存在が確認されているが，まだ緒に就いたばかりである。

　長期的な顧客関係性の維持にあたって，店舗内環境が重要な役割を果たすことは定量的研究（Babin et al., 2003; Kim & Moon, 2009; Sherman et al., 1997），定性的研究（Baker et al., 2007; Grayson & McNeill, 2009; Tuzovic, 2009）の両面から支持されている。自分にとって大切な人物と会う場所を選ぶ際は，お

店の雰囲気を考慮するであろう。それと同じで，ブランドも顧客の愛顧を得たいと思うならば，顧客と実際に出会う場，すなわち店舗の雰囲気を適切にデザインしなければならない。提供物が優れていても，その場の雰囲気に違和感を覚えると，顧客という大切な相手は興ざめしてしまう。顧客の愛顧をめぐって競争する現代のビジネス環境では，店舗内の環境デザインが重要なポイントになるといえよう。

＊　本章の内容は，須永努（2014）「店舗内環境研究の概観と今後の方向性──ホリスティック・アプローチと実験的アプローチ」『商学論究』第 62 巻第 1 号，81-95 に加筆修正を行い，再構成したものである。

第4章

感覚マーケティングと消費者行動 ①
視覚による影響

1. 感覚マーケティングと感覚対応

　第3章では，消費者行動における店舗内環境の重要性について指摘し，今後の展望としてクロスモーダル対応のような刺激の感覚対応を意識することが求められると主張した。そこで本章と次章では，店舗内環境における感覚的刺激の対応関係が消費者の購買意思決定へ本当に影響を及ぼすのか，及ぼすとすればそれはどのような影響なのかについて，実験を行って検証していくことにする。

　企業間における技術的水準が同質化し，製品やサービスにおける本質部分での差別化が困難となるコモディティ化の問題が深刻になり，いかにして脱コモディティ化を図るかがマーケティングの共通課題となってから，およそ20年が経過しようとしている。この間，マーケティング業界はアカデミアと実務界が互いに協力しつつ，それぞれが単独でもこの問題に取り組み続けてきた。そして近年では，アカデミアと実務界の双方が，感覚マーケティングに大きな期待を込めて注目し，実践している。とくに，第3章で取り上げた小売店舗においては，市場環境の変化とも相まって，脱コモディティ化や実店舗の（ネット販売業者に対する）優位性構築の切り札として感覚マーケティングに寄せられる期待が高まっている（石井・平木 2016）。

61

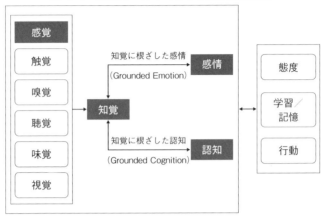

図4-1 感覚マーケティングの概念的枠組み

(出典) Krishna (2012), p. 335. 筆者訳。

　図4-1に，Krishna (2012) によって示された，感覚マーケティングの概念的枠組みが示されている。感覚マーケティングとは，感覚（sensation）と知覚に関する理解をマーケティング，すなわち消費者の知覚，認知，感情，学習，選好，選択，評価などへ応用する取り組みのことをいう（Krishna, 2012, p. 334）。

　すでに繰り返し述べてきたように，人が経験するさまざまな感覚特性の間には，互いになんとなく「しっくりくる」と感じる強い結びつきを有する組み合わせがある。多様な感覚モダリティが有するいくつかの特性間にそうした対応関係（sensory correspondence：感覚対応）が存在することは，過去四半世紀以上にわたって心理学，認知神経科学（cognitive neuroscience）の領域でなされた膨大な数の研究によって明らかにされている（Evans & Treisman, 2010; Koelewijn et al., 2010; Li et al., 2007; Spence, 2011, 2012 など）。クロスモーダル対応は，感覚対応の中でも特殊な組み合わせ，すなわちある感覚モダリティがそれとは別の，表面的には無関連に思われる感覚モダリティと連合する傾向を意味する。たとえば，ピアノの音は甘い味，金管楽器の音は苦い味とそれぞれ連合するといったものがそれに当たる（Crisinel &

Spence, 2010)。

　人間の情報処理における感覚対応の重要性は，多様な実験的手法を駆使した研究によって明らかにされている（Spence, 2011）。近年になって，嗅覚と聴覚（Mattila & Wirtz, 2001; Spangenberg et al., 2005），聴覚と視覚（Russell, 2002），聴覚と味覚（Yorkston & Menon, 2004），触覚と味覚（Krishna & Morrin, 2008），視覚と味覚（Hoegg & Alba, 2007），嗅覚と触覚（Krishna et al., 2010）など，マーケティングや消費者行動の領域においても，複数の感覚モダリティを扱った研究がなされている（これらの研究のレビューについては Spence et al.（2014）を参照されたい）。

　このうち，Mattila and Wirtz（2001）は，複数の感覚的刺激によって生じる覚醒水準（level of arousal）が一致しているとき，消費者の買い物経験は好ましくなることを明らかにしている。たとえば，ラベンダーの香りはスローテンポの音楽と相性が良く（ともに低い水準の覚醒をもたらす），グレープフルーツの香りはアップテンポの音楽と適合する（ともに高い水準の覚醒をもたらす）という。しかしながら，サウンド・シンボリズム（sound symbolism：言語的な音が特定の意味やイメージと連合するクロスモーダル的対応を指す）を扱った Yorkston and Menon（2004）を除き，マーケティング研究および消費者行動研究のほとんどは，心理学や神経科学の領域でなされた感覚対応研究による最新の洞察を十分に取り入れているとは言い難い。

　感覚対応の中には，パフォーマンスを高めるかどうかにかかわらず無意識に生じるものも多い（Parise & Spence, 2012; Spence & Deroy, 2013）。その証拠に，クロスモーダル対応が製品の視覚探索（visual search）と選択に及ぼすプラスの影響は，馴染みのないブランドとソニック・ロゴ（sonic logo）の間で学習された即興的連合でも生じる（Knöeferle et al., 2014）。しかも，それは，単純な画面よりも複雑な画面を用いた場合に顕著に表れていた。このことは，店舗内での買い物中，あるいはウェブサイトの閲覧中（これらは情報過多の環境にあることが多い）に消費者が何らかの感覚対応を経験し，それが彼／彼女らの購買行動へ影響を及ぼす可能性が十分にあることを示唆している。よって，感覚対応に関する研究成果は製品の視覚探索を促進する（つ

63

まり，製品が探しやすい）陳列方法，消費者の情報処理や選択のサポート，店舗内における購買経験の向上など，広範囲な適用可能性が期待できる。

　第2章でも述べたように，Spence（2012）では，食品や飲料の製品名，ブランド名，パッケージ・デザイン，ラベルなどと消費者が無意識的に予想（期待）する味，匂い，香り，食感をクロスモーダル的に対応させることによって，消費の経験価値を高められることが示されている。Shen and Sengupta（2014）は，音が聞こえてくる位置によって，どの位置に陳列された製品が選好されやすいかが変わってくることを明らかにしている（ただし，そのシグナルを無視するよう教示すると，その効果は抑制された）。さらに，Knöeferle et al.（2014）は，位置とは無関連であるが，製品と結びつきのある聴覚的刺激（使用時の音や製品関連のジングル）があると，当該製品に対する消費者の視覚探索と選択が促進されることを実証している。その他，Gatti et al.（2014）では，ボディソープのパッケージ・カラーと香りの対応関係も報告されている。そこでは，容器の知覚重量（perceived heaviness）が香りの知覚強度（perceived intensity of the fragrance）や当該製品に期待される効能（expected efficacy of the product）へ及ぼす影響についても明らかにされている。

2．色，視覚的重量，位置の感覚対応

　製品の外観は，見た目の重さに影響を及ぼす。たとえば，色は知覚重量を経由してパッケージの評価へ影響する（Deng & Kahn, 2009）。ただし，「赤」や「青」といった色相が知覚重量に及ぼす影響は弱く，明度が負の影響，彩度が正の影響を及ぼすことが知られている（Alexander & Shansky, 1976）。つまり，何色を重く／軽く感じるというものではなく，同じ色であれ異なる色であれ，明るいほど軽く，鮮やかであるほど重く感じるということである。明度の高い色の物体が軽いと知覚される傾向にあることは，Walker（2012）によっても実証されている。さらに，千々岩（2001）によると，明度が知覚重量に及ぼす影響の大きさは，彩度のおよそ7倍であるという。

こうした主張は，先述した Gatti et al.（2014）の実験結果とも整合性がとれている。そこでは，パッケージ（ボディソープのボトル）の色は，製品の知覚重量に影響を及ぼしていなかった。彼らの実験では赤，ピンク，白という 3 つの色が用いられたのだが，最も大きく異なっていたのは彩度であり（順に 100%，19%，1%），明度はほとんど同一（同じく 95%，99%，99%）であった。

このことを最もよく説明しているのが，Walker et al.（2010）の実験結果である。彼らは，色相は異なるが同一の明度を有し，かつ彩度を一定に保った 2 色の組み合わせを複数（赤と青，緑とグレー，ライラックとターコイズ・ブルー）用意し，色が知覚重量へ及ぼす影響について検証した。その結果，色相が異なっても，明度が一定であれば知覚重量は変わらないことが明らかにされた。つまり，色相は知覚重量に影響を及ぼさないということである。なお，無彩色（白黒）であっても結果は同じであった。

なお，明度は英語で lightness であるが，brightness という単語もあり，非常に紛らわしい。多くの研究で両者を互換的に用いている傾向がみられるが，厳密にいうと，brightness は知覚される輝度（luminance）を指すのに対し，lightness は知覚される反射率（reflectance）を表している（Kingdom, 2011）。別の言い方をすれば，明度（lightness）とは物体の表面に対する白，グレー，黒の知覚レベルであり，明るい（light）ものから暗い（dark）ものへと続いていく次元を指す。一方，brightness はかすんだ（dim）状態から輝いた（bright）状態へと続く知覚次元であり，観測者の方へ反射される光の絶対的な強さを意味する（Gilchrist, 2007）。

ところで，見た目の重さは明度だけでなく，物体が置かれている位置とも結びついている。対象が視界の下の方に呈示されているとき，人々はそれを重く感じる傾向にある。この原則に基づき，Deng and Kahn（2009）は，「位置効果」（location effect）なるものを提唱し，実証している。位置効果とは，製品のイメージ（画像）がパッケージ上のどこに配置されるかによって，当該製品の知覚重量（見た目の重さ）が異なる現象を指す。具体的には，パッケージの下部，右半分，右下が「重い位置」であり，上部，左半分，左上

が「軽い位置」であるという。

Deng and Kahn（2009）の実験結果に基づけば，参加者間要因（between-participants factor），参加者内要因（within-participants factor）のいずれにおいても，垂直方向の効果（bottom-heavy effect）の方が，水平方向の効果（right-heavy effect）よりも強力である。水平方向では，利き目が調整変数となっていることがその理由であると考えられている。事実，Deng and Kahn（2009）の実験参加者のうち，左目が利き目の参加者は右目が利き目の参加者に比べ，視界の左側に置かれた物体を重いと知覚していた。

van Rompay et al.（2014）は架空の洗剤ブランドを用いた実験を行い，画像の位置が重さの知覚に影響を及ぼすのか検証している。そこでも Deng and Kahn（2009）と同様，実験参加者は画像がパッケージの右下に描かれていると当該製品が重いと予想するのに対し，画像がパッケージの左上に描かれていると当該製品を軽いと予想することが確認されている。

3. 仮　　説

Deng and Kahn（2009）および van Rompay et al.（2014）はいずれも，視界の「重く感じる」位置に置かれた画像は，「軽く感じる」位置に置かれたまったく同一の画像よりも重そうに見えること，そして視界の上方（下方）が軽く（重く）感じさせる位置であることを明らかにしている。本章では，この位置効果が陳列棚における製品の陳列方法に適用可能であるか，適用可能であるとすればどのように適用できるのかについて検証する。

明度の高い色が軽いと知覚されることと，視界の上方にある物体が軽く見える傾向にあることを結びつけて考えれば，明度と位置（高さ）の間にも一貫した連合が存在しうる。そうであれば，店舗内において，明度の高い色をした製品／パッケージを陳列棚の上段，明度の低い色の製品／パッケージを陳列棚の下段に陳列すると，多くの買い物客が共通して有している感覚対応と一致するはずである。視界の右側を重く感じる水平方向の効果も，色と重さの知覚に関連することが知られているが（Hirata, 1968），ここでは最初の

取り組みとして，まずは垂直方向の効果に焦点を絞って検討を進めることにする。

　明るい（暗い）色と視界の上方（下方）という組み合わせが消費者の感覚対応と一致しているのであれば，そのように配置された陳列に対する消費者の知覚流暢性が高まるものと思われる。知覚流暢性は，消費者が刺激を知覚したり識別したりする際に感じる容易さ（難しさ），心的プロセスに要する時間およびその正確性として定義される（Lee et al., 2004; Reber et al., 2004）。感覚対応は対象の検出にかかる時間を短縮し，その精度を高め，適切な反応の選択を促進する働きがある（Evans & Treisman, 2010; Klapetek et al., 2012など）。このことから，消費者の感覚対応と一致するようにデザインされた陳列は，彼／彼女らの知覚流暢性を高めることが期待できよう。

　第2章で述べたように，流暢性を高める方法は数多く存在する。したがって，消費者の知覚流暢性に影響を及ぼす店舗内の要因は感覚対応以外にも存在しうるが，他の要因が一定であれば，明度と位置の一致は買い物客の知覚流暢性を高めるであろう。さらに，ターゲット刺激の知覚流暢性は当該刺激への好意度や選好を高め（Reber et al., 1998; Winkielman & Cacioppo, 2001），意思決定への自信を強める（Alter et al., 2007）ことによって，行動意図へも正の影響を及ぼすことが明らかにされている。たとえば，Song and Schwarz（2008）が行った実験では，メニューが読みにくい字体で書かれているよりも読みやすい字体で書かれている場合，実験参加者が報告する料理への支払意思額（WTP）が有意に高くなっていた。

　Deng and Kahn（2009）では，パッケージの正面（façade）を視界とし，製品のイメージ図を視界の中にある絵画的描写（pictorial object）として捉えている。これに対し，本研究では製品の陳列棚全体を視界と捉えている。したがって，明度と位置が一致した陳列方法自体が，特定の製品に対する選好を高めることはないだろう。しかし，明度と位置が一致した陳列方法は，特定の製品ではなく，そこに陳列された製品群に対するWTPを高めるなど，消費者の購買行動を促進することが予想される。

　明度と位置を一致させた陳列方法の効果が，感覚対応から生じるのであれ

ば，陳列棚における製品の視覚探索においてその影響が見られるはずである。
つまり，明度と位置が一致していない陳列棚よりも，それが一致した陳列棚
の方が，製品の探索と検出が効率的に行える可能性が高い。視覚探索の理論
によれば，前注意的に受容される一連の視覚的特性，すなわち輝度や色は，
視界の中で最も有益な（情報価値の高い）部分へと注意を向ける役割を果た
している（Müller & Krummenacher, 2006; Treisman & Gelade, 1980）。

　また，Reutskaja et al.（2011）は，消費者による最初の固視（initial fixa-
tion）に関して，製品自体が有する要素よりも陳列位置による影響の方が大
きいことを示している。消費者が棚の中央に陳列された製品を最初に見る傾
向にあることは（Reutskaja et al., 2011），よく知られたところである。本章
では，消費者の視覚的注意に，それとは異なるもう1つのシステマティック
なバイアスが存在することを明らかにする。具体的には，消費者が明度の高
い（低い）色の製品を探す際，彼／彼女らの視覚的注意は視界の上方（下方）
に向けられると予想する。この予想が正しければ，対象製品あるいはそのパ
ッケージの明度が高い（低い）とき，当該製品が棚の上方（下方）に陳列さ
れていると，消費者の視覚探索時間は短くなる（すなわち，目当ての製品を迅
速に見つけることができる）はずである。音の高さ（ピッチ）と空間的位置の
クロスモーダル対応を対象とした Chiou and Rich（2012）においても，反応
速度の短縮化が注意のメカニズム（方向づけ）によってもたらされているこ
とが示されている。

　Deng and Kahn（2009）の実験結果によると，重さが好ましい（好ましく
ない）属性であると認識されるとき，消費者はパッケージ上の「重い（軽
い）」位置にイメージ図が描かれた製品を選好する傾向にある。たとえば，
消費者の健康目標が顕在化されると，重い位置にイメージ図が描かれたパッ
ケージへの選好が弱まる。これと同様に，重さ（軽さ）が重要な属性として
認識されるとき，消費者は棚の下方（上方）に陳列された明度の低い（高い）
色の製品／パッケージを選好するようになるであろう。

　以上をまとめると，以下のような仮説が導出される。

第 4 章　感覚マーケティングと消費者行動 ①

H1：明度と位置が一致した陳列方法は，消費者の知覚流暢性を高める。

H2：明度と位置が一致した陳列方法は，消費者の視覚探索を促進する。

H3：明度と位置が一致した陳列方法は，製品の重量が重要な属性であると認識されるとき，消費者の選択に影響を及ぼす。

H4：明度と位置が一致した陳列方法は，消費者の WTP を高める。

　これに対し，明度と位置が一致しない陳列方法，すなわち，明度の高い（低い）色の製品が棚の下方（上方）に陳列されているとき，たとえ消費者が製品の重量を考慮したとしても，明度の効果と位置の効果が相殺されてしまう。その結果，明度と位置の一致しない陳列方法は，製品の重量が考慮されるか否かにかかわらず，消費者の選択に影響を及ぼさないであろう。

4. 実 験 1

　本章で報告する実験は実験 2 を除き，すべてヤフー株式会社が提供する Yahoo！クラウドソーシングを通じて実施された。質問票はすべて日本語で書かれている。なお，このサービスを通じて得られる実験参加者のデモグラフィクスに関する分布を確認するために別途調査を行ったところ（$n = 2346$），参加者の 99.8% は日本在住であった。

プリテスト

　どの程度の明度差があると，人々が「異なる重さである」と知覚するのか確認するため，プリテストを実施した。まず，2 つの仮想的陳列棚を作成し，それを明度の参照点として利用した。どちらも上下 2 段であり，各段に 3 種類の製品（食器用洗剤），合計すると 6 つの異なる製品が陳列されている。各製品のフェイス数は同一（2 フェイス）にした。なお，ブランドに対する認知，消費者の知識や馴染みなどによる影響を排除するため，海外のブランドを素材として使用した。

　調査対象者は 20 歳以上の男女とし，参加者は 71 名（女性＝25.4%，年齢：

69

図4-2 プリテストで使用した実験素材
a. 製品群A

b. 製品群B

（注）いずれも左から順に明度のみ10%ポイントずつ低くなっている。ただし，棚は明度も含めすべて同一である。

$M=39.3$, $SD=10.65$) であった。参加者のうち，すべての質問に回答していない参加者が2名いたため，これらをデータから除外した。参加者には，図4-2に示したように明度のみが異なる刺激（参照点より10%，20%，30%，40%ずつ明度を低くした製品群）が，参照点との一対比較で呈示された。参加者にはターゲット製品群の全体的な重さについて，参照点の製品群と比べてどの程度重く感じるか，7点尺度で回答してもらった（1＝明らかに軽そう：7＝明らかに重そう）。

繰り返しのある分散分析（ANOVA）を行った結果，製品の明度が低くなるほど，見た目の重量は重いと知覚されることが確認された（製品群A：$F(3,204)=9.764$, $p<.001$, 製品群B：$F(3,204)=24.609$, $p<.001$）。対比較の結果から，2つの陳列画像の間に少なくとも20%ポイントの明度差があると，参加者は両者を異なる重さをもつものとして知覚することが示された（ボンフェローニの調整済み $ps<.019$）。異なる製品群どうしを比較した場合（製品群A vs. 製品群B）でも，明度を30%下げた陳列画像は，明度を10%下げたものより重いと知覚されていた（製品群Aの－30% vs. 製品群Bの－10%：$t(68)=6.06$, $p<.01$, 製品群Bの－30% vs. 製品群Aの－10%：$t(68)=3.02$, $p<.01$）。

第 4 章　感覚マーケティングと消費者行動 ①

一方，予想した通り，明度の相対的レベルが同一な製品群どうしを比較すると（製品群 A の – 30% vs. 製品群 B の – 30% など），いずれの組み合わせにおいても知覚重量に有意差はなかった。

　以上の結果から，実験 1 では，参照点から明度 – 10% の陳列画像を明度の高い（軽く見える）刺激，同じく – 30% の陳列画像を明度の低い（重く見える）刺激として採用することにした[1]。

手 続 き

　男性は対象商品の主たる購入者でも利用者でもないことから，調査対象者は 20 歳以上の女性とした。参加者は 102 名（年齢：$M = 39.6$，$SD = 11.62$）であり，実験デザインは一要因（陳列方法：一致 vs. 不一致 vs. コントロール）の参加者間デザインである。

　刺激となる仮想的陳列棚は 4 段からなり，1 段につき 3 つの製品，合計 12 の製品がいずれも 2 フェイスずつ陳列されている（図 4-3 を参照されたい）。一致条件は，上の 2 段に明度の高い製品群，下の 2 段に明度の低い製品群という組み合わせである。一方，不一致条件はその反対，すなわち上の 2 段に明度の低い製品群，下の 2 段に明度の高い製品群が陳列されている。最後に，コントロール条件では，上下段ともに（4 段すべて），明度の高い製品と低い製品が交互に（隣り合う製品どうしの相対的明度が異なるように）配置されている。ただし，コントロール条件においても，明度の高い／低い製品の総数は一致条件，不一致条件と同一である（それぞれ 6 製品ずつ）。

　なお，いずれのバージョンにおいても，上段と下段には異なる製品群を陳列する（製品群 A と B を組み合わせる）ようにした。その際，パッケージの形状，色相，彩度の影響を排除するため，製品群 A が上段，製品群 B が下段という組み合わせと，製品群 B が上段，製品群 A が下段という組み合わせを作り，両者の間でカウンター・バランスをとった。つまり，半数の参加者には製品群 A（B）が上段（下段）に陳列された棚が呈示され，残りの半数には製品群 B（A）が上段（下段）に陳列された棚が呈示された。

　参加者には 3 タイプの陳列棚が 1 つずつ呈示され，各陳列について知覚流

71

図 4-3 実験 1 で使用した刺激

a. 一致型　　　　b. 不一致型　　　　c. コントロール型

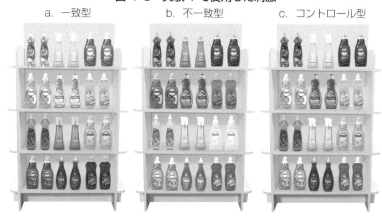

(注) 上2段に製品群A，下2段に製品群Bを陳列したパターン。実験参加者の半数には，上2段と下2段に陳列される製品群を入れ替えたパターン（製品群Bが上，製品群Aが下）の陳列棚を呈示した。

暢性の観点から評価するよう求められた（1＝非常に検討しにくい／まったく人目を引かない／まったく見やすくない；7＝非常に検討しやすい／非常に人目を引く／非常に見やすい）。同様の流暢性測定方法は，Shapiro and Nielsen (2013) によっても採用されている。上記のタスクを終了すると，参加者にはデモグラフィクスに関するいくつかの質問に回答してもらった。

分析結果

知覚流暢性は上記3項目の合計値を使用した（α = .833）。まず，上段に製品群Aを陳列するパターンと製品群Bを陳列するパターンによって，何らかの違いがあるか t 検定を行ってチェックしたが，その影響は見られなかった。よって，以下ではその要因について考慮しない。

知覚流暢性（合計値）を従属変数，陳列方法を参加者内要因とする繰り返しのある分散分析を行ったところ，陳列方法の主効果が有意となった（$F(2,202) = 6.607$, $p<.01$, 図4-4を参照されたい）。対比較の結果，一致条件の方が（$M_{congruent} = 12.30$），不一致条件やコントロール条件よりも参加者の知覚流

第4章　感覚マーケティングと消費者行動①

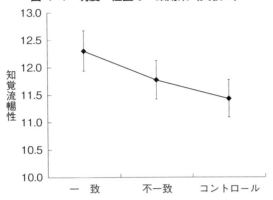

図4-4　明度・位置の一致効果（実験1）

（注）知覚流暢性の範囲は3〜21であり，値が大きくなるほど知覚流暢性が高いことを表す。エラー・バーは標準誤差を示している。

暢性は高いことが示された（$M_{incongruent}$ = 11.78, $t(102)$ = 2.50, $p<.05$, $M_{control}$ = 11.43, $t(102)$ = 3.49, $p<.01$）。この結果は，明度の高い（低い）色の製品を棚の上方（下方）に陳列することによって，参加者の知覚流暢性が高まることを表している。よって，明度と位置が一致した陳列方法は，消費者の知覚流暢性を高めるというH1は支持された。

なお，不一致条件とコントロール条件の間には有意差が見られなかった。この原因として，不一致条件の視覚的な整然さが，明度と位置の不一致によるネガティブな影響をカバーした可能性が考えられる。Labroo and Lee (2006) によると，スーパーでの購買の大半がそうであるように，知覚流暢性がブランド選択に影響を及ぼすような状況下では，ブランドとの接触時における，ロゴあるいはパッケージといった視覚情報の整然さが決定的な重要性をもつ。不一致条件の場合，位置こそ反対になっているものの，表面の全体的な明るさという点に限定すれば，明るい製品と暗い製品が交互に並んでいるコントロール条件と比べて整理されている（統一感がある）といえよう。

議　論

　実験 1 の結果は，棚の上段に明るい色の製品，下段に暗い色の製品を陳列すると，消費者の知覚流暢性は高まるという仮説（H1）を支持するものであった。この結果は，製品の明度と位置が一致した陳列に接触した参加者の方が，両者が一致していない陳列に接触した消費者よりも，高い流暢性を知覚することを裏づけている。なお，製品群 A と製品群 B のどちらを上方／下方に陳列したとしても，結果は同じであったことに留意されたい。

　しかしながら，実験 1 では，自己報告（self-report）方式で知覚流暢性を測定している。そこで，陳列における明度と位置の一致効果について，より客観的な指標を用いて検証することは意義のあることであろう。多くの場合，インターネット調査の質は実験室実験のそれと変わらないことが確認されているが（Woods et al., 2015），インターネット調査には，スクリーンの解像度やディスプレーのサイズなど，刺激が呈示される際のパラメータをコントロールしにくいという深刻な課題がある。そこで実験 2 では，それらを完全にコントロールできる実験室で検証を行った。

5. 実　験　2

環境および手続き

　実験 2 の目的は，明度と位置の一致した陳列が，消費者の視覚探索を促進するか検証することである。実験の参加者は 20〜50 歳の日本人男女 20 名（女性 = 50%，年齢：$M = 34.6$，$SD = 8.50$）であり，全員が裸眼もしくは眼鏡等の着用で視力に問題がなく，正常色覚であると報告した。実験室の場所は大阪，広さは 8.9×6.0 m であり，計 12 本の 36 ワット（3450 lm）天井埋込型蛍光灯が設置されていた。実験に使用したモニターのサイズは 21.5 インチであり，スクリーンの解像度は 1920×1080 ピクセル，リフレッシュ・レートは 60 Hz であった。実験用刺激のパッケージと陳列棚はすべて，白を背景とするフルスクリーン・モードで呈示された。実験で用いるインタラクティブ・コンテンツの制作には，Adobe Flash を利用した。

実験参加者がモニターから約 50 cm の位置に着席すると，画面上に以下のような文章が表示された。

　まず，スーパーに食器用洗剤を買いに来たところを想像して下さい。陳列棚が画面に表示される前に，あなたが買おうと思っている商品のパッケージが提示されますので，その商品をよく見て覚えて下さい。商品パッケージが提示されている時間は 3 秒間ですが，陳列棚が表示された後も，「パッケージ画像に戻る」ボタンをクリックすれば何度でも戻って目当ての商品を確認することができます。

　陳列棚が表示されたら目当ての商品を探し，できるだけ早く，正確にそのパッケージをクリックして下さい。間違って別の商品をクリックした場合は「目当ての商品ではありません」というメッセージが表示されますので，もう一度目当ての商品を探し直して下さい。パッケージ画像に戻って再確認するかどうかは自由です。準備が整いましたら，「目当ての商品を表示する」ボタンをクリックして作業を始めて下さい。

　ターゲット刺激（目当ての商品）は 3 秒間呈示された。その後，陳列棚が表示される前に，参加者の注意と視線を統制するため，画面中央に黒の注視点（＋）が 0.5 秒間挿入された（図 4-5）。陳列棚が表示されてからターゲット製品がクリックされるまでにかかった時間を反応時間とし，1／1000 秒単位で測定した。

　製品の画像は，実験 1 で使用したものと同一の素材（食器用洗剤）を使用した。陳列棚の構成も実験 1 と同様，1 段につき 3 つの製品，合計 12 の製品が 2 フェイスずつ陳列されている。参加者には一致型，不一致型，コントロール型の陳列棚がそれぞれ 8 回ずつ，ランダムに呈示された。つまり，参加者は合計すると 24 回の試行を行ったが，ターゲット製品（目当ての製品）の呈示順はランダム化された。

　参加者が製品の陳列位置を覚えてしまうことによる影響（学習効果）を排除するため，24 回のターゲット製品はすべて異なるように設定し，それら

図4-5　実験2の流れ

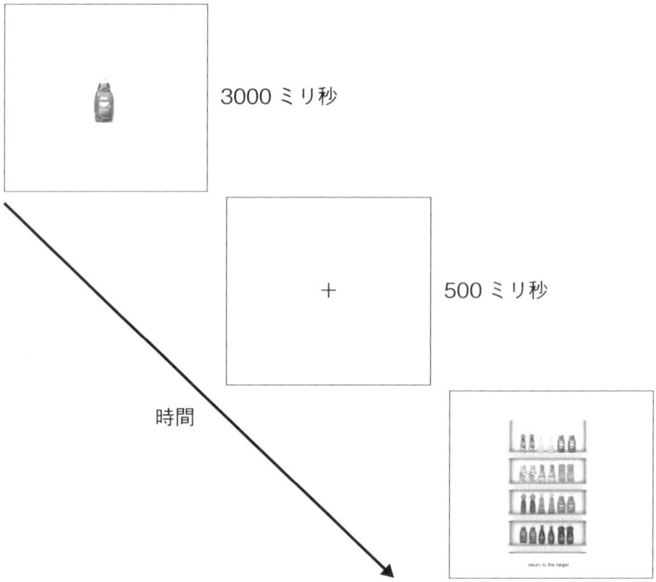

3000ミリ秒

500ミリ秒

時間

が陳列される棚のタイプ（一致／不一致／コントロール）もランダムに出現するように設定した。さらに，ターゲット製品だけでなく，その他の11製品の陳列位置も参加者内・参加者間の双方でランダム化した。その際，ターゲット製品が陳列される回数は4つの段でカウンター・バランスがとられた（1〜4段のいずれも同じ回数だけターゲット製品が陳列された）。

　なお，一致条件では，明度と位置が一致した陳列棚，すなわち明度の高い製品が上2段，明度の低い製品が下2段に陳列された棚のどこかにターゲット製品が置かれている。したがって，一致条件において，明度の高い（低い）ターゲット製品は必ず，上から1段目か2段目（3段目か4段目）に陳列されている。一方，不一致条件では，明度と位置が一致しない陳列棚，すなわち明度の高い製品が下2段，明度の低い製品が上2段に陳列された棚のどこかにターゲット製品が置かれている。つまり，一致条件とは反対に，明度の高い（低い）ターゲット製品は必ず，上から3段目か4段目（1段目か2段

目）に陳列されている。

各段に明度の高い製品と低い製品が交互に陳列されているコントロール条件では，ターゲット製品の明度と陳列位置が一致する試行と一致しない試行でカウンター・バランスをとった。つまり，試行の半数（12回）は，明度の高い（低い）ターゲット製品が上から1段目か2段目（3段目か4段目）に陳列されていたが（一致型試行），残りの半数は，明度の高い（低い）ターゲット製品が上から3段目か4段目（1段目か2段目）に陳列されていた（不一致型試行）。

分析結果

初めに，3つの異なる陳列方法の効果に関する分析結果を提示し，次に，コントロール条件のデータを用いて，ターゲット製品の明度・位置の一致／不一致効果に関する分析結果を示すことにする。なお，反応時間が極端に長いデータが2件存在したため（一致条件における19375ミリ秒＞平均値＋11.8×SD，およびコントロール条件（不一致型試行）における14071ミリ秒＞平均値＋9.5×SD），これらを外れ値として分析から除外した。

反応時間を従属変数，陳列方法を参加者内要因とする繰り返しのある分散分析を行ったところ，陳列方法の主効果が確認された（F (2,314) ＝ 3.774，$p<.05$，図4-6 aを参照されたい）。対比較の結果，参加者は，一致条件のときに（$M_{congruent}$ ＝ 1324ミリ秒），不一致条件やコントロール条件のときよりも反応時間が短くなっていた（$M_{incongruent}$ ＝ 1595ミリ秒，t (157) ＝ −2.731，$p<.01$，$M_{control}$ ＝ 1450ミリ秒，t (157) ＝ −2.420，$p<.05$）。不一致条件とコントロール条件の間に有意差はなかった。これらの結果は，明度と位置が一致した陳列によって，消費者の視覚探索が迅速化されたことを明確に示している。

一方，エラーの発生率（間違った製品をクリックしてしまった割合：一致条件＝3.75％，不一致条件＝1.25％，コントロール条件＝3.13％），および「目当ての商品を表示する」ボタンの利用率（一致条件＝0％，不一致条件＝1.25％，コントロール条件＝1.25％）については，3つの条件間で有意差がなかった。

次に，コントロール条件を対象に，反応時間，エラー数，および「目当て

図 4-6 明度・位置の一致効果（実験 2）

a. 陳列方法の効果

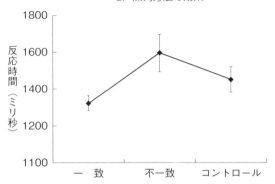

b. ターゲット刺激の明度・位置効果（コントロール群）

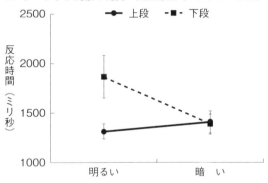

（注） エラー・バーは標準誤差を示している。

の商品を表示する」ボタンの利用数を従属変数とする 2（明度：高 vs. 低）×2（位置：上方 vs. 下方）の分散分析（繰り返しあり）を実施した。分析の結果，反応時間に関して，マージナルではあるが，位置の主効果が確認された（M_{upper} = 1361 ミリ秒, M_{lower} = 1625 ミリ秒, $F(1,38) = 3.446$, $p<.10$）。より重要なのは，明度と位置の交互作用効果が有意となったことである（$F(1,38) = 5.667$, $p<.05$, 図 4-6 b を参照されたい）。計画的対比（planned contrasts）の結果，ターゲット製品の明度が高いとき，参加者は当該製品が上方（1 段目か 2 段目）に陳列されているときの方が（M_{light_upper} = 1315 ミリ秒），下方（3

段目か4段目）に陳列されているときよりも，短い時間で反応していることが明らかとなった（$M_{\text{light\_lower}}$＝1864ミリ秒，$t(38) = -2.311$，$p<.05$）。また，ターゲット製品が下2段（3段目か4段目）に陳列されているときは，ターゲット製品の明度が低い方が（$M_{\text{dark\_lower}}$＝1385ミリ秒），明度が高いときと比べ，マージナルではあるものの参加者の反応時間は短くなっていた（$M_{\text{light\_lower}}$＝1864ミリ秒，$t(38) = 1.972$，$p<.10$）。

　コントロール条件において，高明度・下段，すなわち不一致型の試行で計5回のエラーが発生した（3.13％）。エラーが発生したのは全体を通してこの5試行のみであり，マージナルではあるが他よりも有意に多かった（$F(1,39) = 3.824$，$p<.10$）。「目当ての商品を表示する」ボタンの利用数に関しても，コントロール条件・不一致型の試行において全体で2回のみ利用されたが，こちらは他と比べて有意に多いわけではなかった。

　以上の結果から，明度と位置が一致した陳列方法は，消費者の視覚探索を促進するというH2は支持された。

議　論

　客観的指標を用いた実験2においても，明度と位置の対応関係が陳列方法に適用可能であるという考えは支持された。購入を計画していた製品が陳列棚のどこに置かれているか，消費者があらかじめ知っているとは限らない。本節で行った探索課題は，消費者がスーパー等でしばしば直面するそのような状況を模している。

　実験の参加者は，明度と位置が一致している陳列棚の方が，コントロール条件や不一致条件よりも，短い時間で目当ての商品を見つけることができた。さらに，コントロール条件においては，明度の高い製品は陳列棚の上方にあるときの方が，下方に置かれているときと比べて短い時間で検出されていた。なお，そうした迅速な反応（ターゲット製品の検出）が，正確性を欠いているわけではないことに留意されたい。感覚対応に関していえば，「速かろう悪かろう」で反応時間の短さを説明することはできないようである。

　実験1では，棚の上方（下方）に明度の高い（低い）色の製品を陳列する

ことによって，消費者の主観的な知覚流暢性が高められることが示された。これに加え，実験2では心的プロセスに要する時間，資源，そして正確性といった客観的なデータを用いて，消費者の視覚探索へ及ぼす効果が明らかにされた。

6. 実験3

プリテスト

実験3では，明度と位置の一致した陳列方法が，消費者の選択にも影響を及ぼすのか検証する。その際，実験用刺激として，見た目の魅力度に差がない製品群を用意する必要があるため，プリテストを実施した。プリテストの参加者は20歳以上の男女33名（女性 = 45.5%，年齢：$M = 37.1$, $SD = 10.40$）である。

参加者には，20冊の本が陳列されている仮想的陳列棚が呈示された。タイトルによる影響を排除するため，海外の古書（カバー・デザイン）を刺激として用いた。本というカテゴリーを選択したのは，見た目の重量が判断と関連していると考えられるためである。多くの人が，（実際に中身を見て確認する場合は別として）軽そうに見える本ほど，読みやすいと判断する傾向にあるだろう。一方で，本の重量は重要性の判断にも影響を及ぼす（重い本ほど重要であると判断されやすい傾向にある）ことが指摘されている（Schneider et al., 2011）。そこでプリテストでは，カバー・デザインに対する選好だけでなく，「どの程度読みたいか」という点でも有意差のない刺激の開発を行った。

参加者はまず，各本のカバー・デザインに対する好意度（1 = 非常に嫌い；7 = 非常に好き）について尋ねられた。次に，「この本をどの程度読んでみたいと思いますか」という質問に対し，7点尺度（1 = まったく読みたくない；7 = 非常に読みたい）で回答するよう求められた。

好意度と読みたさを従属変数，カバー・デザインを参加者内要因とする繰り返しのある分散分析の結果から，16のカバー・デザインを抽出した。こ

図4-7 実験3で使用した刺激（陳列棚）

a. 一致型   b. 不一致型

れら16のカバー・デザインに関しては，好意度（$F(15,480) = 1.120$, $p = .335$），読みたさ（$F(15,480) = .932$, $p = .528$）の双方で，いかなる組み合わせにおいても有意差がなかった。そこで，これら16のカバー・デザインを陳列棚の上方と下方に振り分けた。その際，棚の上方と下方で好意度（$M_{upper} = 4.50$, $M_{lower} = 4.48$, $t(32) = .184$, $p = .855$）と読みたさ（$M_{upper} = 3.99$, $M_{lower} = 3.95$, $t(32) = .492$, $p = .626$）に有意差が生じないように振り分けた。

上記の手続きに基づき，上下2段ずつの計4段に16の異なる本が陳列されている仮想的陳列棚が制作された（図4-7）。各段には4種類の本が1フェイスずつ陳列されており，16冊の本の形はすべて同一（縦長の長方形）であった。

手続き

実験3には，20歳以上の男女217名（女性=53.0%，年齢：$M = 38.2$, $SD = 9.43$）が参加した。実験デザインは陳列方法を参加者間要因，時間的距離を参加者内要因とする2（陳列方法：一致 vs. 不一致）×2（時間的距離：現在 vs. 将来）の混合デザインである。

一致条件（図4-7 a）では，明度の高い（低い）製品が上方（下方）の2段に陳列されており，不一致条件（図4-7 b）ではその逆の陳列になっている。

2つの条件間で異なっているのは、明度のみである。具体的には、一致条件の場合、元の（つまりオリジナルの）画像より明度のみを20%下げた画像が下2段に陳列されている。一方、不一致条件の場合、元の画像より明度のみ20%下げた画像が上2段に陳列されている。

　参加者には、一致型または不一致型のいずれか一方の陳列棚とともに、下のような文章が呈示された。

　　あなたは、この棚から、今日から読み始める本と、今から1カ月後に読み始めるための本を1冊ずつ買うことにしました。それぞれどれにするか選んで下さい。なお、どの本も日本語で読むことができます。

　参加者は、今日読むための本と、1カ月後に読む本のどちらを先に選ぶか自由に決めることができた。続いて、選んだ2冊の本について、それぞれいくらまでなら支払って良いと思うか、日本円で示すよう求められた。その後、選択された2冊の本についてそれぞれ、読みやすさと重要性（内容が深いまたは充実していそう／知識がたくさん得られそう）の観点から7点尺度（1＝まったくそう思わない；7＝非常にそう思う）で評価するよう尋ねられた。最後に、デモグラフィック関連の質問がなされた。

分析結果

（1）読みやすさと重要性

　読みやすさを従属変数、時間的距離を参加者内要因とする2（陳列方法：一致 vs. 不一致）×2（時間的距離：現在 vs. 将来）の分散分析（繰り返しあり）を行った。その結果、時間的距離の主効果が有意となった（$F_{(1,215)} = 15.054$, $p < .001$）。今日読むために選択された本は、1カ月後に読むための本よりも読みやすいであろうと評価されていた（$M_{present} = 4.21$, $M_{future} = 3.87$）。つまり、参加者は今日から読み始める本に、読みやすそうな本を選ぶ傾向にあったということである。陳列方法の主効果、および陳列方法と時間的距離の交互作用効果は有意でなかった。

第4章　感覚マーケティングと消費者行動①

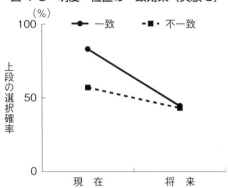

図4-8　明度・位置の一致効果（実験3）

　一方，重要性を見てみると，主効果，交互作用効果ともに有意な結果は得られなかった（内容の深さ・充実度：$Fs<.845$, $ps>.359$，知識獲得：$Fs<1.104$, $ps>.295$）。これらの結果は，今回の実験に関していうと，時間的距離の操作は読みやすさと関連性があったものの，重要性とは関連性がなかったことを示している。

(2) 選　択

　マクネマー検定（McNemar's test）を行ったところ，一致条件の場合，参加者は1カ月後に読むための本に比べ，今日読むための本を棚の上方から選択する傾向にあった（将来：44.4％，現在：83.3％，$\chi^2(1)=30.414$, $p<.001$, 図4-8）。不一致条件の場合も類似の傾向が見られたものの，一致条件と比べるとその差は明らかに小さかった（将来：43.1％，現在：56.9％，$\chi^2(1)=4.091$, $p<.10$）。
　また，現在条件で見ると，棚の上方に陳列された本が選択される比率は，一致型の陳列が呈示されたときの方が，不一致型の陳列が呈示されたときよりも高くなっていた（83.3％ vs. 56.9％，$\chi^2(1)=18.092$, $p<.001$）。この結果は，同じように上方に陳列されていても，今日読むための本，つまり軽そう（＝読みやすそう）な本を選ぶ際には，その本の明度が高い方が，明度が低いと

83

きよりも選択される傾向にあったことを意味している。さらに，不一致・現在条件における上 2 段からの選択確率（56.9%）は，偶然起こる確率（50%）より有意に大きいとはいえないものであった（$\chi^2 (1) = 2.064$, $p = .151$）。以上の結果から，明度と位置が一致した陳列方法は，製品の重量が重要な属性であると認識されるとき，消費者の選択に影響を及ぼすという H3 は支持された。

(3) 支払意思額（WTP）

明度と位置の一致した陳列方法に，消費者の購買行動を促進する効果があるのか検証するため，WTP スコアを対象に繰り返しのある分散分析を行った。その結果，一致条件における参加者の WTP は不一致条件のそれよりも 243.96 円高かったが，その差は有意でなかった（$M_{congruent} = 1528.66$ 円，$M_{incongruent} = 1284.70$ 円）。その他の主効果および交互作用効果も有意でなかった。したがって，明度と位置が一致した陳列方法は，消費者の WTP を高めるという H4 は不支持であった。

議　論

実験 3 の結果は，明度と位置の一致が消費者の選択にも影響を及ぼすであろうという仮説（H3）を支持するものであった。実験の参加者は，製品の明度にかかわらず（すなわち一致条件と不一致条件の双方において），今日から読み始める本（すなわち軽く見えることから，読みやすそうに見える本）は上段から，1 カ月後に読むための本は下段から選択する傾向にあった。これは，見た目の重量に及ぼす影響として，明度よりも位置の方が強いことを示唆している。しかし，現在条件において，不一致型陳列よりも一致型陳列が呈示されたとき，参加者は棚の上方から製品を選択する傾向が強かった。加えて，不一致条件の参加者が，今日から読み始めるための本を（明度の低い製品が陳列されている）棚の上方から選択した確率は，偶然の域を出ない程度であった。こうした一連の結果は，明度と位置の一致効果が，位置単体でもたらされる効果よりも強力であることや，不一致型の陳列方法では明度と位置の

効果が互いに干渉してしまうため，消費者に混乱をもたらすことを示している。

WTP に関しては，見た目の重量と予想される価格の結びつきが，結果に影響を及ぼした可能性がある。つまり，軽く見える本は，重く見える本より低価格であろうと参加者が予測したのかもしれない。その結果，棚の上方に明度の高いカバー・デザインの本を陳列するという方法が，実験参加者の知覚流暢性を高める一方で，彼／彼女らの WTP を抑制したものと推察される。一致条件では，（不一致条件も含めた）すべての組み合わせの中で最も軽いと知覚されるであろう「上段かつ高明度」の製品が最も多く選択されたことも，そうした考えと整合している。

ここまで，現実的な品揃えを刺激として用いることによって，一般化可能性を高めることができた。しかしながら，本実験で使用してきた仮想的陳列棚では，位置ごとに異なるデザイン（façade design）の製品が混在していた。つまり，ここで得られたデータは，2 つの異なる位置効果を完全には区別できていないという問題がある。別の言い方をすれば，パッケージ・デザインにおける画像の位置が及ぼす効果と，陳列棚における陳列位置が及ぼす効果のどちらが結果に影響を及ぼしたのか，明確とはいえない。そこで次の実験では，刺激として用いるパッケージ・デザインを一定に保つことによって，この可能性（パッケージ・デザインにおける画像の位置が結果に影響している可能性）を排除する。

7. 実 験 4

実験 4 の狙いは 2 つある。1 つ目は，より統制された条件の下で H3 と H4 を検証することである。2 つ目は，これまでと異なる手法を用いることで，明度と位置の一致効果の妥当性を高めることである。

第 1 に，実験 4 では，パッケージ・デザイン自体の位置効果による影響を排除するため，特定ブランドの製品バリアント（同一のブランドが展開する異なるフレーバー）を実験刺激（製品群）として用いた。これにより，色以外の

パッケージ要素，すなわち形状はもちろん，ロゴ，図，およびそれらの位置もすべて共通化された。第2に，結果の一般化可能性を高められるよう，実験1～3とは異なる製品カテゴリーを選んだ。ここでは，パッケージの明度が消費者の健康目標と関連していることから（Deng & Kahn, 2009），スナック菓子を対象製品とした。また，実験1～3では計4段からなる仮想的陳列棚を刺激に用い，上（下）2段を上方（下方）として扱った。そこで，第3に，実験4ではよりシンプルに上下1段ずつ，計2段の仮想的陳列棚を用いて明度と位置の一致効果について検証した。

プリテスト1

本実験に先立って，2つのプリテストを実施した。1つ目のプリテストは，実験用刺激を開発するためのものである。参加者は20歳以上の男女53名（女性＝54.7％，年齢：$M = 37.4$, $SD = 10.33$）である。参加者にはまず，8つの製品バリアントが一列に並んだ画像が呈示された。ブランドに対する消費者の認知，知識，馴染み度による影響を排除するため，海外のブランド（TEN ACRE）を刺激として用いた。

参加者は，8つの製品バリアント（スナック菓子）の中から，最も購入したいと思うパッケージ，最もおいしそうに見えるパッケージ，最も健康的に見えるパッケージをそれぞれ1つずつ（同じパッケージでも可）選ぶよう指示された。次に，参加者は8つの製品バリアントそれぞれについて，「どの程度買いたいと思うか」，「どの程度おいしそうに見えるか」，「どの程度健康的な商品に見えるか」，7点尺度で回答するよう求められた。これらの質問への回答後，実験で使用したブランドの認知と各製品バリアントの購入経験（いずれも，はい／いいえ）について質問された。

分析の結果，購入したいと思う製品の選択確率は，8つの製品バリアント間で差がなかった（χ^2 (7) = 11.755, $p = .109$）。また，参加者全員が実験で使用したブランドを知らず，購入経験のある製品バリアントも存在しなかった。そこで，これら8つのパッケージ画像を陳列棚の上段と下段に振り分けた。その際，購買意図（上段の選択確率：56.6％，χ^2 (1) = .925, $p = .336$, 評価：

第 4 章　感覚マーケティングと消費者行動 ①

$M_{upper} = 4.472$, $M_{lower} = 4.359$, $t(52) = 1.251$, $p = .217$)，おいしそうに見える程度（上段の選択確率：54.7%, $\chi^2(1) = .472$, $p = .492$, 評価：$M_{upper} = 4.538$, $M_{lower} = 4.462$, $t(52) = .890$, $p = .378$)，および健康的な商品に見える程度（上段の選択確率：47.2%, $\chi^2(1) = .170$, $p = .680$, 評価：$M_{upper} = 4.264$, $M_{lower} = 4.250$, $t(52) = .158$, $p = .875$) のすべてについて，単一選択方式と 7 点評価のいずれでも上段と下段で有意差がなくなるように振り分けた。

　上記の手続きに基づき，8 つの製品バリアントが陳列された計 2 段の仮想的陳列棚が制作された。各段には 4 つの製品バリアントが 1 フェイスずつ陳列された。

プリテスト 2

　プリテスト 2 の目的は，スナック菓子のカテゴリーにおいて，参加者に特定の意識をプライミングするための質問票，すなわちプライム刺激となる質問票を開発することであった（プライミングについては第 2 章を参照されたい）。20 歳以上の男女 84 名（女性 = 54.8%, 年齢：$M = 37.9$, $SD = 8.76$) が参加した。

　参加者はまず，健康条件と享楽条件へランダムに分けられた。健康条件では，普段，健康についてどの程度意識しているのかに関する 12 の質問がなされ，享楽条件では，普段，人生を楽しむことについてどの程度意識しているのかに関する 12 の質問がなされ，7 点尺度（1 = まったく当てはまらない；7 = 非常に当てはまる）で回答するよう求められた。表 4-1 には，具体的な質問文が示されている。12 の質問への回答が終わると，参加者は，スナック菓子を選ぶ際に重視する点，気にする点を箇条書きでいくつでも，ただし少なくとも 1 つは入力するよう指示された。

　本研究とは無関係であり，本実験のデザイン，仮説，内容，目的などについてまったく知らない 2 名の判定者が，参加者によって挙げられた属性（スナック菓子を選ぶ際に重視する点，気にする点）のリストを読み，各属性を健康関連，享楽関連（フレーバーやおいしさなど，自分が楽しむことに関連した記述），価格関連，その他に分類する作業を行った。分類作業が終わったら，それぞれの属性カテゴリーごとに（重視する点，気になる点として挙げられた）

87

表 4-1　プライム刺激用質問文

健康プライム	享楽プライム
普段から健康に気を配っている。	人生はエンジョイすべきものだと思っている。
体重や体型を気にしている。	実際に，人生を楽しんでいる。
定期的に運動をするようにしている。	自分が好きなものを食べることが多い。
ダイエットに興味がある。	できるだけリラックスして生きていきたい。
食事ではカロリーを気にする。	先のことであれこれ悩まない方だ。
定期的に健康診断を受けている。	グルメに興味がある。
食事では塩分を気にする。	おいしいものを食べると幸せを感じる。
エレベーターやエスカレーターよりも階段を使う。	いくら健康に良くても，薄味の食事では楽しめない。
食事では糖分を気にする。	がんばった自分にご褒美をあげることがある。
食事では脂肪分を気にする。	過剰な自制心はかえって良くないと思う。
将来，重い病気にかからないか心配である。	楽観的に生きたいと思う。
身体に良い食べ物を食べるよう心がけている。	できるだけストレスをためないようにしている。

　数をカウントし，回答者別に集計してもらった。判定とカウントは各判定者が単独で，話し合わずに行った。判定の検者間信頼性（inter-rater reliability）は十分に高いものであった（$a_{health}=.877$, $a_{indulgence}=.916$, $a_{price}=.984$）。判定者間で異なる判定がなされた項目についてのみ，話し合いによって決定した。

　分析の結果，参加者は確かに，プライム刺激に対応した属性をそうでない属性と比べて多く挙げていた。条件間を比較しても，健康条件の参加者は，享楽条件の参加者よりも健康関連の属性を多く挙げる一方（$M_{health}=1.03$, $M_{indulgence}=0.58$, $t(82)=2.130$, $p<.05$），享楽条件の参加者は，健康条件の参加者よりも享楽関連の属性を多く挙げた（$M_{health}=0.45$, $M_{indulgence}=0.85$, $t(82)=-2.105$, $p<.05$，図 4-9 を参照）。価格関連の属性に関しては，2 つの条件間で有意差がなかった（$M_{health}=0.17$, $M_{indulgence}=0.27$）。以上の結果から，これら 12 項目（×2 条件）からなる質問票が，参加者の意識を特定の属性へと向けさせるためのプライムとして有効であることがわかった。

　ところで，ここで示した結果は，12 の質問への回答とは関係がないことに注意されたい。つまり，上記の結果が示しているのは，本人が普段，健康をどの程度意識しているか，または人生を楽しもうという意識をどの程度有しているのかにかかわらず，健康に関する質問へ回答すると，その後の購買

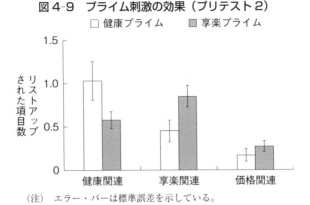

図4-9 プライム刺激の効果（プリテスト2）

（注）エラー・バーは標準誤差を示している。

意思決定において健康に関連する属性を重視するようになり，享楽に関する質問へ回答すると，自分が楽しめる製品であるかどうかを意識するようになりやすいということである。これがプライミングのパワーであり，怖さでもある。こうした手法を活用できる立場にあるマーケターは，倫理的意識を強くもつ必要があることを強調しておきたい。

手続き

20歳以上の男女900名（女性＝46.4％，年齢：$M = 39.2$，$SD = 10.08$）が実験4に参加した。実験のデザインは2（陳列方法：一致 vs. 不一致）×2（プライミング：健康 vs. 享楽）の参加者間デザインである。

一致条件の参加者には，明度の高い（低い）製品（スナック菓子）が上段（下段）に陳列された仮想的陳列棚が呈示された（図4-10を参照されたい）。これに対し，不一致条件の参加者には，明度の高い（低い）製品（スナック菓子）が下段（上段）に陳列された仮想的陳列棚が呈示された。これら2つの条件間における刺激の違いは，製品の明度のみである。一致条件では，オリジナル画像より明度を10％上げた画像を上段に陳列させ，同様に明度を10％下げた画像を下段に陳列させた。不一致条件は，その逆である。

初めに，参加者は12の質問（プライム刺激）へ回答するよう指示された。

図4-10 実験4で使用した刺激（陳列棚）

a. 一致型　　　　　　　　　　b. 不一致型

各参加者には，2つのプライムのいずれかがランダムに呈示された。12の質問へ回答した後，図4-10で示した陳列棚（aまたはbのいずれか）が表示され，参加者の半数は「本調査への謝礼として1つもらえるとしたらどれにするか」と尋ねられ，残りの半数は「ここで休憩し，1つ食べるとしたらどれにするか」と尋ねられた。その後，参加者が選択した製品について，「お店でその商品を買うとしたら，いくらまでなら支払って良いと思うか」と聞かれ，金額（日本円）を入力するよう指示された。続いて，今回の選択で商品を選ぶ際，健康への影響，カロリー，内容量をどの程度考慮したか7点尺度（1=まったく考えなかった；7=非常に考えた）で回答してもらった。最後に，デモグラフィクスに関する質問がなされた。

分析結果

選択課題の指示内容（謝礼としてもらえる／休憩して食べる）と，4つの条件間における上段／下段からの選択確率に関連があるか調べるため，独立性の検定を行った。分析の結果，指示内容と選択確率は独立であることが判明した（$\chi^2(3) = 2.497, p = .476$）。そこで以下では，与えられた指示内容の違いは分析の視点から排除する。

（1） 操作チェック

　健康への影響，カロリー，内容量の考慮を従属変数とする 2（陳列方法：一致 vs. 不一致）×2（プライミング：健康 vs. 享楽）の分散分析を行った。その結果，プライミングの主効果が有意となった。健康条件の参加者は健康への影響，カロリー，内容量のすべてにおいて，享楽条件の参加者よりも考慮していた（健康への影響：$M_{health} = 3.02$, $M_{indulgence} = 2.75$, F (1,896) = 7.546, $p < .01$, カロリー：$M_{health} = 3.08$, $M_{indulgence} = 2.59$, F (1,896) = 13.672, $p < .001$, 内容量：$M_{health} = 3.17$, $M_{indulgence} = 2.96$, F (1,896) = 4.135, $p < .05$）。内容量については，どのように考慮したのか捕捉できていないが，健康条件の参加者は，中身が多過ぎない（＝食べ過ぎない）かどうかを意識したものと思われる。

　以上の結果から，本実験で用いたプライム刺激（質問文）による操作は，参加者の認知的焦点に想定通りの影響を及ぼしたと結論づけられる。このことは，享楽条件よりも健康条件において製品の重量，ここでは「軽さ」が重視されることを示唆している。なお，陳列方法の主効果，および陳列方法とプライミングの交互作用効果は有意でなかった。

（2） 選　択

　一致型の陳列方法が呈示されたとき，健康条件の参加者は享楽条件の参加者よりも，上段に陳列されているスナック菓子を選択する傾向にあった（健康条件：67.2%，享楽条件：58.0%，χ^2 (1) = 4.519, $p < .05$, 図 4-11 a を参照されたい）。これに対し，不一致型の陳列方法が呈示されたときは，その差が有意でなかった（健康条件：57.5%，享楽条件：55.5%，χ^2 (1) < 1）。

　また，健康条件で見た場合，一致型の陳列方法を呈示された参加者の方が，不一致型の陳列方法を呈示された参加者よりも，上段に陳列されたスナック菓子を選択する割合が大きかった（67.2% vs. 57.5%，χ^2 (1) = 4.479, $p < .05$）。つまり，健康をプライミングされた参加者は，上段に陳列された製品の明度が高いときの方が，その明度が低いときよりも，上段から製品を選択する傾向にあったということである。以上のことから，明度と位置が一致した陳列方法は，製品の重量（実験 4 では「軽さ」）が重要な属性であると認識される

図 4-11　明度・位置の一致効果（実験 4）

a. 選　択

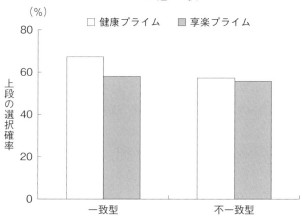

b. 支払意思額（WTP）

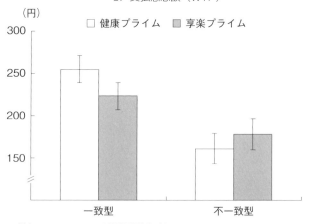

（注）エラー・バーは標準誤差を示している。

とき，消費者の選択に影響を及ぼすという H3 は再び支持された。

(3) ＷＴＰ

　陳列棚における明度と位置の一致が，消費者の購買意思決定を促進するか検証するため，参加者の WTP スコアを従属変数とする 2（陳列方法：一致

第 4 章　感覚マーケティングと消費者行動 ①

vs. 不一致）×2（プライミング：健康 vs. 享楽）の分散分析を行った。その結果，陳列方法の主効果が有意となった。一致条件の参加者は，不一致条件の参加者よりも，自らが選択したスナック菓子に高い金額を支払っても良いと考える傾向にあった（$M_{congruent}$ = 239.00 円，$M_{incongruent}$ = 169.72 円，F（1,892）= 16.435，p < .001，図 4-11 b を参照されたい）。プライミングの主効果および陳列方法とプライミングの交互作用効果は有意でなかった。以上の結果から，明度と位置が一致した陳列方法は，消費者の WTP を高めるという H4 も支持された。

議　論

　実験 4 の結果は，いくつかの重要な点で実験 3 の結果を再現または補強するものであった。第 1 に，実験 4 では実験 3 と異なる刺激，異なる操作を用いても，製品の重量が考慮されるとき（すなわち健康条件において），消費者は上段に陳列された明度の高い製品を（明度の低い製品と比べて）選択しやすい傾向にあることが明らかにされ，実験 3 で観察された効果の頑健性が示された。第 2 に，不一致型の仮想的陳列棚が呈示されると，上段に陳列されたスナック菓子（すなわち明度の低い製品）の選択確率は，2 つのプライム条件間でほとんど同じになった。この結果も，不一致型の陳列方法では，明度の効果と位置の効果が相殺されてしまうという実験 3 の知見と一致している。

　第 3 に，実験 4 は，明度と位置の一致した陳列方法が，消費者の購買意思決定を促進するという仮説（H3，H4）を一貫して支持するエビデンスの提示に成功した。一致型陳列を呈示された参加者の WTP は，不一致型陳列を呈示された参加者の WTP よりも有意に高かった。プリテストの結果から，2 つのプライミングによって，価格関連属性への考慮には差が生じないことを確認しているので，この差はプライミングとは無関連であると考えて良い。最後に，これが最も重要な点であるが，実験 4 は特定ブランドの製品バリアント（すなわち色を除いて同一のパッケージ・デザイン）を刺激として用いることで，本章の結果が陳列棚における製品の位置ではなく，パッケージ上にある絵画的描写の位置によってもたらされたものであるという可能性を排除した。

8. 総　論

理論的・実務的示唆

　本章では，製品／パッケージの「明度」と陳列棚における製品の「位置」がどのように相互作用し，消費者の購買意思決定へ影響するのか検証した。そして，陳列における感覚対応との一致／不一致が，視覚的な知覚重量を通じて消費者の評価や選択に変化を引き起こすという仮説を検証するべく4つの実験を実施し，それらを支持する結果が得られた。異なる従属変数（実験1では主観的流暢性，実験2では視覚探索における反応時間，実験3および4では選択，これに加え実験4ではWTP）と異なる実験デザイン（実験1および2では参加者内，実験3では混合，実験4では参加者間）を用いた異なる製品カテゴリー（実験1および2では洗濯用洗剤，実験3では本，実験4ではスナック菓子）にわたる実験から，一貫したエビデンスが得られている。このことは，明度と位置の一致が，消費者の購買意思決定へ及ぼす効果の頑健性を明確に示している。

　具体的には，明度の高い（低い）製品を棚の上方（下方）に陳列すると，消費者の知覚流暢性が高まり（実験1），商品を正確かつ迅速に見つけることができるようになり（実験2），WTPを高める（実験4）など，消費者の購買行動が促進される。こうした結果は，消費者の感覚対応と一致するようデザインされた店舗内環境が，小売業者の発展に大きく寄与しうることを示唆している。また，実験3および実験4では，製品の軽さが重視されるとき，消費者は「軽く見える色」をし，かつ「軽く見える位置」に置かれた製品を選択する可能性が高まることも示された。このことから，明度と位置が相互作用して視覚的重量へ影響を及ぼすこと，つまり，いずれか一方による単独の効果ではなく，両者の感覚対応が重要であることがわかる。

　本章の内容は，これまであまり注目されてこなかった視点から，流暢性研究に重要な知見を提供する。知覚流暢性の概念は，ブランド・ロゴ（Janiszewski & Meyvis, 2001; Salgado-Montejo et al., 2014），広告（Labroo &

第4章　感覚マーケティングと消費者行動 ①

Lee, 2006; Lee et al., 2004), 店舗内の香り[2] (Herrmann et al., 2013) など, 多様なマーケティング刺激へ適用されてきた。これらの知見に加え, 本章で示した研究は, 感覚対応と一致する陳列方法によっても, 消費者の知覚流暢性が高められることを明らかにした。

　これまで, 陳列位置においては, 棚の中央に配置することがきわめて重要であると, 繰り返し述べられてきた (Chandon et al., 2008; Reutskaja et al., 2011; Russo, 2010)。そこでは, 消費者が異なるタイプの陳列棚からどのように1つの製品を選択するのか検証され, 選択における視覚的注意の重要性が指摘されている。また, 最初の固視が, 消費者の選択に影響することも明らかにされている (van der Laan et al., 2015)。さらに, スーパーのように多くの製品が陳列され, 情報量も注意獲得刺激も多い環境において, 消費者は製品の探索にほとんど時間をかけない傾向にある。たとえば, アメリカで行われた調査では, 洗剤のエリア (通路) に入ってから購入製品を決めるまでにかかった平均時間はわずか13.16秒であった (Hoyer, 1984)。シンガポールの消費者も同様に, 洗剤では平均12.18秒, シャンプーでは平均13.80秒しかかけていない (Leong, 1993)。日本の納豆売り場で行った調査においても, 消費者が陳列棚の前で製品を選んでいる時間は平均すると19.43秒であった (須永 2010)。こうした状況を踏まえると, 明度と位置の一致効果が消費者の視覚探索に及ぼす影響には意味があり, 店舗内で買い物客が迅速に製品を検出できることは, メーカーにとって1つの競争優位になりうるであろう。

　消費者の店舗内購買行動研究では, 陳列棚の下段より上段や中段の方が消費者の注意を獲得しやすいため目線の位置が最も良く, 下段は最悪のポジションであるとされてきた (Drèze et al., 1994 など。ただし, 下段に特売品が陳列されることが常態化されている納豆や, 幼い子どもを対象とする駄菓子など, 一部の製品カテゴリーはその限りではない)。実際に, 実験2のコントロール条件を対象とした分析においても, 陳列位置の主効果が有意となっており, 棚の下段よりも上段に陳列された製品の方が, 参加者の反応時間は短かった。しかし, 本章ではこれに加え, 消費者の視覚的注意にもう1つの異なるシステマティックなバイアスが存在することを明らかにした。

95

本章で示した明度と位置の関係性は，陳列に対する好ましい知覚を創出し，消費者の購買行動を促進するべく，戦略的に活用することができるであろう。ストア・マネジャーは，消費者の感覚対応と一致するように店舗内環境をデザインすることによって，買い物のしやすさを改善し，効率化させることで顧客のストレスを低減できるので，競争優位を獲得することが可能となる。本章の結果を踏まえると，特定の感覚対応を活性化させ，それに関連するよう意思決定をフレーミングすることによって，買い物客の意思決定にいくぶくかの影響を及ぼすことができるものと思われる。たとえば，陳列棚や内壁の色が上に行くほど明るくなるようデザインされた店舗内環境において，買い物客に重さ（または軽さ）をプライミングするようなメッセージを呈示することで，特定カテゴリーの売上増や客単価の上昇が期待できる。

　本章の結論に従えば，メーカーの担当者は，自社の製品パッケージの明度と一致した位置に製品を陳列させるべきである。しかし，競争力の弱いブランドの担当者は，小売店舗において自社製品を上段や目線の位置に陳列させることが困難であるかもしれない。そのようなブランドの担当者であれば，割り当てられた陳列位置に応じて，それに適した製品／パッケージの明度を用いるといった対策をとることができる。つまり，自社製品が「重い」位置しか割り当てられないのであれば，明度の低いパッケージの活用が有効であろう。それは，買い物客にいち早く自社製品を見つけてもらう上でも重要な施策となる。特定の製品カテゴリー内で複数の製品バリアントやブランドを展開する企業であれば，異なる明度をもつ製品／パッケージをそれぞれの「適所」に陳列させることが賢明である。

　消費者の知覚的混乱をできるだけ抑えるためにも，メーカーはパッケージの明度および陳列位置と自社ブランドのイメージを適切に結びつける必要がある。たとえば，健康的なイメージを有するブランドの場合，明度の高いパッケージ・カラーと上段での陳列が適している。一方，フルボディのワインであれば，明度の低いパッケージ（またはラベル）・カラーや低い位置での陳列によって，味わい深さや濃厚さ，重厚さを効果的に伝達できるかもしれない。

限界と今後の展望

本章の研究における限界点の1つとして，実験用素材として用いた製品画像について，オリジナル画像の明度，彩度，色相が統一されていなかったことを挙げることができる。実験用刺激の明度は相対的に統制されていたものの，各製品の絶対的な明度水準は異なっていた。今後，刺激の絶対的な明度を一定に保った素材を用いて実験を行うことで，この問題に対処する必要がある。また，今回の実験から得られた結果が，明度ではなく彩度や色相によるものである可能性も完全には排除できていない。しかし，本章の第2節でも述べたように，明度に比べると，彩度も色相も視覚的重量に及ぼす影響は非常に小さいことが先行研究によって示されている（千々岩 2001; Gatti et al., 2014; Walker et al., 2010）。よって，本章の結果が彩度や色相から得られたものである可能性は低いだろう。

先行研究の多くが，垂直方向だけでなく水平方向においても，中央の位置が最も注意を獲得しやすいため，水平方向においてもセンターに陳列されたブランドが最も高い認知と選択確率を獲得できるとしている（Atalay et al., 2012; Christenfeld, 1995; Shaw et al., 2000）。これに加え，先述したように，人間の重量知覚には右を重く感じる傾向（"right-heavy" bias）も存在する（Deng & Kahn, 2009; van Rompay et al., 2014）。本章で扱ったのは「下を重く感じる」（"bottom-heavy"）傾向だけである。明度と位置の一致効果を水平方向の視点でも検討することは今後の課題である。

最後に，Deng and Kahn（2009）によって示された位置効果，すなわちパッケージ上に描かれた「画像（製品の写真やイメージ図など）の位置効果」と本章で取り上げた「陳列位置の効果」の関係，相乗効果について検証することも興味深い。画像がパッケージの上方（下方）に描かれた製品を上段（下段）に陳列することによっても，本章と同様の結果が得られるであろうか。これらの残された課題に取り組むことによって，ここで提唱した明度・位置の一致効果の一般化可能性や，さまざまな店舗内環境における境界条件および調整変数の存在を明らかにすることができるであろう。

* 本章の内容は，Sunaga, T., Park, J., & Spence, C.（2016）. Effects of lightness-location congruency on consumers' purchase decision-making. *Psychology & Marketing*, 33 (11), 934-950 に加筆修正を行い，再構成したものである。日本語への翻訳は筆者が行った。本書での使用を快く認めてくださった Charles Spence 教授と朴宰佑教授に心より感謝申し上げる。なお，本章においても，ありうべき誤謬はすべて筆者の責に帰するものである。また，本章の研究は，JSPS 科研費 15K03753 の助成を受けて実施されたものである。ここに記して感謝申し上げたい。

注 ————

1　彩度の変化は，知覚される明度に影響を及ぼす。そのため，特定のソフトウェアを用いて明度のみを変更したとしても，別のソフトウェアで両者を比較すると，彩度も同時に変化しているということが起こりうる。加えて，現実的には，彩度の導出方法がソフトウェアによって異なっているという別の問題もある。そこで，あくまで参考情報ではあるが，Adobe Photoshop Elements 14 を用いて明度の異なる 2 つの陳列画像（製品群A）における同一座標（$x=346$ ピクセル，$y=398$ ピクセル）の色相，彩度，明度をチェックした。結果は以下の通りである。高明度陳列棚：色相＝94°，彩度＝46%，明度＝80%，低明度陳列棚：色相＝94°，彩度＝61%，明度＝60%。

2　Schifferstein and Howell（2015）は，色と香りの連合が，香りに対する消費者の選好へ必ずしも影響しないと指摘している。しかし，香りが対応関係をもちうるのは色だけではない。実際に，形や抽象的なシンボルなど，色以外の感覚的特性と特定の香りが連合することを示した研究もある（Hanson-Vaux et al., 2013; Seo et al., 2010）。

第5章

感覚マーケティングと消費者行動 ②
聴覚による影響

The theory of relativity occurred to me by intuition and
music was the driving force behind that intuition.
—Albert Einstein

A shop should be like a song of which you never tire.
—Harry Gordon Selfridge

1. 音楽心理学の活用

聴覚と消費者行動

前章でも明らかになったように，感覚対応は消費者の知覚，認知，あるいは行動の基盤となる（Hultén et al., 2009; Krishna, 2012）。近年，感覚対応研究の必要性が強調されているのもそのためである（Argo et al., 2010; Spence, 2012）。前章では，視覚的な側面から消費者行動視点の感覚マーケティングについて論じた。本章では，聴覚的な側面から感覚マーケティングと消費者行動の関連について検討する。

音は雄弁である。部屋の中で「ドサッ」という低い音がしたら，何かが落ちたことやその方向（位置）だけでなく，それが重いものであることも物語っている。また，どこからか聞こえてきた声が小さければ，その人は遠くに

99

いる可能性が高い。私たちはこうした結びつきを日常的に経験しているため，それぞれの間に心的なリンク（連合）を形成している。

　特定の経験や製品を連想させる音は，顧客を引きつける上で重要な役割を果たす（Krishna, 2013）。中でも音楽は至る所に存在しうるため，音楽が消費者行動へ及ぼす影響は感覚マーケティングにおいても重要なテーマである。現実の世界においても，広告や店舗内の BGM を中心に，マーケティングでは音楽が幅広く活用されている。そのため，音楽が消費者の行動や意思決定に及ぼす影響についてなされた研究は数多く存在する。たとえば，消費者に馴染みのある音楽，あるいは人気のある音楽を BGM に使用するか否かによって，対象製品に対する消費者の反応が違ってくることはよく知られた事実である（Alpert & Alpert, 1990）。ただし，たとえ好ましい音楽であったとしても，広告効果を高められるかどうかは，音楽とメッセージの一致度によるので注意しなければならない（Kellaris et al., 1993; Martín-Santana et al., 2015）。

　冒頭に示したように，ピッチ（pitch：音の高さ）の低い（高い）音と大きな（小さな）物体の間に見られる連合（Evans & Treisman, 2010; Marks et al., 1987; Mondloch & Maurer, 2004; Walker, 2012）は，私たちの意識上にあるクロスモーダル対応の１つである。Walker（2012）は，明度の高い色のボールほど，①落下速度が遅く，②テーブルの上を速く転がり，③もしもそのボールに命が宿ったら高い声を発する，と予測されやすいことを示している。声に関していうと，男性の場合，低い声は権力や強さと結びつくのに対し，高い声は弱さやストレスと結びつきが強い（Zuckerman & Miyake, 1993）。一方，Oksenberg et al.（1986）によると，女性オペレーター（telemarketer）では，低い声よりも高い声の持ち主の方が，業績が良い傾向にあるという。しかしながら，今日まで，音の高さといった視点から音楽が消費者の意思決定へ及ぼす影響について検証した研究はほとんどない。

　Eitan and Granot（2006）が行った実験では，ドップラー効果に（あるいは彼ら自身の仮説にも）反して，ピッチの上昇（下降）は観測者からの距離の増加（短縮）と連合していた。しかし，ピッチの単純な上昇／下降は，音楽における全体的なピッチの高さとは質的に異なるように思われる。また，

Eitan and Granot（2006）では，ピッチの単純な上昇／下降を表す刺激として，半音ずつ上がっていく／下がっていく音型（melodic figure）が用いられた。つまり，彼らが行った実験の場合，前後する2つの音の差（interval：音程）は半音しかない。Chiou and Rich（2012）では100 Hz差，Rusconi et al.（2006）では1オクターブ以下の差しかない場合，ピッチと空間的位置におけるクロスモーダル対応は検出されなかった。その他，Lidji et al.（2007）は，ピッチと物体の大きさに見られるクロスモーダル対応が，音程に対しては生じないことを確認している。しかし，彼女らの行った実験は，2つの音によるピッチの差（ピッチが上がるパターン／下がるパターン）を対象としており，楽曲ではない。

本章のねらい

　以上のことから本章では，先行研究の知見を整理した上で，音楽における音の高さが，消費者の知覚に影響を及ぼし，その後の意思決定にも変化が生じることを明らかにする。本章が提唱する内容は，音の高さに対する人間の反応について，単音でなく楽曲を対象とする点で学術面はもちろん，実務面でも貢献できるであろう（Hagtvedt & Brasel, 2016）。

　広告において，音楽は認知レベル（注意獲得，記憶の向上など），感情レベル（広告態度やブランド態度の改善など），行動レベル（行動の変容）のいずれにおいてもきわめて重要な役割を果たす（Alpert & Alpert, 1990; Martín-Santana et al., 2015; Zander, 2006）。しかしながら，音楽の効果を測定する広告研究のほとんどが，音楽心理学（music psychology）の深い理解に基づかないまま，研究に用いる音楽を選択しているという問題がある。

　ピッチ，ラウドネス（loudness；音の大きさ），音色（timbre）など（これらは音の感覚の三要素と呼ばれる），音の特性を表す音響データにはさまざまなものがある。Plack and Oxenham（2005）によると，ピッチには基本周波数（fundamental frequency；複合音における最も低い周波数のこと）の違いに基づいて，人が複数の音源を知覚的に識別できるようにする働きがある。また，人は同一の振動源から届く個別の音響的要素を互いに結びつける，すなわ

ちハーモニーを感じる際にもピッチを活用している。こうしたことから，聴覚的刺激においてピッチはとりわけ重要な属性であるといえる（Plack & Oxenham, 2005）[1]。なお，人間が聞く音のほとんどは異なる周波数が混ざり合っているが，人の聴覚システムは一般に，それらを統合して1つの全体的なピッチとして知覚する（Stainsby & Cross, 2016）。

　ところで，ピッチは主に，音源の周波数によって決まるが，ピッチと周波数は同一の概念ではない。第1に，ピッチは周波数によってのみ決まるのではなく，音圧や波形によっても変化する（ANSI, 1994）。第2に，ピッチは精神物理学的（psychophysical）調査によってのみ測定可能な主観的知覚であるが，周波数は信号の周期的特性を表すヘルツ（Hz）によって測定される物理量である（Stainsby & Cross, 2016）[2]。つまり，周波数は客観的に測定可能な属性であるのに対し，ピッチは直接的には測定できない。そこで本章の実験的操作では，ピッチの高低ではなく周波数の高低を用いることにする。同一の操作方法は，Hagtvedt and Brasel（2016）でも採用されている。

音楽の周波数（高さ）と知覚距離の連合

　ドップラー効果（Doppler effect／Doppler illusion）として知られるように，動いている音源のピッチは近づくにつれて高く，遠ざかるにつれて低くなる（Neuhoff & McBeath, 1996）。そこから，音楽の周波数が，音源と自分の間に知覚される距離に影響を及ぼすことも十分考えられる。また，エンジン音やモーター音を想起すればわかるように，一般に，音源の強さが増すにつれ，その振動数，すなわち周波数も増大する傾向にある（McBeath & Neuhoff, 2002）。同じことが人間のスピーチにも当てはまる。「声高」という日本語もあるように，人は語気を強めるとき，声のトーンが上がる傾向にある。

　日常生活でこれらの相関関係を繰り返し経験することにより，人は音のラウドネスとピッチの間に心的なリンク（連合）を形成している（McBeath & Neuhoff, 2002; Neuhoff et al., 1999）。実際に，音楽を聴くとき，人々は周波数の高まるメロディー・ラインで強さも増すことを期待（予想）している（Repp, 1995）。これに加え，日常生活においては，より明確な別の相関関係

第5章　感覚マーケティングと消費者行動 ②

も存在している。音のラウドネスと距離である。音源との距離が遠くなるほ
ど，音は小さく聞こえる。両者をつなぎ合わせると，ピッチが高いほどラウ
ドネスが大きくなり，ラウドネスが大きくなるほど，距離が近いと知覚され
やすくなるという関係を見出すことができる。ドップラー効果を含め，日常
生活における上記のような対呈示の統計的確率に基づき，消費者が無意識の
うちに低い（高い）周波数と遠（近）距離の間に連合を形成していても不思
議ではない。以上のことから，以下の仮説が導出される。

H1：周波数の低い音楽は周波数の高い音楽に比べ，聴き手によって知覚
　　される音源との距離が遠くなる。

2. 音／音楽の一致効果と解釈レベル理論

聴覚の感覚対応研究

　近年になってようやく，感覚対応研究はマーケティング・コンテクストに
焦点を当て始めた（Krishna, 2012; Krishna et al., 2010; Spence, 2012）。それら
の研究でしばしば取り上げられるのが，特定の音が消費者の知覚や選択に与
える影響である。たとえば，Hagtvedt and Brasel（2016）は，音の周波数
と色の明度に関するクロスモーダル対応の存在とマーケティング・コンテク
ストにおける影響を明らかにしている。

　Holt-Hansen（1968）によるパイオニア的研究以降，数々の研究者が音の
周波数帯域（ピッチ）と味覚の間に，一貫した連合のあることを明らかにし
てきた（Carvalho et al., 2016 など）。たとえば，甘味と酸味は一般に，苦味や
塩味に比べて高い周波数帯域と連合する（Crisinel & Spence, 2010; Wang et
al., 2016）。Spence et al.（2013）では，クロスモーダル的に適合した音楽を
聴きながらワインを飲むと，音楽なしで同じワインを飲むよりもおいしく感
じることが確認されている。

　ピッチと垂直方向の位置に連合があることは，心理学および神経科学の
領域で繰り返し実証されている（Ben-Artzi & Marks, 1995; Bernstein &

Edelstein, 1971; Evans & Treisman, 2010; Rusconi et al, 2006 など)。このことを最初に実証したのは Pratt（1930）であろう。Pratt（1930）は，部屋のさまざまな位置から異なる高さの音を流し（実験参加者はスピーカーの位置が見えない），その音がどの位置から聞こえてくるように感じるか尋ねるという実験を行った。すると，すべての実験参加者が一貫して，高い音から低い音の順に，上から下に向かって音の発生位置を指し示したのである。日本語でも英語でも高音（high-pitched sound）や低音（low-pitched sound）といった言葉があるので，両者の連合は言語の影響を受けて形成されている可能性も考えられる。しかし，これら2つの感覚モダリティ間におけるクロスモーダル対応は，言葉を話さない生後数週間から数カ月の幼児にも見られることから（Evans & Treisman, 2010; Koelewijn et al., 2010; Lewkowicz & Turkewitz, 1980; Wagner et al., 1981），言語や経験によってのみ獲得されるものとは言い切れない。いずれにせよ，われわれの認知システムに，空間的な表象の中に音の高さを位置づける性質があることは確かである。

　空間的位置ほど強い関係ではないものの，ピッチはそれ以外の視覚的属性とも連合する。たとえば，Marks（1987），Martino and Marks（1999），Melara（1989）は，視覚的刺激の表面が明るい（暗い）とき，高い（低い）音と対呈示すると，実験協力者の反応速度が速まることを明らかにしている。さらに，Eitan et al.（2014）は，できるだけ迅速な回答を求める弁別課題（speeded discrimination task）を用い，上昇していくピッチは大きくなっていく物体，下降していくピッチは小さくなっていく物体とそれぞれ連合することを示した。このように，ピッチに関する感覚対応研究は数多く存在するものの，音の高さ（周波数）と知覚される距離の連合が存在するか否か，存在するとすれば消費者の知覚や意思決定へどのような影響を及ぼすのかについては明らかにされていない。

一致の効果

　一方，広告研究においては，メッセージ（Kellaris et al., 1993; Lavack et al., 2008; Oakes, 2007; Oakes & North, 2006）あるいは対象製品（Alpert & Alpert,

1990; Brodsky, 2011; Hung, 2000) と一致した音楽と組み合わされたとき，広告の効果は高まることが繰り返し示されてきた。MacInnis and Park（1991）によると，メッセージや対象製品と一致しない音楽は，オーディエンスがその不一致を解決するために認知資源を割くため，メッセージへの注意が低下してしまう。BGM とメッセージによって伝えられる意味が一致しないと，消費者の広告情報処理が阻害され（Kellaris et al., 1993; Park et al., 2014），その結果，ブランド・イメージが損なわれてしまうというわけである（Hagtvedt & Patrick, 2008）。

　一致効果（congruency effect）という点に関していうと，消費者行動研究では近年，解釈レベル理論（construal level theory；CLT）への注目が著しい。解釈レベル理論とは，対象への心理的距離によって，その心的表象が異なるというものであり，心理的距離が遠いと抽象的（これを高次の解釈レベルと呼ぶ），心理的距離が近いと具体的な心的表象（低次の解釈レベル）が形成されやすくなる（Förster et al., 2004; Fujita et al., 2006; Liberman & Trope, 1998; Park & Hedgcock, 2016; Trope & Liberman, 2000; Trope et al., 2007）[3]。解釈レベル理論は，消費者心理のさまざまな側面をカバーできる高い汎用性を有しており，ここ数年の消費者行動研究において，理論的説明に用いられることが非常に多くなっている理論の１つである。このことは，解釈レベル理論が消費者行動において，それだけ高い説明力を有していることを示唆している。このように，消費者行動研究およびマーケティング研究における解釈レベル理論の適用範囲を広めている要素の１つは，構成概念間の双方向因果（bi-directional causal path）が確認されている点にもあると考えられる。つまり，心理的距離が近い（遠い）と消費者の解釈レベルが低く（高く）なるという関係だけでなく，解釈レベルが低く（高く）なると消費者が対象に対して知覚する心理的距離が近く（遠く）なるという因果関係も成り立つのである（Liberman et al., 2007）。

　消費者のマインドセットにおける解釈レベルとメッセージに対する心理的距離が一致しているとき，当該メッセージの説得性は高まる（Hansen & Wänke, 2010; Katz & Byrne, 2013 など）。Lee et al.（2010）は実験参加者の制

御焦点（regulatory focus）と一致した解釈レベルで広告が評価されるとき，そうでないときと比べて架空のブランドに対する評価が高くなることを明らかにした。ここで，制御焦点とは目標追求時における動機づけのメカニズムを指し，責任や義務（「〜べきである」）を重んじ，現状の維持や安心・安全の確保（ネガティブな結果や状態の回避）を志向する予防焦点（prevention focus）と，希望や熱意（「〜になりたい」）に導かれ，より良い現状や成長・達成感の獲得（ポジティブな結果や状態の増大）を志向する促進焦点（promotion focus）という2つのシステムがある（Crowe & Higgins, 1997; Higgins, 1997, 1998）。Lee et al.（2010）は促進焦点が高次の解釈レベル，予防焦点が低次の解釈レベルと適合することを示した。Semin et al.（2005）も，メッセージの具体性が実験参加者のモチベーションと適合関係にある，つまり促進焦点の参加者に抽象的なメッセージ，予防焦点の参加者に具体的なメッセージを呈示したとき，当該メッセージが参加者の行動意図（behavioral intention: BI）に与える影響が大きくなることを明らかにした。

　消費者のマインドセットにおける解釈レベルと，メッセージの言語的な解釈レベルが一致していると，メッセージの信頼性が高まることを示した研究もある。それらの研究では，一致条件のとき，実験参加者に抽象的（具体的）なマインドセットを顕在化させた上で，抽象的（具体的）な表現のメッセージを読んでもらうという操作方法を用いている（Henderson et al., 2006; Hansen & Wänke, 2010）。マーケティング関連のさまざまな訴求においても，この種の一致が知覚妥当性を高める効果があることは Wright et al.（2012）によって確認されている。それでもなお，音楽の高さ（周波数）によって引き出される解釈レベルという観点から一致効果について検証した研究はほとんどない。

3. ダウンストリーム効果と媒介効果

ダウンストリーム効果

　Aggarwal and Zhao（2015）が示したように，解釈レベルが異なると，日

常的な購買意思決定や消費行動も違ってくる。このように，解釈レベル理論の適用範囲は，人々の評価や知覚だけでなく，行動にも及ぶ（Sungur et al., 2016; Torelli & Kaikati, 2009）。

　周波数（音）と明度（色）のクロスモーダル対応を扱った Hagtvedt and Brasel（2016）は，マーケティング・コンテクストにおけるダウンストリーム効果（downstream effect）の存在も明らかにしている。彼らは実験4において，マーケティング・メッセージの再生を代理変数とし，架空のレストランを対象としたテレビ広告における音楽（ピアノ）の周波数によって，オーディエンスの注意が方向づけられることを示した。実験参加者は，使用した音楽の（曲全体における）平均周波数が高いとき（平均2090 Hz），低いとき（平均66 Hz）と比べて黒い背景よりも白い背景に書かれたレストラン情報をより多く記憶していた。

　さらに，フィールド実験を行った実験5では，スーパーにおける消費者の購買行動を調査し，高い周波数の音楽（ピアノとシンセ・ストリングス〔synthesized strings〕による音楽，平均2000 Hz）に接触した消費者は，明度の低い陳列棚（黒の紙で装飾された大型の陳列スペース）よりも明度の高い陳列棚（白の紙で装飾された同サイズの陳列スペース，黒の陳列スペースと隣合わせに設置）から製品（バナナ）を購入する傾向にあることを明らかにした。一方，周波数のみが低く（平均115 Hz），その他はまったく同一の音楽に接触した消費者は，反対の傾向にあった。

　また，Carvalho et al.（2015）はチョコレート店で実験を行い，音楽と味覚のクロスモーダル経験が，参加者の WTP を高めることを示した。近年では，選択課題において，人々が特定のワインと特定の曲の間に，一貫した連合があることを示す結果も報告されている（Spence & Wang, 2015）。たとえば，ドメーヌ・ディディエ・ダグノーのプイィ・フュメ（Domaine Didier Dagueneau, Pouilly Fumé）は，チャイコフスキーの弦楽四重奏曲第1番ニ長調第2楽章よりもモーツァルトのフルート四重奏曲第1番ニ長調と適合するが，シャトー・マルゴー（Château Margaux）では正反対の結果になるという（Spence et al., 2013）。

Hansen and Wänke（2010）が示したように，抽象的なメッセージは心理的距離が遠い場合に効果的である一方，具体的なメッセージは心理的距離が近い場合に有効となる。したがって，抽象的（具体的）な表象をもつ製品の選択は，高次（低次）の解釈レベルを誘発する状況において促進されるであろう。以上のことから，次のような仮説が導出される。

H2：音楽の高さ（周波数）と製品の表象が適合しているとき，両者が適合していないときと比べて，広告や製品に対する消費者の評価が高くなる。具体的には，低い（高い）周波数の音楽は，抽象的（具体的）な表象と適合する。

流暢性の媒介効果

ところで，感覚対応に沿った刺激が上記のようなダウンストリーム効果を生むのはなぜだろうか。本章ではそのメカニズムについても検討する。第2章でも論じたように，感覚対応と消費者の評価や選択の間に存在するメカニズムを検討するにあたっては，流暢性の概念が鍵になると考えられる。流暢性に関する先行研究は，処理される情報とマインドセットが適合していると，情報処理が容易になることを明らかにしている（Higgins, 2000; Higgins et al., 2003）。たとえば，Bar-Anan et al.（2006）の実験参加者は，抽象的（具体的）な言葉と心理的距離の遠い（近い）言葉という組み合わせのとき，反応時間が短かった。さらに，Hung（2000）は，音楽と視覚的要素が類似した意味を想起させるとき（すなわち，両者が互いに適合しているとき），意味が容易に伝達できることを示した。

ピッチと空間的位置のクロスモーダル対応の存在は一般に，聴覚的手がかり（単音の高音／低音）および視覚的手がかり（高い／低い位置に出現する図形）との対呈示（同時〜数百ミリ秒のずれ）が，視覚的ターゲット（視覚タスク）および聴覚的ターゲット（聴覚タスク）の識別にかかる反応時間へ有意な影響を及ぼすかどうかを測定することによって確認される。一般に，クロスモーダル対応と一致する組み合わせ（高音＋高い位置および低音＋低い位

第 5 章　感覚マーケティングと消費者行動②

置）の方が，一致しない組み合わせ（高音＋低い位置および低音＋高い位置）
のときよりも，実験参加者は短い時間でターゲットを識別できる。

　たとえば，Gallace and Spence（2006）は，視覚的刺激の大きさと連合す
る高さの音（例：小さい視覚的刺激と高い音）が対呈示されると，実験参加者
は視覚的刺激の相対的な大きさを迅速に判断できることを示している。さら
に，クロスモーダル対応時における反応時間の短さによって正確さが失われ
ることはなく，むしろより正確になる傾向にある（Evans & Treisman,
2010; Lewkowicz & Turkewitz, 1980）。第 2 章および第 4 章でも論じたように，
以上のことは感覚対応に流暢性を高める効果があることを明確に示すもので
ある。

　個人の心的表象と一致するメッセージはそうでないメッセージより容易に
処理できるため，高い流暢性による好ましさが対象（刺激）に誤帰属され，
その結果，刺激の評価が高まりやすくなる。実験参加者の（時間的操作に基
づく）心的表象と立候補者（政治）が発するメッセージの抽象度が立候補者
の態度に及ぼす一致効果を実証した Kim et al.（2009）でも，流暢性の媒介
効果が確認されている。以上のことから，次のような仮説が導出される。

　　H3：音楽（周波数）と製品の表象（抽象度）における一致効果は，処理流
　　　　暢性によって媒介される。

4.　実験 1A

　本章で報告する実験も前章と同様，実験 3B を除き，すべてヤフー株式会
社が提供する Yahoo! クラウドソーシングを通じて実施された。質問票は
すべて日本語で書かれている。

実験素材と手続き
　実験 1A の目的は，周波数の低い音楽は周波数の高い音楽に比べ，聴き手
によって知覚される音源との距離が遠くなる（H1）かどうか検証すること

である。18 歳から 60 歳の男女 50 名（女性 = 32.0%，年齢：$M = 39.7$，$SD = 7.44$）が参加した。実験デザインは一要因（周波数：高 vs. 中 vs. 低）の参加者内デザインである。まず，実験の画面上に以下のような文章が表示された。

　この調査では，短い音楽やさまざまな生活音を録音した複数の音声ファイルを聴いていただきます。質問へ回答していただくには音声を聴く必要がありますので，周囲の環境にご注意下さい。ボリュームをあまり大きくしないようにして下さい。
　最初の音声を聴いた後は，音量の設定を決して変えない（すべての音声を同じボリュームで聴く）ようにして下さい。イアホンをお使いいただいても構いません。ただし，イアホンを使う場合は最初から最後までイアホンを使用して音声を聴くようにして下さい。

　参加者は 18 種類の音声ファイルを聞くように求められた。分析の対象となる音楽はパッヘルベル（Johann Pachelbel）の「カノン」およびラヴェル（Joseph-Maurice Ravel）の「ボレロ」とした。周波数の変更には SoundEngine ver. 5.21 を用いた。高周波数条件用刺激，低周波数条件用刺激のいずれにおいても，オリジナルの音源から周波数のみ変更した。すなわち，高周波数では上方に，低周波数では下方に，それぞれ不自然だと感じたり，不快に感じたりしない程度まで，一曲通じて周波数をスライドさせた。オリジナルの音源は，中周波数条件で使用した。したがって，3 つの条件で呈示される刺激間の違いは周波数のみである。低周波数，中周波数，高周波数条件用刺激の平均周波数はそれぞれ，カノン：69.82，294.30，588.81 Hz，ボレロ：110.84，222.19，443.88 Hz であった。これにより，6 つ（2 曲×3 周波数）のターゲット刺激が制作された。その他 12 の音声はフィラー刺激（filler stimuli）であり，音楽（バッハの「G 線上のアリア」など）や生活音（足音，警報，川のせせらぎなど）で構成された。なお，18 の音声ファイルはすべて同一の長さ（14 秒間）であり，呈示順はランダム化された。
　参加者は，ボタンをクリックして 1 回に 1 つずつ音声を聴くよう指示され

た。1つの音声を聴き終えると，その音声が実際の音源（音が鳴っている場所）からどの程度離れたところで録音されたものだと思うか，7点尺度（1＝非常に近い：7＝非常に遠い）で尋ねた。続いて，具体的に，その音声が音源から何メートルほど離れたところで録音されたと思うか，回答欄に数値を入力するよう求めた（比例尺度）。

その後，参加者が当該の音声を確かに聴いたか確認するための質問として，その音声の種類を尋ね，リストの中から正しいものを1つ選択してもらった。これら一連のタスクを完了すると，次の音声を聴くためのボタンが表示され，同じ手続きが繰り返された。最後に，デモグラフィックに関する質問がなされた。

分析結果

周波数を参加者間要因，知覚された距離を従属変数とする分散分析（繰り返しあり）を行った。分析の結果，曲および尺度の違いによらず，周波数の主効果が有意となった（図5-1を参照されたい）。カノン，ボレロともに，間隔尺度を用いても（カノン：$M_{high} = 2.76$，$M_{middle} = 3.08$，$M_{low} = 4.26$，$F_{(2,98)} = 29.148$，$p < .001$，partial $\eta^2 = .373$，ボレロ：$M_{high} = 3.06$，$M_{middle} = 3.48$，$M_{low} = 4.48$，$F_{(2,98)} = 29.368$，$p < .001$，partial $\eta^2 = .375$），比例尺度を用いても（カノン：$M_{high} = 7.44$，$M_{middle} = 9.54$，$M_{low} = 18.55$，$F_{(2,98)} = 10.467$，$p < .001$，partial $\eta^2 = .176$，ボレロ：$M_{high} = 10.41$，$M_{middle} = 12.91$，$M_{low} = 18.14$，$F_{(2,98)} = 5.314$，$p < .01$，partial $\eta^2 = .098$），周波数が低くなるほど，参加者の知覚距離は遠くなっていた。

対比較の結果，曲および尺度によらず，高周波数条件と低周波数条件の差は有意であった（$ps < .01$，表5-1を参照されたい）。以上の結果は，高い周波数の音楽を聴いたときよりも低い周波数の音楽を聴いたときの方が，参加者はその音源が遠くにあると知覚したことを示している。よって，周波数の高い音楽は周波数の低い音楽に比べ，聴き手によって知覚される音源との距離が遠くなるというH1は支持された。

図5-1 周波数が知覚距離に及ぼす影響（実験1A）

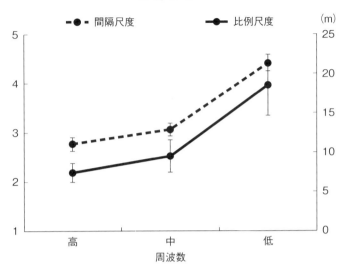

a. カノン

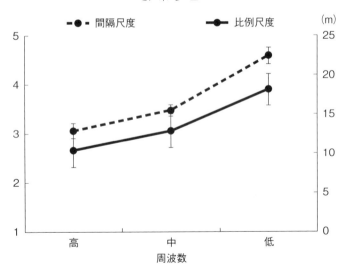

b. ボレロ

(注) 第一軸（左）が間隔尺度，第二軸（右）が比例尺度に対応している。
エラー・バーは標準誤差を示している。

第 5 章　感覚マーケティングと消費者行動 ②

表 5-1　対比較（実験 1A）

a. カノン	間　隔	比　例	b. ボレロ	間　隔	比　例
高 vs. 中	n. s.	n. s.	高 vs. 中	$p<.10$	n. s.
中 vs. 低	$p<.001$	$p<.01$	中 vs. 低	$p<.001$	$p<.05$
高 vs. 低	$p<.001$	$p<.01$	高 vs. 低	$p<.001$	$p<.01$

（注）　多重比較ではボンフェローニの調整を用いた。n. s. は not significant（有意でない）を意味している。

議　論

　実験 1A の結果は，音楽の周波数が知覚距離に影響を及ぼすという考えを裏づけるものであった。間隔尺度，比例尺度のいずれを用いて測定しても，周波数の高い音楽よりも周波数の低い音楽を聴いた場合に，参加者はその音源が遠くにあると知覚した。

　しかしながら，音楽への好意度が，音源と聴き手の心理的距離に影響を及ぼした可能性もある。つまり，その音楽を嫌だと思う気持ちが，周波数の低い音楽を（周波数の高い音楽と比べて）遠くにあるものと知覚させた（遠ざけた）のかもしれない。そこで次節では，実験 1A で用いた音楽に対する好意度を測定する。

5. 実験 1B

実験素材と手続き

　実験 1B では，消費者が一般に，低周波数よりも高周波数の音楽を好む傾向にあるのか検証する。ここでは，新たに，18 歳から 60 歳の男女 50 名（女性 = 32.0%，年齢：$M = 39.7$，$SD = 8.50$）が参加した。実験 1B の参加者の性別および年齢の分布は実験 1A のそれと非常に類似している。ちなみに，ヘッドセットを使用した参加者は 17 名（34.0%）であった。

　実験デザインは一要因（周波数：高 vs. 中 vs. 低）の参加者内デザインである。最初の質問を除き，実験 1B の手続きおよび刺激は実験 1A とまったく

113

図 5-2 周波数が好意度に及ぼす影響（実験 1B）

a. カノン

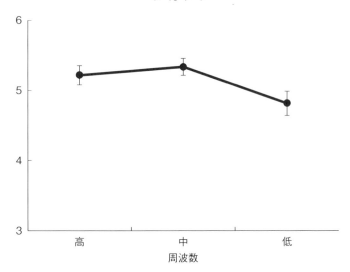

b. ボレロ

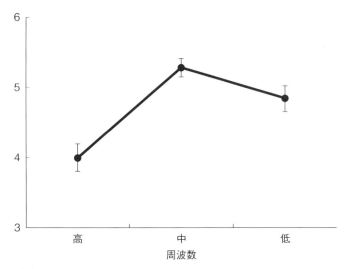

（注） エラー・バーは標準誤差を示している。

表5-2 対比較（実験1B）

a. カノン		b. ボレロ	
高 vs. 中	n. s.	高 vs. 中	$p<.001$
中 vs. 低	$p<.01$	中 vs. 低	$p<.05$
高 vs. 低	$p<.05$	高 vs. 低	$p<.001$

（注） 多重比較ではボンフェローニの調整を用いた。n. s. は not significant（有意でない）を意味している。

同一である。最初の音声を聴いた後，参加者は知覚距離ではなく，その音声に対する好意度を7点尺度（1＝非常に嫌い；7＝非常に好き）で示すよう求められた。

分析結果

周波数を参加者内要因，好意度を従属変数とする分散分析（繰り返しあり）の結果，周波数の主効果が有意となった（カノン：$M_{high}=5.22$，$M_{middle}=5.34$，$M_{low}=4.82$，$F(2,98)=7.687$，$p<.01$，partial $\eta^2=.136$，ボレロ：$M_{high}=4.00$，$M_{middle}=5.28$，$M_{low}=4.84$，$F(2,98)=26.442$，$p<.001$，partial $\eta^2=.350$，図5-2を参照されたい）。

対比較の結果，カノンもボレロも，中程度の周波数が最も好まれていた（表5-2）。しかし，カノンの場合，参加者は低周波数よりも高周波数のカノンを好ましいと評価したが（$p<.05$），ボレロでは反対に，高周波数よりも低周波数のボレロの方を好ましいと評価した（$p<.001$）。これら一連の結果を踏まえると，低周波数と高周波数のどちらの方が好まれるかは，曲によるということになる。

議　論

参加者が中周波数の音楽（すなわちオリジナル・バージョン）を最も好んだことを除き，周波数と好意度の間に一貫した関係性は見られなかった。このことは，消費者に低周波数あるいは高周波数の音楽を好むといった共通の先有傾向はなさそうであるということを示している。少なくとも，その音楽が

好き（嫌い）だからという理由で，参加者が自分と音源の距離を近く（遠く）
感じたという可能性は排除された。もし好意度が音楽との知覚距離を規定し
ているのであれば，ボレロの実験結果と矛盾するからである。以上のことか
ら，参加者が低周波数の音楽を高周波数の音楽よりも遠くから聞こえてくる
ように感じたのは，低周波数の音楽が嫌いだからというわけではないことが
確認された。

6. 実 験 2

プリテスト

　実験2の狙いは，周波数と抽象度の一致したマーケティング・コミュニケ
ーションに接触した消費者が，それらが一致しないコミュニケーションに接
触した消費者に比べ，メッセージに対して好意的に反応するのか（H2），ま
た，処理流暢性が周波数と抽象度の一致効果を媒介するのか（H3）明らか
にすることである。

　まず，好意度には差がないが，抽象度には差がある刺激を制作するため，
プリテストを実施した。プリテストの参加者は20歳から60歳の男女51名
（女性＝33.3%，年齢：$M=41.5$，$SD=7.73$）であった。参加者には，印象派絵
画（モネの「日傘を差す女」，セザンヌの「サント・ヴィクトワール山」，ルノワ
ールの「ムーラン・ド・ラ・ギャレット」など）10点とバロック絵画（レンブ
ラントの「夜警」，フェルメールの「真珠の耳飾りの少女」，ルーベンスの「聖母
被昇天」など）10点からなる計20点の絵画がランダムに呈示された。参加
者は各絵画について，好意度（1＝非常に嫌い；7＝非常に好き）と抽象度（1
＝非常に具体的；7＝非常に抽象的）の観点から7点尺度で評価するよう求め
られた。すべての絵画について回答を終えると，デモグラフィックに関する
質問がなされた。

　絵画を参加者内要因，好意度および抽象度を従属変数とする分散分析（繰
り返しあり）の結果から，印象派絵画8点とバロック絵画8点を抽出した。
抽出された2つの絵画グループは，好意度には差がない（$M_{\text{Impressionist}}=4.32$，

第5章　感覚マーケティングと消費者行動②

$M_{Baroque} = 4.28$，$t(407) = .586$，$p = .558$，$d = .04$）一方で，印象派絵画はバロック絵画よりも知覚抽象度が高くなるよう構成されている（$M_{Impressionist} = 3.99$，$SD = 1.52$，$M_{Baroque} = 2.64$，$SD = 1.15$，$t(407) = 15.624$，$p < .001$，$d = 1.00$）。ちなみに，抽出された印象派絵画8点のうち，知覚抽象度が最も低かったのはカミーユ・ピサロの「オペラ座通り，陽光，冬の朝」（$M = 3.06$）である。一方，バロック絵画8点のうち，知覚抽象度が最も高かったのはベラスケスの「ブレダの開城」（$M = 3.00$）であった。

実験素材と手続き

　実験2には，少なくとも一度は美術館で絵画を鑑賞したことのある20歳から60歳の男女141名（女性＝50.4％，年齢：$M = 39.6$，$SD = 8.29$）が参加した。実験の初めに，参加者のタスクはある絵画展のホームページ用に作られた動画（ホームページ上で展示作品の一部を紹介する動画）を視聴し，評価することであるという説明が画面に表示された。同時に，動画を再生する際はボリュームをちょうど良い大きさに設定した上で，全画面表示で視聴する旨の注意事項も記載されていた。動画の長さは30秒間であり，8点の絵画が連続して呈示された。1点当たりの呈示時間は3.5秒間であり，最初と最後の1秒間は黒い画面が呈示された。動画の中には実験用刺激である音楽（BGM）以外に音はなく，文字も表示されなかった。

　実験デザインは，2（周波数：低 vs. 高）×2（抽象度：抽象的 vs. 具体的）の参加者間デザインである。低周波数条件では実験1Aおよび1Bにおける低周波数条件で使用されたカノン，高周波数条件では，実験1Aおよび1Bにおける高周波数条件で使用されたカノンを各動画のBGMとして用いた。よって，これら2つの条件間における音楽（BGM）の違いは，周波数のみである。一方，抽象的条件では，動画に登場する絵画（絵画展で展示される作品）として8点の印象派絵画，具体的条件では，動画に登場する絵画として8点のバロック絵画が流された。表5-3には，呈示された絵画の一覧が示されている。

　参加者は動画を視聴した後，動画の好意度（1＝非常に嫌い；7＝非常に好

117

表5-3 実験2で使用した絵画リスト

印 象 派	バ ロ ッ ク
睡蓮 1906 年 （クロード・モネ）	聖マタイの召命 （ミケランジェロ・メリージ・ダ・カラヴァッジオ）
オペラ座通り，陽光，冬の朝 （カミーユ・ピサロ）	真珠の耳飾りの少女 （ヨハネス・フェルメール）
積みわら，霜の朝 （クロード・モネ）	牛乳を注ぐ女 （ヨハネス・フェルメール）
サント・ヴィクトワール山 （ポール・セザンヌ）	ラス・メニーナス （ディエゴ・ベラスケス）
果物籠のある静物 （ポール・セザンヌ）	レルマ公騎馬像 （ピーテル・パウル・ルーベンス）
ぶらんこ （ピエール‐オーギュスト・ルノワール）	ブレダの開城 （ディエゴ・ベラスケス）
ルーアン大聖堂，昼 （クロード・モネ）	地理学者 （ヨハネス・フェルメール）
印象・日の出 （クロード・モネ）	窓辺で手紙を読む女 （ヨハネス・フェルメール）

き），製品（絵画展）の魅力度（1＝まったく魅力的でない；7＝非常に魅力的），絵画展への訪問意向（1＝まったく行きたくない；7＝非常に行きたい），動画の処理流暢性（1＝非常に見にくい；7＝非常に見やすい）についてそれぞれ7点尺度で評価するよう求められた。これらの評価後，参加者が当該の動画を確かに視聴したか確認するための質問として，動画の内容を尋ね，リストの中から正しい記述を1つ選択してもらった。続いて，印象派絵画とバロック絵画の相対的な好みについて，7点尺度（1＝バロックの方が好き；7＝印象派の方が好き）で示してもらった。最後に，デモグラフィックに関する質問がなされた。

分 析 結 果

　絵画の相対的選好を従属変数とする2（周波数：低 vs. 高）×2（抽象度：抽象的 vs. 具体的）の分散分析を行ったところ，いずれの主効果も交互作用効果も有意とならなかった（$M＝2.89$, $SD＝1.122$, $Fs<1$）。よって，実験条件

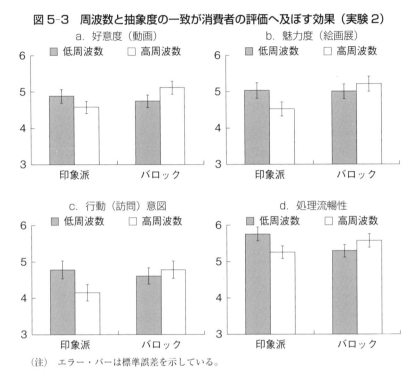

図5-3 周波数と抽象度の一致が消費者の評価へ及ぼす効果（実験2）

（注）エラー・バーは標準誤差を示している。

間で印象派またはバロック絵画への選好に偏りはなかったと判断できる。

そこで，BGM の周波数と対象の抽象度が一致している方が，一致してないときよりも，マーケティング・コミュニケーションに対する消費者の反応が好ましくなるか（H2）確かめるため，4つの評価値（動画の好意度，絵画展の魅力度，行動意図，処理流暢性）を従属変数とする2（周波数：低 vs. 高）×2（抽象度：抽象的 vs. 具体的）の多変量分散分析（MANOVA）を行った。分析の結果，処理流暢性以外は10％水準ではあるが，4つの評価値すべてに関して周波数と抽象度の交互作用効果が有意となった（F_{liking} (1,137) = 3.762, p = .054, partial η^2 = .027, $F_{attractiveness}$ (1,137) = 3.148, p = .078, partial η^2 = .022, F_{BI} (1,137) = 2.918, p = .090, partial η^2 = .021, $F_{fluency}$ (1,137) = 4.680, p = .032, partial η^2 = .033, 図5-3 を参照されたい）。4つの評価値すべてにおいて，いず

れの主効果も有意とならなかった。

　計画的対比の結果，一致条件（すなわち低周波数×抽象的条件と高周波数×具体的条件）の参加者は，不一致条件（低周波数×具体的条件と高周波数×抽象的条件）の参加者よりも，接触したマーケティング・コミュニケーションに対してポジティブな評価的反応を示していることが明らかになった（好意度：$M_{congruent} = 5.00$，$M_{incongruent} = 4.66$，$t(139) = 1.955$，$p = .053$，$d = .33$，魅力度：$M_{congruent} = 5.12$，$M_{incongruent} = 4.76$，$t(139) = 1.773$，$p = .078$，$d = .30$，行動意図：$M_{congruent} = 4.78$，$M_{incongruent} = 4.38$，$t(139) = 1.709$，$p = .090$，$d = .29$，処理流暢性：$M_{congruent} = 5.66$，$M_{incongruent} = 5.28$，$t(139) = 2.168$，$p = .032$，$d = .36$）。

　以上の結果は，音楽の高さ（周波数）と製品の表象が適合しているとき，両者が適合していないときと比べて，広告や製品に対する消費者の評価が高くなることを示している。具体的には，低い（高い）周波数の音楽は，抽象的（具体的）な表象と適合していた。よって H2 は支持された。

媒介分析

　H3，すなわち処理流暢性が上記の一致効果を媒介する変数の1つであることを検証するため，一連の回帰分析（Baron & Kenny, 1986; Lee et al., 2010）を行った。第1の回帰分析では，周波数と抽象度の一致が処理流暢性を高めることが示された（$\beta = .181$，$t(139) = 2.168$，$p = .032$，図 5-4 を参照されたい）。次に，第2の回帰分析によって，処理流暢性が高まると，参加者の評価が高まることが確認された（$\beta_{liking} = .441$，$t(139) = 5.719$，$p < .001$，$\beta_{attractiveness} = .379$，$t(139) = 4.835$，$p < .001$，$\beta_{BI} = .347$，$t(139) = 4.357$，$p < .001$）。さらに，第3の回帰分析によって，10% 水準ではあるものの，周波数と抽象度の一致は直接，参加者の評価へ正の影響を及ぼすことが明らかにされた（$\beta_{liking} = .164$，$t(139) = 1.955$，$p = .053$，$\beta_{attractiveness} = .149$，$t(139) = 1.773$，$p = .078$，$\beta_{BI} = .143$，$t(139) = 1.709$，$p = .090$）。そして最後に，第4の回帰分析（重回帰分析）によって，周波数・抽象度の一致と処理流暢性の双方を説明変数にすると，周波数と抽象度の一致が評価へ及ぼす影響は有意でなくなる（$\beta_{liking} = .087$，$t(138) = 1.121$，$p = .264$，$\beta_{attractiveness} = .083$，$t(138) = 1.038$，$p = .301$，$\beta_{BI}$

第 5 章 感覚マーケティングと消費者行動 ②

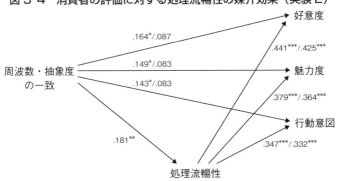

図 5-4 消費者の評価に対する処理流暢性の媒介効果（実験 2）

（注）斜線の左側は単回帰分析（第 2・第 3 の回帰分析），右側は重回帰分析（第 4 の回帰分析）における標準化係数を表している。*$p<.10$，**$p<.05$，***$p<.001$。

$=.083$，$t(138)=1.032$，$p=.304$）のに対し，処理流暢性が参加者の評価へ及ぼす影響は依然として有意であることが明らかになった（$\beta_{liking}=.425$，$t(138)=5.498$，$p<.001$，$\beta_{attractiveness}=.364$，$t(138)=4.569$，$p<.001$，$\beta_{BI}=.332$，$t(138)=4.100$，$p<.001$）。

ソベル検定（Sobel, 1982）の結果，処理流暢性を説明変数に加えたことによって生じた，周波数と抽象度の一致による影響度の低下は有意であることが確認された（$Z_{liking}=2.025$，$p=.043$，$Z_{attractiveness}=1.975$，$p=.048$，$Z_{BI}=1.937$，$p=.053$）。以上の結果から，周波数と抽象度の一致が参加者の評価へ及ぼすプラスの効果は，処理流暢性によって完全媒介されることが示された[4]。

ここで，ソベル検定ではパス積の標準誤差を推定し，有意性検定を行っている。その際，パス積は正規分布に従うと仮定しているのであるが，一般には正規分布にならない。標本が大きいときのみ漸近的に正規分布を仮定できるものの，標本が小さいとその分布は歪んでしまうという問題がある。そこで，ヘイズの PROCESS macro v 2.16.3（Model 4; Hayes, 2013）を用い，本節で示した間接効果の有意性について検証することも行った。バイアス補正型ブートストラップ法（リサンプル数は 5000）を用いて分析した結果，処理流暢性は周波数と抽象度の一致が評価へ及ぼす影響を媒介していることが明

らかになった（好意度の間接効果：$M = .161$, $SE = .084$, 95% $CI = .022$, .356, 魅力度の間接効果：$M = .160$, $SE = .084$, 95% $CI = .028$, .366, 行動意図の間接効果：$M = .169$, $SE = .093$, 95% $CI = .026$, .402）。

以上の分析結果から，音楽（周波数）と製品の表象（抽象度）における一致効果は，処理流暢性によって媒介されるという H3 は支持された。

議　論

実験2の結果は，動画や対象製品（絵画展）に対する参加者の評価が，周波数（BGM）と抽象度（製品の表象）の一致／不一致によって影響されることを示していた。高い周波数の音楽に接触した参加者は，バロック絵画（すなわち具体的表象）の絵画展を好ましく評価するのに対し，低い周波数の音楽に接触した参加者は，印象派絵画（抽象的表象）による絵画展の方を好ましく評価した。これは，非常に興味深い結果である。なぜなら，実験1Bでは，低い周波数のカノンは，高い周波数のカノンより好意度が低かったからである。それにもかかわらず，対象製品の表象が抽象的であるときは，プロモーション動画の BGM に低い周波数のカノンを用いた方が，消費者が（音楽としては）より好ましいと感じている高い周波数のカノンを用いるよりも，視聴者の評価的反応が高くなるのである。

以上の結果は，BGM によって引き起こされる心理的距離，およびそれによって顕在化される消費者の解釈レベルと適合するプロモーション動画は，それらと不適合なプロモーション動画よりも容易に処理されるという考えを裏づけている。実験2のさらに重要な貢献は，そうした処理のしやすさが，消費者の評価的反応に及ぼす（周波数と抽象度の）一致効果を媒介しているという知見にある。

7. 実験 3A

実験素材と手続き

実験3の目的は以下の2つである。第1に，周波数と抽象度の一致効果に

Time　　　　3秒　　　　　　6秒　　　　　　9秒　　　　　　14秒

関するダウンストリーム効果を検証する。そして第2に，異なる操作と刺激を用いることで，本章が提唱する一致効果の妥当性を示す。まず，実験3Aでは，心理的距離の遠さ（近さ）を暗示するマーケティング・コピーの場合，BGMに低い（高い）周波数の音楽を使用した方が，高い（低い）周波数のBGMを流すのに比べて消費者のWTPが高くなるか検証する。

18歳から50歳の男女200名（女性=45.0%，年齢：$M=37.8$, $SD=7.05$）が実験3Aに参加した。実験の初めに，参加者のタスクはあるホテルのウェブサイト用に作られたプロモーション動画（ホームページの閲覧者が，客室のイメージを確認できるようにするために作られた動画）を視聴し，評価することであるという説明が画面に表示された。実験2と同様，動画を再生する際はボリュームをちょうど良い大きさに設定した上で，全画面表示で視聴する旨の注意事項も与えられた。動画の長さは14秒間であり，客室の1つをカメラが右から左へと動いて捉えた様子が映し出された（図5-5を参照されたい）。マーケティング・コピーは動画が開始されてから9秒後に，客室の映像に重なる形で画面中央にフェードインし，動画が終了するまで（5秒間）呈示された。動画の中には，実験用刺激である音楽（BGM）以外に音声はなかった。

実験デザインは2（周波数：低vs.高）×2（コピー：遠距離vs.近距離）の参加者間デザインである。低周波数条件では実験1Aおよび1Bにおける低周波数条件で使用されたボレロ，高周波数条件では実験1Aおよび1Bにおける高周波数条件で使用されたボレロを動画のBGMとして用いた。よって，これら2つの条件間における音楽（BGM）の違いは，周波数のみである。一方，遠距離条件では，「あなたに，いつもと違う一日を。」というマーケティング・コピー，近距離条件では，「あなたに，いつもと同じ眠りを。」という

マーケティング・コピーが呈示された。

　参加者は動画を視聴した後，当該の客室に宿泊する際，1泊いくらまでなら支払っても良いと思うか，金額（円）を入力するよう求められた。続いて，操作チェック項目として，ホテルのイメージに関する2項目（「自分とは遠い存在である」，「あこがれを感じる」）についてそれぞれ7点尺度（1＝まったくそう思わない；7＝非常にそう思う）で示すよう求められた。その後，参加者が当該の動画を確かに視聴したか確認するための質問として，動画の内容を尋ね，リストの中から正しい記述を1つ選択してもらった。最後に，デモグラフィックに関する質問がなされた。

分析結果

（1）操作チェック

　2つのイメージ得点を対象に主成分分析を実施し，一次元のイメージ・スコアへ縮約した（寄与率は65.69%）。そこで得られた主成分得点（ホテルに対する心理的距離の代理変数）を従属変数とする2（周波数：低 vs. 高）×2（コピー：遠距離 vs. 近距離）の分散分析を行った。その結果，周波数とコピーの主効果が有意となった。低周波数条件の参加者は，高周波数条件の参加者よりも，動画のホテルを心理的に遠く知覚していた（$M_{low}=.141$，$M_{high}=-.141$，$F(1,196)=4.093$，$p=.044$，partial $\eta^2=.020$）。同様に，遠距離条件の参加者は，近距離条件の参加者よりも，動画のホテルを心理的に遠く知覚していた（$M_{far}=.129$，$M_{near}=-.129$，$F(1,196)=3.406$，$p=.066$，partial $\eta^2=.017$）。周波数とコピーの交互作用効果は有意でなかった。以上のことから，2つの操作はターゲット製品に対する参加者の心理的距離に意図した通りの影響を及ぼしたことが確認された。

（2）ＷＴＰ

　BGMの周波数とマーケティング・コピーが適合したプロモーション動画は，両者が不適合な動画よりも消費者のWTPを高めるか検証するため，参加者のWTPを従属変数とする2（周波数：低 vs. 高）×2（コピー：遠距離

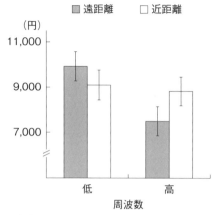

図5-6 周波数と心理的距離（コピー）の一致が消費者のWTPに及ぼす効果（実験3A）

（注）エラー・バーは標準誤差を示している。

vs. 近距離）の分散分析を行った。分析の結果，周波数の主効果が有意となった。低周波数条件の参加者は高周波数条件の参加者よりも，動画のホテルで1泊するのに多くの金額を支払う意思を有していた（M_{low} = 9489.1円, M_{high} = 8152.6円, F (1,185) = 4.349, p = .038, partial η^2 = .023）。

さらに重要なのは，10%水準ではあるものの，周波数とコピーの交互作用効果が有意となったことである（F (1,185) = 2.761, p = .098, partial η^2 = .015, 図5-6を参照されたい）。計画的対比の結果，一致条件（すなわち低周波数×遠距離条件と高周波数×近距離条件）の参加者は，不一致条件（低周波数×近距離条件と高周波数×遠距離条件）の参加者よりも，動画のホテルに対して高いWTPを示したことが明らかになった（$M_{congruent}$ = 9333.3円, $M_{incongruent}$ = 8255.9円, t (187) = 1.673, p = .096, d = .24）。以上のことから，H2は再び支持された。

議　論

実験3Aの結果は，実験2とは異なる操作，異なる製品カテゴリー，そして異なる曲を用いて実験2の結果を再現し，補強するものであった。また，

実験3Aで示した結果は，プロモーション素材における音楽の高さ（周波数）と製品の表象が適合しているとプロモーションがより効果的になるのは，周波数の低い（高い）音楽に接触すると，消費者がマーケティング・メッセージを高次（低次）の解釈レベルで捉える傾向にあるためであるという考えを裏づけるものであった。実験3Aではさらに，音楽と表象の一致効果が消費者のWTPにも，10％水準ではあるが統計的に有意な影響があることを示し，ダウンストリーム効果の存在を明らかにした。

8. 実験3B

実験素材と手続き

実験3Bでは，周波数の低い音楽に接触した消費者が，周波数の高い音楽に接触した消費者と比べ，抽象的な表象の製品を選択する傾向にあるのかについて，実験室実験を行って検証する。少なくとも一度は美術館で絵画を鑑賞したことのある20歳から60歳の男女102名（女性＝50％，年齢：$M = 40.2$, $SD = 11.19$）が実験3Bに参加した。ここでは，参加者の性別と年齢に関して，実験条件間で均等割付を行った。実験室の場所は大阪，広さは 10.2×7.9 m であり，実験用の音楽は計4個の天井埋込型スピーカーから流された。

実験用刺激（音楽）はパッヘルベルのカノンの MIDI（Musical Instrument Digital Interface）データをもとに，HALion Sonic の YAMAHA S90ES Piano を用いて制作された。実験用音楽はすべて同一の調（key）であったが，条件間ではオクターブを変えて再生された。低周波数条件では，オリジナルの音源から1オクターブ下げ，高周波数条件ではオリジナルよりも1オクターブ上げた。その結果，曲を通しての平均周波数は低周波数条件で 92.14 Hz，高周波数条件では 185.13 Hz であった。2つの条件間における違いは周波数のみである。

実験の冒頭，インストラクターが実験の内容について説明する際，参加者をリラックスさせるために音楽を流していることも付け加えられた。音量は実験室内のどの座席でも 40〜60 デシベル程度であり，実験を通して同一の

第5章 感覚マーケティングと消費者行動②

図5-7 音楽の高さ（周波数）が選択に及ぼす影響（実験3B）

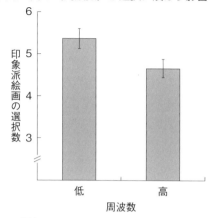

（注）エラー・バーは標準誤差を示している。

音量が保たれた。

参加者はまず，調査協力の謝礼として仮にポストカードがもらえるとしたら，どの絵画がプリントされたポストカードが欲しいか，リストの中から8つ選ぶよう求められた。リストには，実験2で用いられた16作品（表5-3）がランダムに並べられており，8枚とも別々の作品を選ぶよう求めた。その後，実験とは無関連のフィラー項目に回答してもらった。参加者は実験室に入ったときから，すべての質問へ回答して退室するまで，低周波数または高周波数のカノンに接触していた（実験会場に流されていた）。

分析結果

低い周波数の音楽に接触した消費者が，高い周波数の音楽に接触した消費者よりも抽象的な表象の製品を多く選択する傾向にあるか検証するため，印象派／バロック絵画が選択された数を対象に t 検定を行った。分析の結果，低周波数条件の参加者は高周波数条件の参加者よりも，印象派絵画を多く選択していた（$M_{low} = 5.373$, $M_{high} = 4.667$, $t(100) = 2.205$, $p = .030$, $d = .44$, 図5-7を参照されたい）。つまり，周波数の低い音楽に接触した参加者は，周波数

127

の高い音楽に接触した参加者よりも，抽象的な表象の製品を多く選択する傾向にあった。

議　　論

　統制された実験室実験においても，周波数の低い音楽は抽象的な表象の製品と適合するというこれまでの知見が再現された。つまり，実験3Bは，低い周波数の音楽と抽象的な表象の間に連合があるという考えを支持するエビデンスを提供したといえる。

　実験2のプリテストにおいて，2つの絵画グループの好意度には差がなかったことを思い出してほしい。それにもかかわらず，周波数の低いBGMに接触した参加者は，周波数の高いBGMに接触した参加者よりも印象派絵画を多く選択する傾向にあった。この結果は，音楽の周波数が消費者の選択に影響を及ぼすという点でダウンストリーム効果を有することを明確に示している。

9. 総　　論

本章の知見

　本章では，音楽の高さ（周波数）が消費者の知覚や意思決定へどのような影響を及ぼすのかについて検討した。計5つの実験を行って検証したところ，仮説を支持する結果が得られた。もう一度まとめると，音楽の周波数は音源と聴き手の知覚距離に影響を及ぼし，その結果，製品の表象とBGMの周波数が適合していると，適合していない場合と比べて，消費者の反応が好ましくなる。具体的には，低い（高い）周波数の音楽は知覚距離を長く（短く）し，抽象的（具体的）な表象の製品や，心理的距離を遠く（近く）させるマーケティング・コピーと適合する。これらの結果は，低い（高い）周波数の音楽に接触した消費者の解釈レベルが高次（低次）になりやすいことを意味している。

　さらに，本章の研究は，一致効果に関する消費者インサイトも提示してい

る。具体的には，実験2において示された，一致→処理流暢性→評価という一連の流れ，すなわち一致効果が処理流暢性に有意な影響を与え，それが消費者の好意的な評価につながる（Kim et al., 2009）という洞察である。流暢性の媒介効果を指摘する研究は過去にも存在したが（Hansen & Wänke, 2010; Wright et al., 2012 など），真偽の判断を対象とした Kim et al.（2009）を除き，実際のデータで検証した研究はこれまでなかった。本章では流暢性の媒介効果を示すエビデンスを提供するとともに，音楽の周波数によって引き出される心理的距離と，処理対象の表象という新たな一致効果の存在を実証した。最後に，これら2つの構成概念間の一致が，WTP（実験3A）や選択（実験3B）など，ダウンストリーム効果を有することも，本章の研究によって初めて明らかにされた。

理論的・実務的示唆

本章の研究は感覚マーケティングの中でもとくに，マーケティング・コンテクストにおける音楽の効果について，これまでほとんど注目されてこなかった視点から新たな，そして重要な知見を提供するものである。多くの先行研究同様，本章の研究も，消費者がその音楽自体を好ましく感じたとしても，広告の音楽としては必ずしも十分でないことを明示している。広告メッセージと一致する場合に限り，音楽は広告効果を高められることを多くの研究が示してきた（Kellaris et al., 1993; Martín-Santana et al., 2015 など）。音楽とメッセージが一致するというのは，音楽によって非言語的に伝えられる意味が，広告コピーによって言語的に伝えられる意味と一致することである（Kellaris et al., 1993）。本章の研究は新しい視点の一致，すなわち音楽によって生じる心理的距離と製品／広告コピーが醸し出す心理的距離の適合も，消費者の好ましい反応につながることを示し，本テーマに関する理論的補強をすることができた。

広告研究のほとんどは，音楽とメッセージの一致を測定する際，音楽の専門家（Brodsky, 2011），専門家ではない実験参加者（Brodsky, 2011; MacInnis & Park, 1991; North et al., 2004; Park et al., 2014），あるいは業界関係者

（Zander, 2006）に対し，選択された音楽の一致度を直接尋ねるという方法を用いている。質問項目の一例を挙げると，「この広告で使われている音楽は［対象製品カテゴリー］とどの程度合っていると思いますか」や「この音楽は［対象製品カテゴリー］に適していると思いますか」といった内容である。本章の研究は，メッセージや対象製品との一致度を高めることのできる具体的な音楽属性（周波数）に関する洞察を提供した。これは，ある音楽がなぜ，特定の広告コピーやブランドと適合し，別の音楽はなぜ適合しないのかを知ることにつながるという点で，はるかに有益である。

　これまで，制御焦点（Lee et al., 2014），感情（Hong & Lee, 2010; Labroo & Patrick, 2009; Pyone & Isen, 2011），色（Lee et al., 2014），物理的な高さ（Aggarwal & Zhao, 2015），さらには姿勢（Thomas & Tsai, 2012）に至るまで，多様な要因が消費者の解釈レベルと関連することが明らかにされている。ところが，今日まで，解釈レベル理論の枠組みの中で音楽の効果について検討されることは，ほとんどなかった。本章では周波数の低い音楽が，周波数の高い音楽に比べ，高次の解釈レベルを引き出すというエビデンスを提示することができた。

　Rim et al.（2015）も指摘しているように，多くの場合，写真などの画像は非常に具体的であり，特定の時点で特定の場所に存在する特定の対象が明確に切り取られたものである。また，画像は描写対象の視覚的な近似値であり，対象を直接経験したかのように感じることのできるスナップ・ショットを提供してくれる。これらはいずれも，低次の解釈レベルに対応する要素である。Rim et al.（2015）は実際に，画像が言葉に比べ，低次の解釈レベルと結びつくことを示した。しかしながら，本章の研究によって，おそらく静止画よりもさらに具体性の高い動画をマーケティング刺激に用いた場合であっても，消費者の解釈レベルは BGM，製品の表象（抽象度），広告コピーなど，他の要因によって変化しうることが示された。Rim et al.（2015）自身も，より抽象度の高い画像であれば，言葉よりも高次の解釈レベルを引き出すことが可能であろうと述べている。同じことは，時間的枠組みについてもいえる。歴史的観点からすると，本章の実験で用いた絵画はいずれも古い時代の作品で

あるため，どちらの絵画グループに対しても心理的距離が遠く（すなわち高次の解釈レベルに）なったはずである。しかし，実際には，一様に高次の解釈レベルになることはなかった。

　Tsai and Thomas（2011）は，人々が対象を抽象的に捉えるとき，具体的に捉えるときと比べて流暢性が評価的判断に及ぼす影響が弱まることを明らかにしている。それは，抽象的な思考をすることによって，意思決定において重要な情報とそうでない情報の区別がしやすくなる一方，具体的な思考はそのような区別をしにくくするからであるという。この考えが正しければ，抽象的な思考は流暢性の効果を強めることも弱めることもあり，それは流暢性が重要な情報であるかそうでないかの判断によって決まるということになろう。その一方で，流暢性は曖昧な情報の有用性を高めるが，曖昧でない情報の有用性には影響しないという指摘もある（Häfner & Stapel, 2010）。これらに対し，本章で提唱した一致によって生じる処理流暢性の場合，消費者の心的表象が抽象的であれ具体的であれ，流暢性は消費者の評価的判断を高めることができていた。

　本章の知見は，マーケティング・コミュニケーションについて検討する際，何を，どのように伝えるべきかを計画するのに有用であろう。実験3Aでは，低い周波数の音楽に接触した消費者は，高い周波数の音楽に接触した消費者に比べて対象製品を心理的に遠く感じ，その結果，より高いWTPを示すようになることが示された。ここから，ラグジュアリー・ブランドであれば，低い周波数のBGMを用いることによって，「あこがれ」のイメージを効果的に伝えられることがわかる。

　一方，いわゆるFMCG（fast moving consumer goods；日用消費財）のブランドであれば，高い周波数の音楽を使用することで自社ブランドへの親近感を高めることが期待できよう。こうした適合性を保つことは，消費者がマーケティング・メッセージを処理しやすくするという点でも重要である。消費者の情報処理時に混乱をきたしてしまうことがないよう，マーケターは現在のブランド・イメージやポジショニング，広告コピーと一致する周波数の音楽を選択する必要がある。第2章で述べた，「消費者の胃に優しい，消化し

やすい情報提供」の糸口がここに示されている。以上の示唆が，インストア・マーケティングにも当てはまることはいうまでもない。

　本章の内容は，アート・マーケティングにおいても有用なものである。ミュージアム，劇場，オペラ，ミュージカル，コンサートなどを担当するマーケターは，ここで示した知見を活用することで，消費者から好ましい反応を引き出し，会場へ足を運んでもらう可能性を高めることができるであろう。たとえば，現代アートの広告には周波数の低い音楽が有効であるかもしれない。反対に，具体性の高い表現を用いるのであれば，たとえばモーツァルトの曲のような，周波数の高い音楽と組み合わせるべきである。

限界と今後の展望

　今後は，本章で示した効果が絶対的な周波数の違いだけでなく，相対的な周波数の差によっても生じるか検証する必要がある。Chiou and Rich（2012）では，客観的には同一のピッチ（900 Hz）が，より低いピッチ（100 Hz）と組み合わせられると高い空間的位置と連合する一方，高いピッチ（1700 Hz）と組み合わせられると低い位置と連合することが明らかにされている。ピッチと明るさの連合を明らかにしたMarks（1987）も，何をもって高い（低い）音，明るい（暗い）色と感じるかはコンテクストに依存すると述べている。周波数の高い音楽の後に続いた中程度の周波数の音楽（相対的に低く知覚される音楽）が，客観的に低い周波数の音楽と同じ効果を有するのかについては，さらなる研究が必要である。

　また，実験2および実験3A では，音楽と表象の一致が消費者の意思決定へ及ぼす効果を示したが，その際の有意水準は10% であった。この検出力の低さは，本テーマに関してさらなる実験が必要であることを示唆している。

　加えて，周波数の低い音が高い音に比べて小さく聞こえる（McBeath & Neuhoff, 2002; Neuhoff et al., 2002; Neuhoff et al., 1999）ことを踏まえると，知覚されたラウドネスが，参加者の知覚距離に（おそらくは先行要因として）影響を及ぼした可能性がある。ラウドネスと距離の知覚に関しては，人々がその連合を認識しているため，同一サンプルに対してラウドネスと距離の双方

第5章　感覚マーケティングと消費者行動②

を測定することは好ましくない。それだけでなく，Neuhoff et al.（2002）が指摘しているように，ピッチ，ラウドネス，あるいは音色といったいかなる音響要素における変更も，音全体におけるホリスティックな変更として知覚される。つまり，人間はこれらの次元に対して個別に直接アクセスすることができず，したがって，ピッチ，ラウドネス，あるいは音色の変更を正確に識別することはできない。本実験で用いた刺激用音楽のペアはいずれも，ラウドネスに関してはまったくの同一であったことは事実である。しかしながら，周波数でなく「知覚された」ラウドネスが結果に影響した可能性を完全には否定できない。今後，刺激の知覚ラウドネスを一定に保った実験を行うことで，この問題に対処する必要がある。

　実験3Aで用いたプロモーション動画では，実験用コピーとして使用した1フレーズを除き，言語情報がいっさいなかった。現実には，たいていのプロモーション素材において，テキスト・データであれ音声データであれ，消費者は多くの言語情報に接触する。今後は，言語情報の量を操作する研究も必要であろう。また，実験2および実験3Bでは，抽象度の操作として印象派絵画とバロック絵画を採用した。この方法に関しても，画風，色，主題，対象（人なのか風景なのか静物なのか）などの影響が含まれていないとは言い切れない。

　これらに加え，本章の実験で用いた音楽は，器楽曲（インストゥルメンタル・ミュージック）であり，一般によく知られており，かつ人気の高い曲である。そのため，ここで得られた知見が他の曲，異なるタイプの音楽（ポップス，ロック，ジャズ，あるいは人々にあまり知られていない曲）などはもちろん，人間の話し声（会話），ナレーション，声楽曲（ボーカル・ミュージック）といった異なる音声にも適用可能であるかは明確ではなく，非常に興味深い研究テーマである。さらには，サウンド・ロゴやソニック・ブランディング（Gustafsson, 2015）の視点から周波数の影響について検討することも，今後の有望な研究テーマとなろう。

　最後に，実験1Aの対比較（表5-1）を見ると，高い周波数と低い周波数の影響は，中程度の周波数を軸として非対称に生じていることがわかる。具

体的には，低い周波数への反応によって有意差が生まれていると見ることができる。Sungur et al.（2016）は，人々のマインドセットが具体的なときよりも抽象的な場合に，遠く離れた地域に関するネット・ニュースを信用する傾向にあることを明らかにした。ところが，近隣の地域に関するネット・ニュースの信用度に関して，具体的なマインドセットが有意な影響を及ぼすことはなかった。つまり，マインドセットが抽象的なときとは異なり，マインドセットが具体的であったからといって，近隣の地域に関するネット・ニュースを信用しやすくなるということはなかったのである。周波数と表象（抽象度）の一致効果についても，低い周波数が原動力となっているのか，そうであるとすればその理由（メカニズム）は何か考察し，検証することによって，異なるマーケティング・コンテクストにおける当効果の一般化可能性や境界条件を知ることができるであろう。

＊　本章の内容は，Sunaga T.（2018）. How the sound frequency of background music influences consumers' perceptions and decision making. *Psychology & Marketing*, 35（4），253-267 に加筆修正を行い，再構成したものである。日本語への翻訳は筆者が行った。なお，本章の研究は，JSPS 科研費 15K03753 の助成を受けて実施されたものである。ここに記して感謝申し上げたい。

注 ───────
1　音楽心理学の研究によって，聴覚に関する知覚次元のいずれかが変化すると，他の（聴覚に関する）次元の知覚にも影響を及ぼすことが，広範な周波数，強さ，音色を対象にした研究で確認されている（McBeath & Neuhoff, 2002; Neuhoff et al., 2002; Neuhoff et al., 1999; Stainsby & Cross, 2016）。そのため，厳密にピッチだけの影響を抽出することはきわめて難しい。この点については本章の第9節「総論」でも議論する。
2　ピッチと周波数の関係は，ラウドネスと強さ（intensity）の関係に似ている。音の強さとは音がもつエネルギー（すなわち物理量であり，単位は W/m^2）のことであり，ラウドネスは知覚された音の強さ，すなわち音がもつエネルギーに対する知覚を意味する。
3　心的表象の違いは抽象的／具体的だけでなく，単純／複雑，構造的／非構造的，脱文脈的／文脈的，本質的／副次的，上位的／下位的，目標関連的／目標非関連的，Why 問題／How 問題，望ましさ（desirability）／実現可能性（feasibility）など多岐にわたる。解釈レベル理論に関する日本語のレビューは阿部（2009），須永・石井（2012），外

川・八島（2014）などを参照されたい。

4　追加的にアロイアン検定（Aroian tests）も行ったが，結果はソベル検定ときわめて類似したものであった（$ps < .058$）。

第6章

消費者情報処理パラダイムの課題
コンピュータ・アナロジーからの転回

1. 消費者情報処理におけるコンテクストの重要性

全体像を捉える

　自然科学，社会科学を問わず，近年の研究における顕著な傾向の1つは，研究テーマの細分化にある。消費者行動研究も例外ではない。その結果，焦点化された問題に対して深く掘り下げた検討や議論が可能になり，研究の厳密性は高まっている。しかし，「木を見て森を見ず」になってはいけない。第5章で扱った音楽にたとえるならば，個々の楽器が奏でる音をいくら詳細かつ厳密に分析したとしても，それだけではオーケストラ全体のシンフォニーを想像することができない。こうした指摘は音楽以外にも当てはまる。たとえば，1個の水分子についてすべて学んだとしても，それらが摂氏1度では液体になり，摂氏マイナス1度では固体になることは，まったく想像がつかないという (Buchanan, 2002)。分子の集合体が組織として引き起こすこの現象に，分子そのものの変化はいっさい伴っていないのである。同じように，私たちの脳に関しても，1つの神経細胞の活動を知るだけでは，脳全体の活動はわからないという (池谷・木村 2008)。

　消費者情報処理プロセスにおいても，その一部分のみを徹底的に分析し，いくら正確に記述・説明できたとしても，それがすべてだと思ってはいけな

い。物事の本質にはさまざまな側面がある。それを捉えるためには，全体を捉えようとする視点や意識が不可欠なのである。そこでここからは，第1章から第5章までで得られた消費者理解をもとに，消費者情報処理プロセスの全体像を捉えていくことにする。

第2章において，消費者は外部情報をそのまま受け取る静的な存在ではないと述べた。消費者はそれぞれ固有の「コンテクスト」の中でマーケティング情報を受け取っており，食物の消化と同様，接触した外部情報を自らのコンテクストに取り込むために，そのメッセージを自分に都合の良いように歪めて解釈することもある。そこで重要になるのは，消費者が情報を消化しやすくなるよう，情報を上手に調理して提供することであった。その際，情報のコンテンツだけではなく，処理流暢性を高めることによっても，消費者の情報消化を促進することができる。情報過多な現代のコミュニケーション環境では，胃に優しい情報の提供が求められるのは，すでに述べた通りである。

第4章と第5章では，情報の消化を促進させる具体的手段として，感覚対応に着目した。お盆，お椀，料理の彩り，料理に添えられた葉や花などの演出によって，食欲は大きく変わる。日本には古くから「料理は五感で楽しむもの」という文化があるが，第5章でも示したように，食事やワインに合った音楽を楽しむ文化は西洋にもある。食物の消化が食材や味覚だけの問題でないように，情報の処理も内容や言語的意味だけでなく，色，空間的位置，表象の抽象度，BGMといった感覚的要素と，それらの組み合わせによって，流暢性すなわち消化のされやすさが左右されることを確認した。とりわけ第5章で示した音楽（BGM）の効果は，処理対象そのものではなく，その場の環境が消費者の情報処理に大きく影響することを意味している点に注意されたい。まさに，コンテクストの影響である。

消費者コンテクストの異質性

しかし，膨大な数の消費者のコンテクストをマーケターが理解することは容易ではない。そのことを端的に示す例を挙げよう。納豆カテゴリーにおける有力ブランドの1つである「金のつぶ」に，「におわなっとう」という中

第6章 消費者情報処理パラダイムの課題

核商品がある。この「金のつぶ，におわなっとう」は，お酢のメーカーとして圧倒的な地位を築いていたミツカングループが納豆市場へ参入する際に開発し，市場導入された商品である。「におわなっとう」は，納豆特有の気になる臭いだけを抑えた画期的な製品であり，そのネーミングも，製品の特長が消費者に伝わりやすいものである。そのため，当該商品は発売直後から大ヒットを記録し，現在も「金のつぶ」ブランドの中核に位置づけられるロング・セラー商品となっている。

　確かに，納豆特有の嫌な臭いがしない「臭わない納豆」というコンセプトは，消費者にとってわかりやすいものである。しかし，マーケティング・コミュニケーション，あるいは消費者情報処理の側面からこのコンセプトについて深く考えてみると，非常に興味深いテーマが浮かび上がってくる。

　消費者が「臭わない納豆」という情報に接触したとき，それをどのように処理するかは，人それぞれである。人それぞれというのは，その人が置かれている状況（コンテクスト），その人の経験（記憶），信念，あるいは期待などによって異なるということを意味している。たとえば，納豆が嫌いな消費者（とくに，その臭いが嫌いな人）にとって，「臭いがしない納豆」は，食品自体から臭いがしない納豆として処理されるであろう。これは，食事の「最中」における臭いの少なさとして当該メッセージを処理していることになる。一方，納豆が大好きな消費者にとってはどうであろうか。納豆好きな消費者の場合，食事の最中における納豆の臭いはおそらく，あまり問題となっていない。では，当該商品は納豆好きの消費者にとって魅力的でないかというと，まったくその逆であり，「におわなっとう」のメイン・ターゲットとなっているのは，実は納豆のヘビー・ユーザーなのである。

　納豆が好きな消費者にとって，「臭いがしない納豆」は，納豆を食べた食事の「後」に，口の中に納豆の臭いが残らない商品として処理されている。そうした消費者にとって当該商品は，大切な人と会う日や，人前で話す日，午前中から会議のある日などであっても，朝から食べることができる納豆という意味を有している。つまり，「におわなっとう」は市場開拓よりもむしろ，市場浸透に貢献した商品なのである。その他，家の中や部屋の臭いが気

139

になるというコンテクストをもつ消費者にとって，「臭いがしない納豆」とはゴミの臭いが抑えられる納豆であることを意味するかもしれない。また，納豆が好きで，かつ料理に高関与である消費者には，「他の素材がもつ味の邪魔をしないので，料理の具材として使いやすい」納豆といった処理をされることもあるであろう。

　このように，消費者は同一の製品コンセプトやメッセージに対し，たとえそれがきわめて明確でわかりやすい内容であったとしても，置かれているコンテクストによって異なる情報処理をする。この背景には，納豆という1つのウォンツ（wants）が，複数のニーズに対応しているという事実がある。空腹や喉の渇きを満たしてくれる候補はいくらでもあるように，1つのニーズに対して，（その解決策となりうる）ウォンツは1つとは限らない。それと同時に，あるニーズを満たすウォンツが，別の消費者の異なるニーズを満たすことも十分ありうるのである。「におわなっとう」のケースは，それを示す好例でもある。

　以上のことは，マーケティング・コミュニケーションを考える上で非常に重要な問題であり，消費者情報処理研究が取り組むべき中心的課題であると考える。そこで本章と続く第7章では，上記のような問題に取り組むにあたり，既存の情報処理パラダイムが抱える課題を整理し，それを解決するための視点と新しいモデルを提示することにする。本章ではまず，マーケティング・コミュニケーションおよび消費者情報処理の本質に迫り，そこから情報処理パラダイムの課題を浮き彫りにし，新しい視点を導入する必要性を明らかにする。

2. マーケティング・コミュニケーションにおける他者性問題

マーケティング・ダイアログ

　近代科学の基礎を築き，方向づけたといわれるデカルトは，著書『方法序説』（谷川多佳子訳，岩波文庫）の中で「わたしは自分の見解のいくつかを，非常に優れた精神の持ち主に説明したことが幾度もあるが，彼らはわたしが

第 6 章 消費者情報処理パラダイムの課題

話している間は極めて判明に理解したように見えたにもかかわらず，それを
彼らがもう一度述べる段になると，ほとんどいつも，もはやわたしの見解
だと認めることができないほど変えてしまっていることに気がついた」
（pp. 91-92）と述べている。

　このデカルトの経験が示すように，マーケティング・コミュニケーション
に限らず，自らの考えを受け手に伝え，その真意や意味を共有することは思
った以上に難しい。まして，マーケティング・コミュニケーションとなれば，
前節で述べたように，企業と1人ひとりの消費者では置かれているコンテク
ストも大きく異なっている。コミュニケーションとは異質なものの間で交わ
される動的な交流であるといわれるが（室井1991），企業と消費者はまさに
異質な存在である。

　消費者が企業活動を受け入れることは，消費者が企業と何らかの形で価値
を共有し，意味を共有しあうことに他ならない（石原1999）。それゆえに，
消費者との円滑なコミュニケーションを図ることは，企業にとってとりわけ
重要な課題となる。しかしながら，マーケティング・コミュニケーションに
おけるミス・コミュニケーション，すなわちメッセージの送り手である企業
の意図と，受け手である消費者による解釈の食い違いをなくすことは，きわ
めて難しい課題なのである。

　また，メッセージの受け手が送り手の意図通りに解釈していないことを，
送り手自身（企業）がすぐに認識できるとも限らない。それは，企業が自社
ブランドの理想像として描くブランド・アイデンティティと，消費者によっ
て知覚されるブランド・イメージのギャップ（新倉2005）のような形で初め
て顕在化することもある。石井・石原（1999）は，このように，メッセージ
が意図した通りには伝わらないだけでなく，送信者の意図に沿わないメッセ
ージが生まれる可能性すらある「一筋縄ではいかないコミュニケーション」
を「マーケティング・ダイアログ」（marketing dialogue）と名づけた。マー
ケティング・ダイアログの本質的要素は，メッセージが送り手の意図とは異
なる結果をもつこと，メッセージとメディアが交錯しあうことにある。そこ
では，コミュニケーションのダイナミクスをその話者の意図に還元して理解

141

図6-1 マーケティング・ダイアログの構図

(出典) 石井・石原（1999）の内容をもとに作成。

できないということが強調されている。企業は新商品の導入や広告などのプロモーションを通じて意味を創出したり，更新したりする。それに対し，消費者は常に意味の読み直しや付与を行うが，その際，読み取りの違いやズレが生じる。

図6-1には，マーケティング・ダイアログのイメージ図が示されている。ここで重要なのは複中心的視点，すなわち自分とは違った世界にいて，自己とは異なる「他者の存在」を前提とした自己 - 他者関係が，あらゆるコミュニケーションの基盤であるという観点である。送り手の思い通りにはならないこの「他者性」こそ，メッセージに対してなされる消費者の意味づけに不確実性が伴う根本原因であるといえる。

Ariely（2008）が指摘しているように，消費者によって処理される情報は，消費者が生み出した現実の表象であって，ありのままの現実を反映したものではない。そのために，メッセージの意味することがマーケター（の意図や私的規則）によるのではなく，他者である消費者に依存してしまうことになる。つまり，消費者には「誤解の自由」が与えられているのであり，こうした「ある情報の送り手が他者である受け手の解釈にその伝達の成果を委ねなければならない性質」が，マーケティング・ダイアログを一筋縄ではいかないコミュニケーションにしている所以である（石井・石原1999）。

価値共創型マーケティング・コミュニケーション

　近年，マーケティングの世界では，売り手と消費者が一緒になって価値を創出するという価値共創（co-creation of value/value co-creation）の考え方が重要視されている（Adam & Caliandro, 2016; Carù & Cova, 2007; Grönroos, 2006; Vargo & Lusch, 2006; Payne et al., 2008; Zwick et al., 2008）。製品を新たに作ったり，既存製品に手を加えて改良したりするといった創造的活動を行う実態に着目したユーザー・イノベーション／消費者イノベーション（von Hippel, 1976; 小川 2013 など），消費者のエピソード知識を用いて，企業の知りえなかった新たな価値を創造する消費者参加型製品開発を展開するカスタマー・コンピタンス・マーケティング（三浦 2013）などはいずれも，消費者を価値の受動的な受け手ではなく，企業の競争優位の源泉，つまり価値の担い手として捉えるところに特徴がある。

　価値共創を真に実現しようと思うのであれば，マーケティング・ダイアログで強調されている点を十分認識する必要があると考える。価値共創の考え方に立つと，売り手の提供物は顧客によって利用されるまで価値をもたない，つまり，価値の決定には顧客による知覚と経験が不可欠であり，その意味で顧客は常に，価値の共創者である（Vargo & Lusch, 2006）。「消費こそが消費者の生活基盤を形成し，生活の豊かさを演出するのである。つまり，食品はその品質において消費者の体力や健康を維持し，また付加価値がつくことによって，食文化となってゆくのである」という和田（2011, pp. 218-219）の指摘も，消費者こそが価値の担い手であることを強く印象づけている。

　まったく同じことが，売り手と消費者のコミュニケーションにおいても当てはまる。つまり，売り手のメッセージは消費者によって知覚され，解釈されるまで意味をもたず，したがって価値ももたない。メッセージの意味や価値が決まるには，消費者による知覚と解読，つまり消化が不可欠である。その意味で，消費者は常に，メッセージの共創者でもある。

　この考え方は，第5章でも取り上げた「音」について，歴史上古くから存在する「誰もいない森の中で木が倒れたら，音はするのか」という問いにも通じるものがある。これは哲学的な問いとして有名なものであるが，答えは

NO である。なぜ，と驚かれるかもしれないが，これは哲学上の結論でもなく，事実である。その理由は音の発生メカニズムを考えればわかる。音のもとになるのは，空気（あるいは他の気体，液体，固体でも良い）の振動である。木が倒れるなど，何らかのきっかけで空気が押されることにより，空気の中に圧力の高い（密な）部分と低い（粗い）部分ができる。それが波として（これを音波；sound wave と呼ぶ）伝わっていき，私たちの耳に届くと，耳の穴を通って鼓膜を振動させる。鼓膜から伝わった振動はさらに奥の内耳と呼ばれる領域で電気信号に変換され，それが聴神経によって大脳に送られることで聴覚が生じる。私たちは，その聴覚を音として認識する。つまり，音とは聴神経から伝達された信号に対する知覚のことをいうのである。

　ここまで説明すると，「誰もいない森の中で木が倒れても，音はしない」という意味が理解できるであろう。森の中で木が倒れたときに生じるのは空気の振動とそれによって生じる波（音波）であり，音ではない。それを受ける知覚者がいて初めて，音が生まれるのである。別の言い方をすれば，音は受信者の脳内で「知覚される」ものであるから，知覚者がいなければ音は作り出されない。ただ空気がゆらぐだけなのである。音に関するこの議論を踏まえると，「売り手のメッセージは消費者によって知覚され，解釈されるまで意味も価値ももたず，その意味で消費者は常に，メッセージの共創者である」こともイメージしやすいであろう。

　同様のことは，第4章で取り上げた視覚にも当てはまる。網膜の視細胞である錐体細胞には赤錐体，緑錐体，青錐体の3種類があり，多くの人はこれら3種の錐体から得られた情報の相対比や位置を分析して色を知覚している。したがって，私たちが知覚する色のすべてはこの赤，緑，青の組み合わせによってつくられている。光の三原色としてよく知られる事実は，人のもつこの性質に由来するものである。この事実から，私たちにはたとえば黄色の光に直接反応する細胞がないことがわかる。だからといって，黄色に対応する波長が自然界に存在しないわけではない。私たちの網膜に黄色の波長が接すると，赤錐体と緑錐体がともに活性化され，脳に赤と緑の信号が送られることによって，黄色の知覚が作り出されているのである（他の色に対する知覚

第6章 消費者情報処理パラダイムの課題

も基本的には同じ仕組みである）。では，赤の波長と緑の波長を混在させるとどうなるであろうか。そう，黄色が見えるのである。実際にそこに黄色（黄色の波長）は存在しないのだが，私たちは黄色を見てしまう（脳内で作り出してしまう）のである。つまり，私たちが見ている黄色には2種類あるということである。

　マーケティング・コミュニケーションにおける価値共創を実現するためには，上記の他者性，すなわち消費者は自分と異なる視点やコードを有し，自由に解釈する存在であるという前提を受け入れ，そこからコミュニケーションについて考えることが重要であろう。それと同時に，理論面では，この他者性を消費者情報処理モデルへ明示的に組み入れる必要があると考える。同様の視点は，経営学における「意図せざる結果」(unintended consequence) にも見て取れる。そこでも，なかなか思い通りにコントロールできない他者の意図，およびすべてを理解するにはあまりにも複雑な相互依存関係の存在が強調されている。そして，意図をもった行為主体の行為によって，自分を含めたすべての行為者たちが意図しなかった結果，あるいは予期しなかった結果が生成されることが指摘されている（沼上 2000）。先に述べたユーザー・イノベーション／消費者イノベーション（von Hippel, 1976; 小川 2013など）は，この「意図せざる結果」をむしろ肯定的に受け止め，積極的に活用することで競争優位を得ようとする考え方である。

3. 消費者情報処理パラダイムの広がり

主観に基づく情報処理

　では，前節で示した他者性概念を前提にした上で，企業と消費者の間に成立することが期待されている意味の共有は本当に可能なのであろうか（石原 1999）。本節では，この問いに情報処理パラダイムの視点から向き合ってみたい。マーケティング・コミュニケーションにおいて，消費者を他者，すなわち送り手とは異なるコード（固有の視点）で自由にメッセージを解釈する存在として認識するということは，「閉じられた静学的現実の分析でなく，

変転するダイナミクス（ダイナミックな相互作用）を扱う」（石井・石原 1999, p. viii）ことに他ならない。情報処理モデルではこうした「他者性」問題を解決することはできないとし，情報処理モデルの限界を指摘する声もある（石井 2012 など）。しかし，消費者がマーケターによって提示された情報をそのまま受け取る静的な存在でないことは，消費者情報処理パラダイムの中でもこれまで数多く指摘され，研究が進められている。

たとえば，消費者はカタログやクチコミなど，多様な情報源から得た情報をまとめたり編集したりすることで，新しい情報表示（information display）を創造することが知られている。このように，消費者が評価や選択に適した形式にしようと，初期の情報表示に変更を加える行為は再構築（reconstructuring）と呼ばれる（Coupey, 1994）。消費者は自らの置かれている状況に応じて，編集，変換，推論といった異なるタイプや量の再構築を選択・活用する。このような消費者の再構築は構成的処理（constructive processing: Bettman & Zins, 1977; Bettman et al., 1998; Shafir et al., 1993）の一形態であると考えられており，動態性の高い認知活動であるとされる。構成的処理は，状況に応じて多様な決定方略を採用しながら選好形成がなされていく様子に着目しており（Bettman et al., 1998），購買活動中における情報処理の様相がダイナミックな視点で捉えられている（新倉 2011）[1]。

再構築に関する研究では，ある選択肢が有利になるよう，意思決定者が前もって意思決定環境の心的表象を創り出す（選択的情報探索や選択肢の再評価を行う）傾向にあることが知られている（Petty & Cacioppo, 1986; Yoon et al., 2012）。これは歪曲的処理（biased processing: Brownstein, 2003; Edwards & Smith, 1996）の一種であり，SDS（search for a dominance structure）理論（Montgomery, 1983）としても知られる現象である。具体的には，事前の信念に基づき，ある選択肢（事前の選好度が高い選択肢）への「肩入れ」（ポジティブな評価）とそれ以外の選択肢への「中傷」（ネガティブな評価）のいずれかまたは双方を選択が自明になるまで行う行為である。このように，消費者が主観的に情報処理を行うことは，マーケティング・コミュニケーションを対象とした研究でも確認されている（Boulding et al., 1999; Carlson et al.,

第6章　消費者情報処理パラダイムの課題

2006; Hoch & Ha, 1986; Russo et al., 2006; Russo et al., 1998; Russo et al., 1996)。なお，消費者が事前の信念や態度と一致した情報を選択的に収集したり，処理したりする傾向にあるのは，それらが処理しやすいからである（Wyer & Srull, 1989)。ここでも，本書で繰り返し注目してきた流暢性が鍵となっている。

　上記の歪曲的処理は，意思決定前の歪曲（predecisional distortion）と呼ばれるものであるが，歪曲的処理に関する研究を遡ると，意思決定後の歪曲に行き着く。意思決定後における歪曲の典型例は，認知不協和の低減（Festinger, 1957; Frey, 1986; Jonas et al., 2001）である。これに加え，チョイス・ブラインドネス（choice blindness: Johanson et al., 2005）と呼ばれる決定後の歪曲もある。そこでは，自分が意図し，期待した結果と，実際の結果が明らかに合致しない場合でも，人間はそれに気づかないばかりか，自分が選んでもいない対象についてその選択を正当化する傾向さえ有することが明らかにされている（Johanson et al., 2005）。こうしたチョイス・ブラインドネスに関する知見からは，消費者の選択と意識化された理由との間にギャップが存在すること，また，人間は自分が選んだものの一貫性を優先させて正当化しやすいことが見て取れる（Kunda, 1990; 田中 2008）。

　また，時間的経過，空間的差異（コンテクスト）による記憶（想起内容）のダイナミックな変動性を扱った再構成的想起（reconstructive remembering）に関する研究においても，過去の出来事のレプリカがそのまま機械的に再現されるわけではなく，さまざまな選択性や歪みをもって再現されることが明らかにされている（Reed, 1994; Ross, 1989）。再構成的想起はいわば「歴史の描写」であり，人は描かれる状況にふさわしいように，過去に起きた多くの出来事の中から特定部分の選択的抽出，順序の並べ替え，強調点の変更をしている（高橋 2000）。

パースペクティブ理論

　情報処理研究の中で，他者性概念との関連性が高い研究として，パースペクティブ理論も注目に値する。この理論では，意思決定者の知識，期待，お

147

よび興味・関心が，当人の視点に影響を与え，図と地の分化（第2章を参照されたい）が形成されると考える（Montgomery, 1994）。特定の刺激に対し，どの要素を図として認識し，どの要素を地として認識するかは，その後の評価に影響を及ぼす。たとえば，非常に倹約的なライフスタイルを送っている人に対して「しっかり者」と捉えるか「ケチ」と捉えるかは，その人の視点，すなわちパースペクティブによるのである。

　パースペクティブ理論によると，内的な視点（inside perspective）から知覚される選択肢は自己に組み込まれる存在と知覚されるため，ポジティブな属性が前面に出ているように（すなわち図として）知覚される一方，ネガティブな属性は地として背後に追いやられる。その結果，ポジティブな評価が生じやすくなる。反対に，外的な視点（outside perspective）から知覚される選択肢は自己から独立した存在と知覚されるため，ネガティブな属性が前面に出ているように（図として）知覚される一方，ポジティブな属性は地として背後に追いやられる。よって，ネガティブな評価が生じやすくなる。

　先に述べた SDS 理論をパースペクティブ理論と結びつけて考えると，消費者が望ましい選択肢を視点の内側（いわゆる「ウチ」）に置き，その他の選択肢を視点の外側（同じく「ソト」）に置くプロセスとして解釈できる（Montgomery, 1994; Montgomery & Willen, 1999）。このように，パースペクティブ理論は，消費者自身の内的な知覚プロセスにおける「主 - 客」関係の認識を扱っている（Montgomery, 1994）。

4. 消費者情報処理パラダイムの課題

消費者情報処理の基本構図

　このように，消費者が送り手の意図とは異なる意味を付与したり，意味の読み直しを行ったりする性質を有していることは，消費者情報処理パラダイムの中でも研究されてきた。しかしながら，感覚レジスターを通して入力された情報が，長期記憶に保持されていた知識と短期（作業）記憶内で統合され，新たな知識として長期記憶に転送される（Shiffrin & Atkinson, 1969）と

第6章 消費者情報処理パラダイムの課題

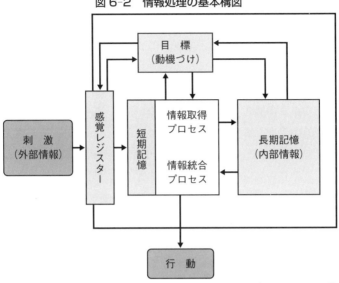

図6-2 情報処理の基本構図

（出典） 阿部（1984）p.122。Shiffrin and Atkinson（1969）をもとにして作成されている。

いう「消費者情報処理の基本構図」（図6-2）からは，前述したようないわゆる主観的情報処理が行われる様子をイメージしにくい。情報処理モデルでは他者性問題を解決することはできないといった批判が向けられるのも，そうしたところに一因があるように思われる。

たとえば，「臭わない納豆」という属性（より厳密にいえば，その根拠となる「低級分岐脂肪酸だけを抑えた納豆」という客観的特性）に対して，人によって異なる知覚符号化（客観的特性のかたまりである商品が1つの目的の達成に寄与するかどうかを消費者が判断するプロセス：中西 1984；新倉 1999）がなされる理由やメカニズムを図6-2の基本構図からイメージするのは困難であろう。おそらく，動機づけ（関与），情報統合，長期記憶における情報保持（知識構造）などが関連するのであろうが，そのメカニズムをわかりやすく示したモデルは存在しない。ただし，図6-2に示された基本構図は，消費者情報処理論に含まれる概念間の関係を図示したものであり，情報処理のプロセスやフ

149

ローを表したものではないことには注意する必要がある。

　それよりも，最大の課題は，コンテクスト効果の存在が明示されていない点である。たとえば，「臭わない納豆」に対してポジティブな知覚符号化をする消費者ばかりとは限らず，（たとえ事実はそうでなかったとしても）「納豆本来の風味が味わえない」や「化学的な感じがする」といったネガティブな知覚符号化をする消費者もいるかもしれない。

　こうした違いをもたらしうる要因の1つとして，感情の影響が考えられる。一口に感情といっても，単に納豆（つまり情報処理の対象）に対するものだけでなく，その日の天気やまったく別の出来事（お気に入りのプロ野球チームが勝った，など）による感情も目の前の購買意思決定に影響を及ぼす。マーケティング研究の中で，感情と認知の相互作用について多くの取り組みがなされている広告研究においても，広告自体が喚起する感情だけでなく，広告とは直接関係のない要素（直前に視聴していた TV 番組の内容など）によって喚起される感情も広告メッセージの処理方略に影響を及ぼすだけでなく，両者の影響は異なっていることも指摘されている（Gorn et al., 2001）。

　実際のところ，意思決定における感情の影響を測定するために行われている実験の多くが，こうした無関連感情（情報処理の対象とは直接関係のない感情）を対象にしている。このことは，それらの実験において参加者の感情を操作する際に，何らかのギフトを渡す方法，催眠法，実験の前に何らかの課題をさせて成功や失敗など偽りのフィードバックを行う方法，ポジティブ／ネガティブ／ニュートラルな内容の記述文を読ませるヴェルテン法，過去の経験または特定の感情を連想させるような架空の出来事をイメージさせるイメージ教示法，映画や音楽や香りを流す方法などを用いていることから判断できる。

　無関連感情はコンテクスト効果の典型例であるが，それ以外にも，第1章で示したような選択行動間の相互作用，第3章や第5章で扱った店舗内環境（照明や BGM）など，消費者の情報処理に影響を及ぼすコンテクストは数多くある。しかしながら，消費者情報処理の基本構図にはこの要素が欠如している。それは，消費者の情報処理活動をコンピュータのアナロジーとして捉

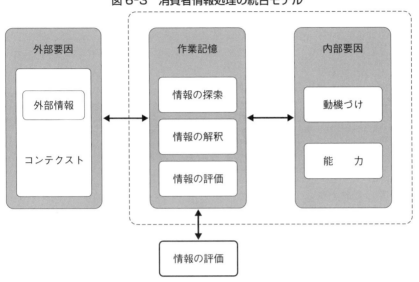

図6-3 消費者情報処理の統合モデル

(出典) 新倉 (2005) p.7。

えようとする発想に原因があるのではないであろうか。コンテクストによって、機械が行う情報処理の結果は変わらない。しかし、消費者行動を研究する者であれば、消費者には機械と異なる興味深い性質があることを深く理解しているはずである。

新倉 (2005) が示した消費者情報処理の統合モデル (図6-3) には、コンテクストの影響が明示されている。そこでは、消費者の五感からインプット可能な対象のすべてを外部情報と捉え、その背後にある状況や文脈をコンテクストと位置づけている。コンテクストには時間的制約、予算的制約、社会的制約といった「消費者に起因するコンテクスト」(消費者の置かれる状況や消費者の負う課題) と、外部情報が競争的に置かれる状況や文脈といった「競争に起因するコンテクスト」が含まれる (新倉2005)。これはきわめて重要な指摘であり、現在の消費者情報処理研究を統合するモデルと呼ぶにふさわしいものである。対象製品・ブランドを中核に新たなコンテクストを創造するコンテクスト・ブランディングを提唱した三浦 (2013) も、消費者行動

は単体では生起せず，環境やタスクなど，消費者を取り巻くさまざまなコンテクストとの関係性の中で，消費者行動の理論化を進めていくことが必要であると述べている。

コンピュータ・アナロジーの限界

消費者の内的プロセスや行動をコンピュータのような「情報処理システム」のアナロジー（青木 2010，p. 162）で捉える視点が，消費者行動研究を格段に進化させたことは間違いない。しかし，生命には機械とはまったく違うダイナミズム，すなわち生命がもつ柔らかさ，可変性，そして全体のバランスを保つ機能がある（福岡 2009）。コンピュータのアナロジーというフレームだけで，リアリティのある消費者像を捉えることは本当に可能なのであろうか。

石井（2012）は，情報処理論（と取引費用論）がマーケティング研究にもたらしたバイアスについて指摘している。石井（2012）は，情報をそれ自体として環境から抽出し分析することが可能であるという認識や，情報は世界に客観的に存在するという認識に疑義を唱え，対峙する当事者間の関係において情報は存在すると主張する。この指摘は，「誰もいない森で木が倒れても，音はしない」という認識に近い。石井（2012）は，私たちが日々の生活において（あるいはビジネスにおいて）理解しておくべきことは第1に，ある状況の中で選択した行為は，それによりまた新たな状況を作り出してしまうこと，そして第2に，私たちには認識できない差異（ここでは，情報を作り出すもとになる要素を意味している）は無限であって，そのため分析には必ず不備が伴い，いかに分析を完璧にやり終えたとしても，思いもよらない展開（意図せざる結果）が常に待ち構えていることであると警告している。

石井（2012）のいう情報処理とは組織における情報処理論を主に指しているが，同じ指摘は消費者行動論における情報処理パラダイムにも当てはまる。石井（2012）では，マーケティングの現実は，企業と消費者（市場）との交錯する関係の中で生成するものであるが，動学的な理解の下でそうした問題を扱う余地が情報処理論にはなく，他者性概念を射程に収めることができな

第6章 消費者情報処理パラダイムの課題

かったと分析されている。さらには，「特定時点において，環境と主体の間に何か関係があることを摑むための理論装置は準備されている。しかし，それは静的な関係にすぎず，両者の間で現実を創り出す交錯した関係については，情報処理論も取引費用論も，論証も実証も試みてはいない。そもそも，そのための理論的手がかりは与えられてはいない」（石井 2012, p. 36）と厳しく批判している。

室井（1991）がいうように，リアリティとは知覚と物語の間で振動する記憶の揺らぎのようなものであり，物語が解体すると同時に生成しようとする移行空間の中にしかリアリティは存在しない。「ペニー・ガム的な，インとアウトを付き合わせた線形思考からは，生命のリアリティは何も見えてこない」（福岡 2009, p. 90）という言葉も，同様の考えを表していよう。これらの言及からも，コンピュータのアナロジーによる消費者理解には，限界があるように思われる。

だからといって，解釈主義的な，いわゆるポスト・モダン研究へと舵を切るべきであるというのが本書の趣旨ではない。前項で挙げた数々の知見は，約50年前に提示された消費者情報処理モデルを源流とするものであり，豊富な研究蓄積を経ることで当該研究領域が，人間味のある，つまりリアルな消費者像へ相当程度接近してきていることを示している。しかし，その反面，当初，想定された「情報処理」というコンピュータ・アナロジーとは相容れない認知活動にまで研究対象が広がっていることも事実である。もちろん，これは好ましいことであり，むしろそうした研究群が中核となり，その流れを促進するような新たな視点・枠組みが必要である。それはいわば，新倉（2011）のいう「消費者主観の情報処理研究」が情報処理研究の「図」となるようなパースペクティブを導く枠組みである。

かつて，生命（人体）は循環的でサステナブルなシステムであり，生命を構成している分子は，プラモデルのような静的なパーツではなく，絶え間ない分解と再構成のダイナミズムの中にあるとドイツ生まれの生化学者ルドルフ・シェーンハイマー（R. Schoenheimer）は指摘した。彼の功績は，それまでのデカルト的な機械論的生命観に対して，還元論的な分子レベルの解像度

153

を保ちながら，生命観のコペルニクス的転回をもたらした点にあるという（福岡 2009）。これと同様に，消費者情報処理パラダイムも，現在有している科学的で，微視レベルの厳密さを保ったまま，そこに生命観と他者性概念を導入することが今後の課題であると考える。

5. 生物学的観点の導入

　以上の議論を踏まえ，新たな視点から消費者情報処理を捉え直すことにより，コンピュータのアナロジーでは捉えにくい消費者情報処理の本質に光を当てたい。新たな視点とは生命観，すなわち「生命には機械とはまったく違うダイナミズムがある」（福岡 2009）という観点である。このような問題意識の下，本書では，消費者の情報処理を「消化」の視点で捉えることを提唱する。言い換えれば，消費者を機械論的に捉える情報処理パラダイムに生物学的観点を取り入れようという試みである。

　これまでも，生物学や消化のメタファーを用いて，消費者の情報処理が語られる例は随所に見られた。たとえば，秋山（2007）は現代の情報過負荷について，消費者の頭の中では情報が飽和状態に達しており，それでも次々と露出される情報を「消化しきれずに」（p.29）いると述べている。水野（1999）も「広告表現の役割とは，表現されるべき情報内容あるいは広告課題を，いかに広告の受け手にとって digestible（消化しやすい）なものにするかということになる。（中略）受け手を変化させたかどうかとは，その食べ物を味わい，消化吸収し栄養としたかどうか，ということになる」（pp.70-71）という表現を用いている。また，一般的にも，「噛み砕いて説明する」，「腑に落ちない結果」，「名言を咀嚼して味わう」，「事態が飲み込めない」など，理解に関して表現する際に，消化器系の言葉を用いる例が数多く存在する。

　消化と情報処理の結びつきを表すのは，このようなメタファーばかりではない。実際に，タンパク質は思考・記憶・感情・情報伝達といった生命全体と関係しており，タンパク質を1つひとつ調べていけば，心や意識といった，

第 6 章　消費者情報処理パラダイムの課題

生命科学がこれまで解くことのできなかった複雑な現象もいずれ解き明かされるだろうといわれている（『Newton ムック』2008 年発行）。さらに，近年の神経科学，分子生物学の進歩により，中枢神経と末梢器官とは神経系や液性因子（ホルモン，サイトカイン）など共通の情報伝達物質，受容体を介して双方向的なネットワークを形成していることが明らかになってきた（須藤 2009）。

　中でも腸は他の末梢器官とは異なり脳と特別深く関わっており，両者が形成するネットワークを脳腸軸（brain-gut axis），両者が相互に影響し合っていることを脳腸相関（brain-gut connection/interaction）と呼び，研究が進められている（Cryan & Dinan, 2012; 福土 2007 など）[2]。腸内で生じたさまざまな信号が脳腸軸を介して中枢神経系へ伝達され，その情報処理過程に影響しているのである（須藤 2009）。また，脳で情報伝達に関わっているホルモン（神経ペプチド）とほとんど同じものが，消化管の神経細胞でも使われていることから，消化神経回路網は「リトル・ブレイン」や「セカンド・ブレイン」とも呼ばれるほど，消化器官と脳の類似性は高い（Gershon, 1998）。

　福岡（2009）によると，消化の本質は「情報の解体」である。すべての食物には，元の生命体を構成していたときの情報（タンパク質の構造），言い換えれば元の持ち主に固有の物語が書き込まれているため，そのまま取り込んでしまうと自分自身に固有の情報と衝突，干渉，混乱を来たしてアレルギーなどのさまざまなトラブル（拒絶反応）を引き起こす。それを回避するために食物をいったん分解して他者の情報を解体し，それを吸収して自分固有の物語を再構築するのが，消化の本当の意味であるという。

　これは，企業のマーケティング・コミュニケーションに対する消費者の反応にも当てはまるのではないであろうか。つまり，企業の発するマーケティング情報は，企業側のコンテクストの下で構成された，マーケターに固有の物語である。消費者はそのままそれを受け取るのではなく，いったん分解し，自らのコンテクストの下で再構築し，新たな意味，情報を創り出しているものと思われる。そのように消費者情報処理を捉えると，「意図せざる結果」が生じる理由が明確になり，それを前提に企業はマーケティング・コミュニ

155

ケーションについて考えるべきであることが示唆される。

　分解されたアミノ酸は散り散りばらばらになって，他から来たアミノ酸と離合集散を繰り返しながら，まったく別のタンパク質を構成するという。これは，分解された情報が既存の知識や記憶と結びつくことで新たな情報として再合成され，新しい意味が創造される様子と一致する。

　このように消費者情報処理を捉え直すと，消費者がマーケターから発信される情報をそのまま受け入れるのではなく，自分のコンテクストに合うように（いわば自分に都合の良いように）編集し，新たな意味を創造するプロセスが明示的になる。さらに，それは実際の消化活動と同様に循環的なプロセスであり，創造された意味（知識・記憶）も常に分解と再合成を繰り返し，日々新しいものへ作り替えられる。そうすると，過去の経験や事実を忘れてしまったり，再構成的想起のように記憶や知識がいつしか違った内容になってしまったりすることもうまく説明できる。

　このように，コンピュータから消化へとアナロジーの転回を図ることの大きな効果は，消費者の情報処理研究において，消費者が固有の「視点」をもち，マーケターとは同一のコードをもたない独立した解釈自由を行う存在（水野 1999）であるという「他者性」に光が当てられることである。その結果，消費者主観の情報処理研究（新倉 2011）の重要性も再認識されるであろう。

＊　本章の内容は，須永努（2012）「消費者情報処理パラダイムの課題——コンピュータ・アナロジーからの転回」『商学論究』第 62 巻第 1・2 号，379-395 に加筆修正を行い，再構成したものである。

注 ——————————

1　このような情報処理の側面，すなわち客観的な対象だけではない主観的な知識が駆動して処理がなされるという認識ができ，その重要性が指摘されるようになったのは，1990 年代に入ってからのことである（新倉 2011）。そこで新倉（2011）は，この時代を「消費者主観の情報処理研究」の時代と呼んでいる。

2　腸とは狭義には小腸と大腸を指すが，広義には食道も胃も腸の仲間である（福土 2007）。

第**7**章

消費者情報消化モデルの概要と意義

1. 消費者情報消化モデルの概要

情報消化モデルを提示する狙い

前章では，情報処理パラダイムに生物としての視点（生物学的観点）を取り入れることにより，消費者をコンピュータのアナロジーで捉えてきたことのデメリットを克服し，消費者情報処理の本質にこれまで以上に迫ることができるようになると主張した。具体的には，コンピュータではなく，人間が行っている消化活動のアナロジーとして消費者の情報処理活動を捉えることの利点について論じた。本章では，これまで述べてきた問題認識から構築した「消費者情報消化モデル」（CID モデル：consumer information digestion model）の詳細を提示する。

消費者情報消化モデルを提示する狙いは，消費者がマーケターによって提示された情報をそのまま受け取る静的な存在でなく，情報の再構築，構成的処理，再構成的想起，認知的不協和の低減，チョイス・ブラインドネス，SDS，歪曲的処理など，主観的な知識を駆動してダイナミックな処理を行うメカニズムを示すことである。その目的を果たすため，①概念間の関係を図示するのではなく，処理の流れを表すフロー図を用いる，②ダイナミックで主観的な情報処理を駆動し，方向づける上で重要な要素となる「コンテクス

ト」の存在を明示する。

　前章で述べたように，脳と腸の活動には共通点が多い。脳にある神経伝達物質や受容体とほぼ同じものが腸にもあり，構造や機能は異なるが，それらの作動原理はどちらも同じである（福土2007）。福土（2007）によれば，進化の過程を踏まえると，腸で開発され，生存に有利に働いたシステムを脳に使い回したというのが正しい理解であるという。よって，消費者の情報処理を食物の消化メカニズムから解き明かそうという本書の試みも，理に適っているといえよう。

　福岡（2009）によると，人間が行う消化活動の本質は，「他者の情報を解体する」ことである。すべての食物には，元の生命体が有していた固有の情報が保存されているため，人間はそれらをそのまま吸収することができない。そのまま吸収すれば，自分自身に固有の情報と干渉を起こし，拒絶反応が生じてしまうからである。消費者がマーケターによって発信された情報をそのまま受け取らないという性質も，本質的にはこれと同じメカニズムによるものであると考える。

　つまり，マーケターから発信されたメッセージは，売り手であるマーケターに固有のコンテクストの下で創られた情報である。消費者は買い手として，それぞれマーケターとは異なる生活空間，すなわちコンテクストにおいて生活している。その中で，消費者は既存の知識や記憶から，自分自身に固有の期待や仮説を構築している。それらの期待や仮説と一致した情報ほど干渉を起こしにくく，消化しやすいため，消費者はそうした情報を選択的に探索・収集したり，そうなるように情報の意味を歪めて解釈したりする（Yoon et al., 2012）。これが，優越構造の探索や認知不協和の低減といった歪曲的処理が生じるメカニズムであると考えられる。

情報消化の流れ（フロー）

　図7-1に，本書が提唱する消費者情報消化モデルの全体像が示されている。消費者はまず，入力情報を自らのコンテクストに取り込むために，さらにいうと，取り入れたい部分だけを選択的に抽出するために，マーケターから送

第 7 章　消費者情報消化モデルの概要と意義

図 7-1　消費者情報消化（CID）モデル

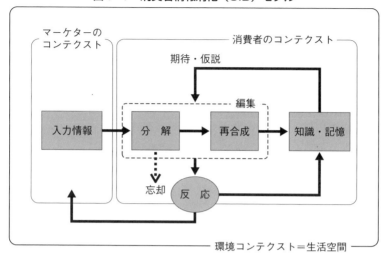

られたメッセージを「分解」する。これは，食物の消化活動において，自分とは異なる情報を有した食物の吸収を可能にするため，さまざまな消化酵素の働きによってタンパク質のつなぎ目が切られる段階に対応している。福岡（2009）によると，この段階は文章を文字に解体し，それまでもっていた情報をいったん失わせる行為であるとされる。

　このように，入力された情報がまずは分解されることを明示するところに，消費者情報消化モデルを提示する最も大きな意義の1つがある。そこに，従来の情報処理における基本構図と消費者情報消化モデルを分ける最大のポイントがあるといっても良い。しかし消費者は，入力情報を単に分解して，その一部のみを選択的に受け入れるというわけではない。それだけであれば，選択的注意など知覚の選択性で説明できる。消費者は入力情報を部分的に取り入れるだけでなく，分解された入力情報と既存の知識を結びつけ，新たな意味を創造する。それが情報の「再合成」であり，この営みによって既存の知識や記憶は変容し，新たなものに作り替えられていく。須永（2005）においても，特定の属性に関する情報がまったくない状況であっても，消費者は

159

当該製品がその属性をどの程度有しているのかについて推論し，信念を形成することが明らかにされている。再合成段階を明示することにより，消費者によるこうしたダイナミックな情報創造活動の存在を明確に認識できるようになる。

図 7-1 に示されているように，消費者の情報消化は食物の消化と同様に循環的であり，創造された意味（知識・記憶）も常に分解と再合成を繰り返し，日々新しいものへ作り替えられる。つまり，消費者は新たな入力情報の分解，再合成をしながら，同時に，古い知識や記憶の分解と再合成も行っている。消費者が以前の記憶を思い出す際，過去の出来事のレプリカがそのまま再現されるのではなく，さまざまな選択性や歪みをもって想起される傾向にあるという再構成的想起のメカニズムも，このプロセスによって生み出されていることがわかる。

この再合成段階は，食物の消化活動において，分解されたタンパク質がアミノ酸となって，他のアミノ酸と結合・分離を繰り返しながら，まったく別の新たなタンパク質へと変化する活動に対応している。さらに，既存の知識や記憶までも分解され，再合成されるという点は，人間が自分自身のタンパク質や消化酵素までも消化している（福岡 2009）という現象と合致している。

情報処理における編集機能

ここでいう「分解→再合成」のプロセスは，情報の「編集」（editing）に他ならない。これまで，編集の具体的内容として，「より単純化された表象の創出」，「参照点の設定（利得と損失のコーディング）」，「冗長な属性情報の削除および結合」，「共通した属性水準の抽出および削除」，「明らかに劣る（dominated）選択肢および非診断的情報の削除」，「属性水準の丸め（round values）」といった行為が指摘されてきた（Kahneman & Tversky, 1979; Coupey, 1994; Ranyard, 1989）。これらはいずれも，消費者が入力情報を分解し，再合成するプロセスの一例として捉えることができる。

松岡（2001）によると，編集とは対象の構造を読み解き，それを新たな意匠で再生するものであり，情報を集め，並べて，そこからいくつかを選択し，

それらに何らかの関係をつけていく作業全体のことを指す。その際，人間には自分に都合の良いように情報を編集する癖があるという。適応的意思決定プロセスという概念で消費者意思決定プロセス研究に多大な影響を与えたPayne et al.（1993）も，情報の編集は意思決定プロセスのあらゆる時点で生じるものであり，優越構造を創造するために用いられていることを指摘している。

　このように，情報を分解して再合成するという編集作業は，既存の知識・記憶によって形成された消費者の「期待」や「仮説」によって方向づけられるという特徴を有している。そして，この編集作業の結果をもとに，消費者の「反応」が生じる一方，分解され，使われなくなった入力情報や古い知識・記憶の一部は情報処理プロセスの排泄物となり，「忘却」される。特定のスターやアイドルなどを応援し続ける「パーソン消費」（和田 2011）も，入力情報を分解して関心のある情報だけを抽出し（その他の情報は破棄される），自らの思いが先導する形で再合成がなされていく編集プロセスとして捉えることができるかもしれない。

　江戸（2007）は，ファッションのマーケティングとして，コンピレーション・マーケティングという考えを提唱している。コンピレーション（compilation）とは，「編集・編纂」を意味する用語であり，ファッションでいうとリメイクがそれに当たるという（江戸 2007; 三浦 2013）。一般に知られるコーディネートが企業によって提案された服や服飾品，すなわちコンテンツの組み合わせを重視するのに対し，コンピレーションでは既製品のシャツを切る，ボタンを別のものと付け替える，染めるというように，編集し消化するプロセスが重視される（江戸 2007）。これは，本章が示す情報消化における編集プロセスと本質的に同じことを指している。

スキーマと情報消化の関係

　消費者がスキーマと「完全に一致」する情報や「まったく一致しない」情報よりも，「適度に不一致」な情報を積極的に処理する傾向にあることはよく知られている（Goodstein, 1993; Meyers-Levy & Tybout, 1989; 西本 2010など）。

スキーマ（schema）とは，過去の経験から形成された知識のモジュールを意味し，人は情報を読み取る際，自らの保有するスキーマと照合することでその情報を解釈する（岡 2005）。古くは Bartlett（1932）が行った実験においても，スキーマとうまく一致しない情報を理解しようとする場合，参加者は与えられた情報をスキーマに合うように変容させることや，ある情報を再生する際に，スキーマを用いることにより，記憶している部分的な情報から辻褄が合うように元の情報をそれらしく再構成することが明らかにされている。

　消費者情報消化モデルを用いて，この現象のメカニズムを説明することも可能である。興味深いことに，再構成した情報と元の情報の相違点に，当の本人はほとんど気づかないという（Bartlett, 1932）。これも，いったん消化されたタンパク質は，それが元々は食物であったか，消化酵素であったか見分けがつかないという現象（福岡 2009）と酷似している。

　既存の知識であるスキーマによって予期された期待や仮説と一致した情報は，初めからきわめて消化されやすい情報であるため，よく噛まなくても容易に消化できる。反対に，スキーマとまったく一致しない情報は，アレルギーを引き起こす食物（あるいは大嫌いな食物）のようなもので，摂取すること自体が拒まれてしまう。これらに対し，スキーマと適度に不一致な情報は，しっかり分解しないと自分の期待や仮説とどのように関連しているのか判別しにくいが，もしかしたら非常に興味深い結論を得ることができるかもしれない。そこで，どのような再合成ができるか，しっかりと咀嚼して「それらしく」意味を組み立てられるような切れ目やつなぎ目，つなぎ方を探ろうとするのである。

2. 消費者の情報消化におけるコンテクストの役割

　これまで述べてきたように，消費者がマーケターから発信された情報を分解するのは，両者の置かれているコンテクストが異なるからである。したがって，消費者情報消化モデルにおいて，コンテクストの存在はきわめて重要な意味を有する。そのため，図 7-1 に示されているように，消費者情報消化

第7章 消費者情報消化モデルの概要と意義

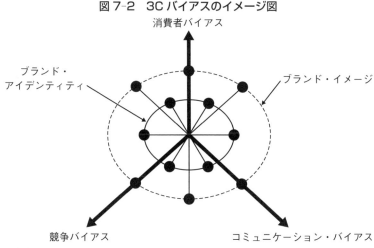

図7-2 3Cバイアスのイメージ図

(注) 図の中心とその周囲にある6つの点が，マーケターの意図する理想的連想を表している。上図はマーケターの意図（ブランド・アイデンティティ）を超えて，消費者がさらに別の6つの認知要素を結びつけてしまった拡大的連想のケースの一例を表している。
(出典) 新倉（2005），p.176。

モデルには消費者，マーケター（企業），および環境という3つのコンテクストが含まれている。ここには，消費者・コミュニケーション・競争という3つのバイアス（3Cバイアス）が存在することによって，「ブランド・アイデンティティの失敗」が起きることを示した新倉（2005）と共通の認識がある（図7-2を参照されたい）。

消費者のコンテクスト

まず，消費者のコンテクストとしては，情報処理時における消費者の感情や情報処理に対する関与が消費者の情報消化へ大きな影響を及ぼすということが挙げられる。緊張や悩みなどストレスがあると，食欲が減退したり胃痛を起こしたりすることがある。このように，怒りや恐怖といった情動と消化管運動が連動していることを最初に発見したのは，20世紀を代表する生理学者ウォルター・B.キャノンである（Cannon, 1929）[1]。

163

食物の消化と同じように，消費者の感情状態がポジティブであるかネガティブであるか，高い覚醒レベルにあるか低い覚醒レベルであるかによって，情報の消化活動も促進されたり，抑制されたりする（石淵2016）。消費者の認知欲求や関与レベルは，空腹度合いや食物の好き嫌いのように情報の消化に影響する。消費者の感情状態と評価，判断，記憶の類似性を示す気分一致効果も，感情という消費者のコンテクストが入力情報の分解と再合成に影響を及ぼす好例である。このとき，編集がプラスに方向づけられているか，マイナスに方向づけられているかによって，分解や再合成のされ方が変わるため，同一の情報が消費者によってポジティブに解釈されたり，ネガティブに解釈されたりする。実際に，消費者がネガティブな感情状態にあるとき，人は自らの信念と一致した情報を選択的に活用しやすくなることが確認されている（Jonas et al., 2006）。情報消化モデルから，消費者が行う知覚符号化や確率型推論（須永2005）のヴァレンス（正／負）もそうした消費者のコンテクストによって影響される，という仮説を導出することもできる。

　また，第1章で論じた逐次選択（sequential choices）も，消費者の情報消化に大きく影響する消費者コンテクストの1つである。逐次選択がなされる状況では，消費者が複数抱えている目標のバランスをとろうとするため（Laran, 2010），直前の選択による影響を受ける背景対比効果（詳しくは，第1章を参照されたい）が生じるなど（Khan et al., 2011），情報処理に変化が生じる。このように，沼上（2000）の指摘する，前の行為が後の行為に影響を及ぼしたり，ある局面で行っていることと他の局面で行っていることが連関していたりするという意味での「相互依存」も消費者のコンテクストに含まれる。第4章の実験3で用いた操作（今日読むための本 vs. 1カ月後に読むための本）によって選択結果が変わる現象も，消費者コンテクストによる影響である。第4章では検証できなかったが，今日読むための本と1カ月後に読むための本の選択は互いに影響し合っていたはずである。

　都心型アウトレット・モールにおける買回行動について分析した永井ほか（2016）は，購買前に抱いている事前感情が買回行動に与える影響についても検証しており，逐次選択と感情という2つのコンテクスト効果を扱ってい

る点で興味深く，重要な研究である。その他，誰のための購買か（自分用／ギフト用など）という購買意思決定タスクも消費者のコンテクストに含まれる。自分のための購買と他者のための購買では，歪曲的処理の生じ方が異なる。Polman（2010）によると，SDSのような決定前歪曲は，自分のための購買よりも他者のための購買の方が生じやすいのに対し，認知的不協和の低減のような決定後歪曲は，自分のための購買の方が他者のための購買に比べて生じやすくなる。さらに，人は自らの視点（position）に固執する度合いが強いとき（Schwarz et al., 1980）や取り返しのつかない（irreversible）意思決定であるとき（Frey, 1981），自らの信念と一致した情報を選択的に処理する傾向にあるが，これらも消費者に固有のコンテクスト要因である。

　同伴者の存在が消化に影響を及ぼすのも，食物と情報に共通するコンテクスト効果の1つである。Ariely and Levav（2000）は，同伴者がいると個人目標と集団目標のバランスを取ろうとするためバラエティ・シーキングが促進されるが，個人目標が抑制される分，結果として購入製品に対する満足度が低下しやすいことを明らかにしている。

マーケターのコンテクスト

　以上のような消費者に固有のコンテクストがある一方で，マーケターはマーケターのコンテクストにおいてマーケティング・コミュニケーションの戦略を練り，実施している。そこにはたとえば，売上や利益に関する目標，会社や部署の業績，株主や取引先からのプレッシャー，社長や上司の意向など，消費者のコンテクストには何ら関係のない要素が存在している。マーケティング・コミュニケーションの形成段階において，マーケターが自覚できない形でバイアス（コミュニケーション・バイアス）を与えるとされる企業文化や戦略的な志向性，あるいは相対的経営資源といった企業組織に内在する要因（新倉2005）も，マーケターに固有のコンテクストである。第4章第8節「総論」で触れたように，自分が担当するブランドのブランド力や，それと連動して流通業者から与えられる陳列位置なども，消費者のコンテクストとは重ならない，マーケターに固有のコンテクストである。

165

図7-3　環境コンテクストの実態

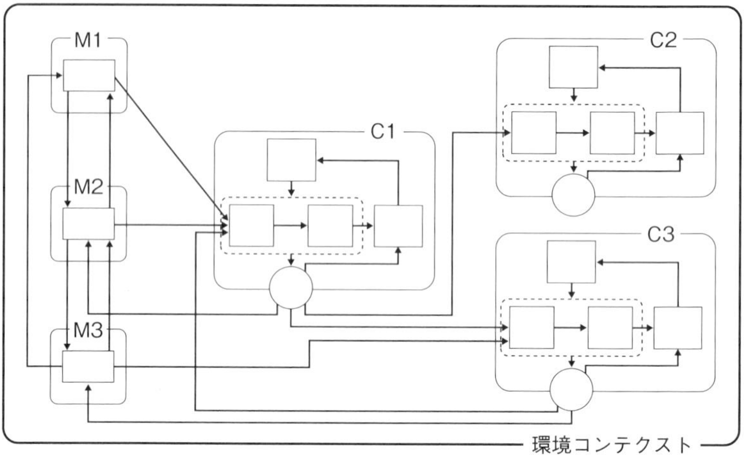

（注）　図は特定の状況（一例）を表している。なお，Mはマーケター，Cは消費者を意味している。

　近年，ネット・オークション市場，すなわちC to Cの取引が広がりを見せている。そこでの売り手は消費者であるため，消費者が受け取るマーケティング情報はプロのマーケターが発信したものとは限らなくなっているという現状がある。ただし，図7-1に示したマーケターのコンテクストを，「売り手になった他の消費者のコンテクスト」と置き換えても本質的な構造は何も変わらない。売り手と買い手がまったく異なるコンテクストを有していることは，マーケターがプロであろうと素人（他の消費者）であったとしても同じである。非常によく知っている，つまりコンテクストの多くを共有している者同士の取引であれば，わざわざネット・オークションを経由させることはないであろう。

　図7-1は消費者とマーケターによる1対1の関係のみを図式化したものであるが，実際には，図7-3に示したように，自分以外の消費者や，さまざまな企業のマーケターが無数に存在している。複数のマーケターの中には素人（ネット・オークションの出品者など）が含まれているケースもあるであろう。それに加え，消費者は日々，売り手ではない（売り手から独立した）消費者

から発せられた情報にも接触し，処理している。情報消化の対象をこうしたクチコミ情報にまで拡張することも，もちろん可能である。その場合もやはり，他の消費者は受け手である消費者と異なるコンテクストに属している。

　そのため，消費者とマーケターが互いのコンテクストを理解するには至らない。市場は多くの競合ブランドによるコミュニケーションや，消費者間のコミュニケーションが入り乱れた状態であり，そこには主体内および主体間の相互依存効果によってきわめて複雑な相互依存関係が生じている（沼上2000）。第1章において，消費者はそれぞれの線（各製品カテゴリーにおける購買意思決定プロセスの時間的流れ）を単独で走らせているわけではなく，それらを四方八方へ，縦横無尽に走らせていると述べた。そして，消費者行動を真に理解するためには，線だけでなく面（異なる製品カテゴリー間で生じる選択行動間の相互作用），あるいは線分と線分の関係も捉える必要がある。図7-3には，そうした複雑な実態が反映されている。

3. 環境コンテクストの活用

顧客接点の意味

　図7-3は特定の状況を表したイメージ図であるが，個々の消費者がどのようなコンテクストの下でメッセージを受け取っているのかをマーケターが完全に理解することは不可能に近い。しかし，互いに固有のコンテクスト下で生活し，活動している両者を結びつけているのが，環境コンテクストである。これは，消費者とマーケター（企業）が共有する唯一のコンテクストであり，両者が出会い，相互作用する場としての生活空間を表している。マーケターは，ここに働きかけることによってのみ，消費者のコンテクストに関わることが可能となる。これが顧客接点の本質であり，最も代表的な例として，第3章から第5章まで詳細に議論してきた店舗内環境がある。

　福土（2007）は，動物の進化が腸から始まったのは，腸が環境に対して敏感であった，つまり自らの内部に取り入れたものや，自らの外側に接触したものが毒か栄養かいち早く察知し，それに迅速に反応できるという形質を有

していたことが，生存に有利に働いたからであると述べている。消費者の情報消化もこれと同じく，環境に敏感，すなわち環境の影響を強く受ける。

マーケターは，消費者にとっての環境コンテクストである陳列方法やBGMへの介入を通じて，消費者の情報消化へ間接的に影響を及ぼすことが可能となる。また，第4章の実験4で行ったプライミングも，マーケターが環境コンテクストに手を加え，それによって消費者の情報消化を方向づける方策の1つである。しかし，プライム刺激の役割を果たすのはマーケティング・コミュニケーションに限らないので，プライミング効果は消費者のコンテクスト内で生じる場合もある（電車の中で，たまたま向かいの席に座った人が読んでいた新聞の見出しがプライム刺激になる場合など）。

環境コンテクストが情報消化に及ぼす影響の例としては，競争的ポジショニングによって生じる魅力効果や妥協効果を指摘することもできる（新倉2005）。その他，他者の目といった社会的要因も消費者の情報消化に重大な影響を及ぼしうる環境コンテクストである。たとえば，自分自身にとって最適な決定を犠牲にして集団内の合意を最大化させようとする集団思考（groupthink）が強くなると，歪曲的処理がなされやすくなる（Janis, 1982）。さらに，そうした傾向は異質的集団よりも同質的集団の方が強くなるという（Schulz-Hardt et al., 2000）。こうした影響は，文化的要因との関連も示唆している。

また，利用可能な情報量が多く，意思決定の複雑さや困難さが増すと，自らの信念と一致する情報への選好が強まり（Fischer et al., 2008），予想外の情報（低価格なのに高品質など）を無視する傾向が強まる（Kardes et al., 2004）ことが明らかにされている。さらに，情報負荷が高い（低い）と，信念と一致する（相反する）情報の記憶が促進されるなど（Bodenhausen, 1988; Wyer & Srull, 1989），環境コンテクストは消費者の記憶にも影響を及ぼす。

コンテクスト間の相互作用

もちろん，消費者，マーケター，そして環境という3つのコンテクストは互いに影響し合っている。たとえば，Yoon et al.（2012）によると，情報負

荷が高い場合，促進焦点の消費者は予防焦点の消費者に比べ，肯定的な情報を信頼しやすくなる。そのため，情報負荷が高いときは，予防焦点よりも促進焦点の消費者の方が，ブランドに対する評価が高まる傾向にある。一方，情報負荷が低いと，自らの制御焦点と一致しない情報（つまり流暢性が低く，消化しにくい情報）を処理するために利用可能な認知容量が相対的に多く残される（Malhotra, 1982; Yzerbyt & Demoulin, 2010）。それに加え，人は誰でも偏った判断ではなく，正しい意思決定がしたい，あるいはそうあるべきであるという根本的な願望や意識を有しているので（Kunda, 1990），自らの制御焦点とは一致しない情報に注意を向ける。ところが，情報負荷が高く認知容量が限られてしまうと，それができなくなる（Yoon et al., 2012）。

よって，情報負荷が低いコンテクストでは，予防焦点の消費者の方が促進焦点の消費者よりも，肯定的な情報を用いるようになる。その結果，情報負荷が低いときは，促進焦点よりも予防焦点の消費者の方が，ブランドに対する評価が高まりやすくなる（Yoon et al., 2012）。つまり，情報負荷が高い環境では制御焦点と一致する情報へ選択的に注意を向けるが，情報負荷が低い環境では反対に，制御焦点と相反する情報へ選択的に注意を向けるということである。これは消費者コンテクストと環境コンテクストの相互作用を示す好例である。

コンテクストという言葉で想起されやすい要素の1つに，文化がある。文化は消費者のコンテクストと環境コンテクストが相互作用している，あるいはどちらにも含まれる要素といえるであろう。Kacen and Lee（2002）は，文化というコンテクストが，衝動購買に対する満足の形成プロセスに影響することを実証している。そこでは，シンガポールやマレーシア（そして，おそらく日本もこちらに分類されるであろう）といったアジアに多く見られる集団主義的文化圏に住む消費者の場合，購買時点において1人でいるときよりも重要な人物と一緒にいるときの方が，衝動購買に対する満足度は高くなっていた。ところが，オーストラリアやアメリカなど西洋に多く見られる個人主義的文化圏に住む消費者の場合，購買時点における他者の存在は衝動購買に対する満足度へ影響を及ぼさなかった。

同様の影響は，サービスへの要求水準についても見られる。日本人は他の客がどのようなサービスを受けているかで自分に対するサービスへの期待が異なってくるのに対し，欧米人は他人とは関係なく，各自が必要なサービスを要求してくる傾向にある（三浦 2013）。こうした違いを生む背景として，三浦（2013）は，購買意思決定において欧米ではコード（規範）により多く依拠するのに対し，日本ではコンテクストに依拠する側面が強いことを挙げている。日本のような相互協調的社会においては，個人の行動を規定する社会の力としての規範も，他者との相互作用の中で事後的に構成されてくるという。

　序章で日本の消費者（あるいは日本市場）の特殊性と厳しさについて触れたが，それを端的に示す例として，サービスを中心とする「時間の正確さ」を挙げることができる。とくに日本の電車運行の正確さはすばらしく，「2分遅れての到着となりましたこと，深くお詫び申し上げます」などという車内アナウンスに外国人は驚き，感動するといった話をよく耳にする。ところが，実際に電車の「遅延」が発生している割合は日本，イギリス，フランス，イタリアでほとんど変わりがなく，約 10％ であるという（三浦 2013）。しかしながら，この「遅れた」という感覚そのものが，文化やそれまでの経験といった環境／マーケター／消費者コンテクストの相互作用により異なるのである。時間に正確な国民性をもつ日本ではわずか 1 分以上の遅れで遅延とみなされるのに対し，フランス（の高速列車 TGV）では 14 分以上，イギリスでは普通列車で 15 分以上，特急列車（インターシティ）でも 10 分以上，それぞれ遅れた場合に初めて遅延とみなされるのである（三浦 2013）。

　ここから，たとえば 14 分間という物理的には同一の遅れが，コンテクストによって違った意味をもつことがわかる。つまり，フランスやイギリスの特急列車であれば「ちょっと遅れた」ことになるのに対し，イギリスの普通列車であれば「何とか時間通りに来た」と事なきを得る。一方，日本では「大幅に遅れた」と感じるので，怒りやクレームの対象になってしまう。コンテクストによって，消化のされ方がいかに変わるか理解できるであろう。

　表 7-1 には，Allen et al.（2008）が示したブランド観の変化（一部）が示

第7章　消費者情報消化モデルの概要と意義

表7-1　ブランド観の変化

	従来のブランド観	新たなブランド観
消費者の中心的活動	機能的・情緒的な便益の実現	意味づけ
消費者の役割	マーケターからの情報を 受動的に受け取る	ブランドの意味づけへ 積極的に貢献する
マーケターの役割	ブランド資産の所有と創出	ブランドの意味を創る1人
研究における コンテクストの役割	コンテクストはノイズ	コンテクストがすべて

（出典）　Allen et al. (2008), p. 788 から一部抜粋して作成。

されている。情報をベースとする従来のブランド観から意味をベースとする
新たなブランド観への変化に伴い，消費者の活動および役割，マーケターの
役割，コンテクストの役割がそれぞれどのようにシフトしているかがまとめ
られている。そこには，全体を覆うコンテクストの中で，消費者とマーケタ
ーの相互作用によってブランドの意味が創られていくという消費者情報消化
モデルと共通の世界観を見ることができる。

4. 消費者情報消化モデルの意義と課題

消費者情報消化モデルの意義

　第6章および本章で繰り返し指摘してきたように，現実の消費者によるマ
ーケティング情報の処理は，マーケターによって入力されたメッセージが消
費者のCPU（作業記憶）で処理され，既存のファイル（知識）と結合された
後，一字一句変化することなくハードディスク（長期記憶）に保存されると
いう様相とは大きく異なっている。

　第5章の実験操作では印象派とバロックという2つの絵画様式を用いたが，
印象主義者であったポール・セザンヌや彼の影響を受けたパブロ・ピカソは，
見たものをそのまま絵にするのではなく，対象を複数の視点から解体し，そ
れらを1つのキャンバス上に再構築してみせた。消費者もまた，あるメッセ
ージや情報をそのまま受け取るのではなく，入力情報をさまざまな角度から

171

分解し，再合成することで新たな意味や表象を意識というキャンバスの上に創り出している。一方，「歪んだ」あるいは「不規則な」といった意味を語源とし，17世紀のヨーロッパ芸術を概観する言葉として用いられるバロック芸術は，均衡と調和に満ちたルネサンスの古典主義に対し，流動的でダイナミズムにあふれるもう1つの美学を提示した。こうしたバロック芸術を生み出した社会の背景には，世界観の根本的な変化が横たわっていた。つまり，神の統御する絶対的な秩序の世界が崩壊し，相対的で流動的な世界が現れたのである（深谷2012）。消費者の情報処理も，そこにコンピュータのような絶対的な秩序はなく，相対的で流動的なものである。実験に用いた2つの絵画様式はどちらも，消費者の情報消化と相通ずるものがあって興味深い。

　消費者の情報処理にこうした特徴のあることは，個々の研究レベルでは指摘されている。それでもあえて消費者情報消化モデルを提示する意義は，それぞれの研究が明らかにしている現象に潜む共通のメカニズムを反映した全体像を示すところにある。また，現在の情報処理観に合った新しい包括モデル（フロー・モデル）を構築し，提示することによって，これからの消費者行動研究を方向づける役割も果たしうるであろう。つまり，消費者情報消化モデルの目的は，第6章の冒頭で述べたように，消費者情報処理の全体像を示すことである。そこには，オーケストラ全体のシンフォニー，水分子の集まりが組織として引き起こす突然の状態変化，脳全体で起きている神経細胞活動のように，要素還元主義的視点からは想像しにくい現象に思いを巡らし，目を向けるようにしたいという意図がある。

　言語は違っても同じ諺，格言，慣用句などが，多くの国や地域で使われている例は少なくない。しかしながら，その意味や教訓は各地の文化や社会問題といったコンテクストの影響を受け，さまざまな形に変化している。たとえば，「転がる石は苔をつけない」という諺は，国や文化によって意味が異なる。日本では，仕事や住居を転々としている人は成功せず，お金もたまらないことのたとえ（戒め）として使われる。イギリスでもこれと同じ意味で使われている。ところが，アメリカでは「活動的に動き回っている人は，いつも新鮮で能力を錆びつかせない」といった意味で解釈されている。長い庭

第7章　消費者情報消化モデルの概要と意義

園文化をもつ日本やイギリスにとって，苔は愛でるべき対象だからであろう
か，苔を好意的に捉えている。一方，合理主義の強いアメリカ的発想では，
転職は能力のある（それだけ多くの組織から求められている）証拠であり，苔
は無駄なものでしかないのかもしれない。

　こうした例も，同一のメッセージが文化や社会的価値観といった環境コン
テクストの影響を受け，異なる意味をもつようになる，つまり異なる消化が
なされることを如実に物語っている。また，日本人であっても，転職を繰り
返しているという個人的なコンテクストをもつ人は，「転がる石は苔をつけ
ない」という諺をアメリカ的に解釈することで，自己を肯定的に捉えようと
するかもしれない。消費者情報消化モデルは，言葉の世界に見られるこのよ
うな興味深い現象がなぜ生じるのかも，うまく説明できる。

消費者情報消化モデルから見えてくるもの

　しかし，消費者情報消化モデルはあくまで概念（理論）モデルである。消
費者行動研究を方向づけるという役割を果たすためには，消費者情報消化モ
デルから演繹的に仮説を導出し，経験的テストを通じて本モデルの妥当性が
検証されなければならない。Hilbert（2012）は，確率論や効用理論から規範
的に導かれる最適な選択肢からの逸脱を表す認知バイアスが，観察から得ら
れた客観的根拠（objective evidence）を主観的評価（subjective estimates）に
変換する記憶ベースの（すなわち主観的な）情報処理によって生み出される
ことを示した。そして，認知バイアスはランダムではなく，偏った方向に生
じる傾向にあると主張している。一見，無秩序に思えるピカソの絵画にも画
家の意図が反映されているように，不規則に歪んでいるように思える消費者
の情報処理にも，そこには本人の思惑や無意識の働きが潜んでいる。それを
1つひとつ解きほぐしていくことで，消費者行動研究は着実に進展していく
に違いない。

　和田（2011）は，消費者行動研究といいながら，一部の「消費体験主義」
（Holbrook & Hirschman, 1982 など）を除き，多くのモデルや研究成果が「購
買」あるいは「ブランド選択」について論じていると指摘している。多くの

場合，購買という消費者の行為は，それ自体が目的ではなく，ニーズ充足のために有効な解決策を入手するため，つまりはニーズを満たすための手段である。したがって，消費者行動研究の中心的な課題は「消費」でなければならず，消費こそが消費者の生活基盤を形成し，生活の豊かさを演出するのであって，継続購買への図式も，消費を分析することによって初めて得られるはずであるというのが和田（2011）の主張である。こうした，消費あるいはそのさまざまな形態に対する分析こそ重要であるという認識に，筆者も同意する。本書は直接的に消費を扱っているわけではないが，第1章で示した逐次選択をはじめとする選択行動間の相互作用，第6章および本章で示したコンテクストの重要性，そして消費者情報消化モデルのベースとなっている問題意識は，和田（2011）によって提起された課題と共通性が高い。

　確かに，これまでの消費者行動研究は「購買」に多くの関心を向け，「消費」に対する検討が不十分であった。とくに，音楽や絵画，演劇といったアート財の消費行動についての研究はほとんどみられない。和田（2011）は，これらを「消費者行動研究の忘れもの」と呼んだが，第5章では情報処理のパラダイムからこの領域に多少，踏み込むことができた。それに加え，マーケターからだけではなく，他の消費者から発せられた情報や，自らの経験によって形成された記憶・知識も分解され，再合成されて新しい記憶・知識へと生まれ変わっていくことを表した消費者情報消化モデルは，自らの消費経験を消化するプロセスも含めて考えることが可能である。それが直ちに消費行動の解明に結びつくわけではないが，残された課題について検討していく中で，「消費者行動研究の忘れもの」にも光を当てることができるのではないであろうか。

　消費者の情報処理を消化のメカニズムで捉えるという視点は，生物が生きていることによってエントロピーを作り出していく姿も浮かび上がらせる。分子生物学の確立に重要な役割を果たしたといわれるエルヴィン・シュレーディンガーは，著書『生命とは何か——物理的にみた生細胞』（岡小天・鎮目恭夫訳，岩波文庫）の中で次のように述べている。「生物体は負エントロピーを食べて生きている」，すなわちいわば負エントロピーの流れを吸い込んで，

第 7 章　消費者情報消化モデルの概要と意義

自分の身体が生きていることによって作り出すエントロピーの増大を相殺し，生物体自体を定常的なかなり低いエントロピーの水準に保っている，と。

　ここで，マーケターの意図からの乖離としてエントロピーを捉えると，エントロピーが増大するとは，製品，ブランド，企業などに関する消費者の知識や理解が，マーケターが発信した元の情報からどんどん遠ざかっていくことを意味する。それは，マーケターと消費者間の溝（他者性）が深まることに他ならない。消化器官が自律して働くのと同じように，消費者の情報消化は無意識のうちにもなされている（もちろん，意識的な情報消化活動も存在する）。そのため，消費者自身も気づかないうちにエントロピーが増大し，当初はマーケターの意図に近い解釈をしていたメッセージが，いつの間にか思いもよらない方向へと誤解が進んでいるといった状況も起こりうる。これは，消費者，マーケターの双方にとって好ましくない事態である。

　そうしたエントロピーをできるだけ低く抑えるためには，生物体が負エントロピーを吸収して自分自身を定常的な低いエントロピーの水準に保っているように，エントロピーの低い（つまり伝えたい）情報を定期的に取り入れる必要がある。消費者がメッセージへ数多く接触するほど製品やブランドへの理解が深まりやすいのは，そのようなメカニズムの表れともいえる。ここに，広告などのマーケティング・コミュニケーション，およびそれらを駆使するマーケターの存在意義がある。

　『生命とは何か』は，訳者あとがきによると，近代的生命科学（とくにその支柱の1つである分子生物学）の確立へ向かって世界の物理学者たちと生物学者たちの関心を喚起するのに重要な役割を果たした書物であるという。本書に同じ役割を期待することはできないが，消費者情報消化モデルが消費者情報処理研究の新たな道筋を示し，消費者行動研究の進展，つまりは消費者理解のさらなる深化に少しでも貢献できれば，本モデルの目的は達成されたといって良いであろう。

　第6章および本章で示した考えは，情報処理パラダイムの流れの中で（すなわち情報処理パラダイムに依って立ちながら），石井（2012）が求める情報理解を可能にする試みの1つである。つまり，消費者はある状況の中で選択的

に接触した情報から，（編集など情報消化のメカニズムによって）新たな情報を作り出すこと，消費者には認識できないマーケティング情報が無限にあって，そのためマーケティング・コミュニケーション（の解読）には必ず（送り手の意図と異なるという意味での）不備が伴い，思いもよらない展開（意図せざる結果）が常に待ち構えていることを表現している。企業・消費者・環境の交錯した動態的関係を石井（2012）は「マーケティングの現実」と呼んだが，それは「消費者行動のリアリティ」と言い換えても差し支えないであろう。

＊　本章の内容は，須永努（2013）「消費者情報処理モデルの新視点——消費者情報消化モデルの概要と意義」『商学論究』第 60 巻第 4 号，397-412 に加筆修正を行い，再構成したものである。

注 ─────────
1　彼はアメリカのハーバード大学に在学中，心理学と医学を専攻していた。

|終　章|

消費者理解に基づく
マーケティングの構築へ

1. マーケターのコンテクストと消費者のコンテクストをつなぐ

本書のまとめ

　消費者理解が深まっている現在においても，マーケティング情報の送り手である企業のメッセージが，受け手である消費者へ意図したように伝わらない状況が依然として存在している。こうした問題意識の下，本書では情報処理の視点からリアルな消費者像を捉えること，すなわち真の消費者理解を目指して議論を展開してきた。

　第1章では，消費者行動を点（ワンショット）でなく線（流れ）や面（線と線の関わり）で捉える必要性について論じ，そこから見えてくる選択行動間の相互依存性を捉えた。第2章では，流暢性の概念を中心に，外的な情報とそれによって生じる主観的な経験情報（メタ認知）が消費者の意思決定へ及ぼす影響について論じた。第3章では，店舗内環境が消費者行動へ及ぼす影響について，ホリスティック・アプローチと実験的アプローチに分けて整理した。

　第4章（視覚的要素）と第5章（聴覚的要素）では，感覚マーケティングに関する実証研究の結果を示し，店舗内環境における感覚刺激の連合が消費者の購買意思決定へいかに影響するのかが明らかにされた。感覚間相互作用に

177

関する研究はマーケティングや消費者行動の分野で始まったばかりであり，本書で示した成果がその端緒を開くことになるであろう。第5章では，解釈レベル理論と感覚マーケティングという消費者行動研究において近年大きな注目を集めている2つの理論・枠組みを結びつけることで，消費者行動の理解を深化させた。

　第6章，第7章では，第1章から第5章の内容を踏まえ，消費者情報処理プロセスの全体像を捉える新たな試みに挑んだ。そこでは，消費者情報処理プロセスの本質に迫るためには，コンピュータよりも人間が行っている消化活動のアナロジーを用いることが有効であることを論じ，消費者情報消化モデル（CIDモデル）を提示した。

コンテクスト共有型マーケティングの実践

　最後に，マーケターと消費者のコンテクストをつなぐ取り組みを紹介して本書を締めくくりたい。2014年7月，宮城県石巻市に設立されたフィッシャーマンジャパンという会社がある。同社は次世代へと続く未来の水産業の形を提案していくことを目的に，新しい働き方の提案や業種を超えた関わりによって水産業に変革を起こそうとする若手漁師によって設立された。そのフィッシャーマンジャパンが運営する「魚谷屋」という鮮魚居酒屋がある。魚谷屋のコンセプトは「生産者の思いをダイレクトに伝えるライブステージ」であり，月に1度，漁師が来店して接客する「漁師と語れる居酒屋」として，クチコミを通じて評判となり，店内は連日大勢のお客さんで賑わっている。ちなみに同店は，大々的な広告を行っていない。

　一般に，漁師と消費者は空間的にも心理的にも遠く離れている。当然，両者のコンテクストも大きく乖離している。日本の消費者は家庭の内外で日常的に魚を食べるが，その魚がどこで，どのように水揚げされ，どのような処置が施されているのか，大半の人はまったく知らない。そこで魚谷屋では漁師や魚の仲買人が店頭に立ち，食材のストーリーを消費者に知ってもらうサービスを始めたのである。消費者は，出てきた料理（魚）が海でどのように獲れ，どのような処置をされたものなのか，時にはスマートフォンで動画を

終　章　消費者理解に基づくマーケティングの構築へ

見せてもらいながら漁師からその場で直接説明を聞くことができる。こうした取り組みは，生産者と消費者という2つの異なるコンテクストをつなぐ環境コンテクストになりうるという実店舗の強みを最大限に活用したものである。このようなマーケティング活動は，消費者の情報消化を促進させる有効な手段である。

2. 消費者行動の未来

ソーシャルな情報環境と消費者行動

　現代の消費者は，これまでとはまったく違ったきわめてソーシャルな情報環境にいる。価格比較サイト，レビュー・サイト，幅広い人脈とつながったソーシャル・メディアなど，非常に広範で膨大な量の情報へかつてないほど容易にアクセスできるため，製品やサービスから実際のところどのような便益が得られるのかについて，従来とは比べものにならないほど正確に予測できるようになっている。そうした現代では，心や感情といった主観的な要素の影響は相対的に弱くなり，ソーシャルな情報環境から得られる客観的で合理的な要素（スペック，品質，機能など），すなわち絶対価値（absolute value）に基づいて消費者は意思決定するようになり，そこではコンテクストの影響もきわめて小さなものになるという主張がある（Simonson & Rosen, 2014）。

　筆者はそのような見方に懐疑的である。テクノロジーの進化がもたらすインパクトを前に想像が膨らみ，極端な未来予想がなされるのは世の常である。1894年，フランスの化学者マルセラン・ベルテロ（M. Berthelot）は，人類が栄養素の入ったカプセルだけを食べて生活するようになる日がじきに来るだろうと予測している（Spence & Piqueras-Fiszman, 2014）。1899年に100年後のアメリカを予想して書かれたアーサー・バードの *Looking Forward: A Dream of the United States of the Americas in 1999* にも，未来（1999年）のアメリカ人が「時間を節約するために，栄養価の高い食物が入ったペレットを食べている。テーブルに並べられたフルコースのディナーを咀嚼するために，1時間も椅子に座るつもりはもうない。1999年に生きる忙しい人々の

179

ランチは，デスクで仕事をしながら，一粒のカプセルに入ったスープと肉のペレットをさっさと飲み込むだけである」と描かれている（未来の食事に関する予想の歴史については，Spence and Piqueras-Fiszman（2014）を参照されたい）。また，インターネット・マーケティングが台頭して大きな注目を集めた2000年頃には，eコマースにより中間業者が不要になる，いわゆる中抜きが起きるという主張が多く見られた。これらは今のところ，いずれも現実のものとなっていない。

　先に示したような，ソーシャルな情報環境の発達がもたらす極端な予測も，ベルテロやバードによる食事の未来予想と同じ見落としがあるように思える。それは，人間には「楽しさ」を求める根源的な欲求があり，その楽しさは機能的にみると「無駄」に思える要素の中にこそ多く含まれているという事実である。本書が強調するように，「生命には機械とはまったく違うダイナミズムがある」のである。ソーシャルな情報環境から得られる客観的で合理的な要素に基づいて購入商品を決めるのであれば，選択を人工知能（AI）に委ねた方が速い。しかし，果たして消費者は，AIの決定をそのまま受け入れるようになるであろうか。

コミュニケーションの本質

　絶対価値時代到来の予想にはもう1つ，重大な問題がある。それは，マーケターではない第三者から発せられた客観的情報であれば，消費者はそれをそっくりそのまま受け取るだけの静的な存在であると仮定してしまっている点である。残念ながら，それを裏づける研究成果は見当たらない。本書で述べたように，心理学を中心に，マーケティングや消費者行動の領域以外でなされた多くの研究が，人間の情報探索，情報処理，そして記憶までもが主観に基づく歪曲性に満ちていることを明らかにしている（Brownstein, 2003; Edwards & Smith, 1996; Festinger, 1957; Montgomery, 1994; Reed, 1994; Ross, 1989など）。これらの研究が明らかにしているように，消費者はコミュニケーションの相手がマーケターであるときだけ，ダイナミックな情報処理を行うのではない。メッセージの送り手が誰であれ，コミュニケーシ

ョンは本質的に，異質な者の間で交わされる動的な交流である（室井 1991）
ことを忘れてはならない。

　消費者情報消化モデル（図 7-3）が示すように，消費者は日々，売り手で
はない（売り手から独立した）消費者から発せられた情報，すなわちクチコ
ミ情報も消化している。自分とは異なるコンテクストに属しているのは，マ
ーケターも他の消費者も同じである。そのため，ソーシャルな情報環境から
得られる客観的で合理的な要素に関する情報も分解され，関心のある情報だ
けが抽出され（その他情報は破棄され），自らの思いが先導する形で再合成
がなされる編集プロセスへと入っていくのである。その結果，元の情報とは
まったく違った内容になってしまうこともある。さらに，それがどのように
消化されるかは，気分などのコンテクストや BGM などの環境コンテクスト
によっても左右され，一定ではない。

　情報環境が変わり，虚偽はもちろんのこと，消費者の意思決定に潜む無意
識の傾向を逆手に取り，思い通りに消費者を操作しようとするマーケターの
トリックが暴かれるようになることは望ましいし，テクノロジーの進化はそ
のように使われてこそ意義がある。しかし，だからといって，Simonson
and Rosen（2014）が主張するように，消費者の意思決定が「心でなく頭」
でなされるようになるとは思わない。むしろ，消費者は安心して主観的な情
報処理，すなわち情報消化をすることができるようになるのではないだろう
か。私たちの多くが食事をカプセルで済ませようとしないのは，カプセルの
食事が健康に良くないと思っているからではない。現代の食事には無駄な要
素が多いのかもしれないが，それでも食べ物を自分で咀嚼し，味わいたいか
らである。必要な栄養素が詰まったカプセルを食べる方が健康にも良く，し
かも効率的であると頭ではわかっていても，心がそうしたくないといってい
るのである。そうした人間的な部分に目を向けることが，マーケターや消費
者行動研究者にとって重要なことであると考える。

　電子書籍が簡単に手に入る時代にあっても，紙の本の手触り，匂い，質感
が好きで本を買うという消費者は多い。その数は次第に減っていき，いつか
はごく少数の人だけに愛好されるレアな存在になる日が来るかもしれない。

それでも，紙のページをめくったときの音やその手触り，あるいは紙やインクの匂いを感じられる機能が，電子書籍リーダーに残るのではないか。そうした感覚的な要素は，文章を目で追う（情報を得る）だけならば不要なものかもしれないが，読書の経験価値を高めてくれる重要な役割を果たしているのである。

消費者行動研究者に求められるもの

こうしたことから，今後のマーケティングおよび消費者行動研究においては，感覚マーケティングの重要性がいっそう増すものと思われる。感覚マーケティングの中でも，心理学および神経科学の領域で精力的に研究が進められているクロスモーダル対応など，感覚間相互作用に関する知見の適用が期待される。これらの感覚マーケティング研究において，とりわけ消費者行動研究として感覚的刺激の影響を分析する際に留意するべきことは，特定の感覚的刺激や感覚対応がなぜ特定の反応を誘発するのかという，「なぜ」に目を向けることではないかと考える。

感覚的刺激を活用して消費者の好ましい反応や行動を引き出そうとする感覚マーケティングは，観察可能な刺激－反応（S-R）間の関係に着目する行動主義的色彩が強い。加えて，感覚刺激の多くは，無意識のレベルで消費者に影響を及ぼす。そのため，消費者の認知プロセスを解明しようとする研究に比べると，感覚マーケティングの研究はまるで消費者をロボットのように動かし，操作できることを示すかのような研究になりやすいという性質がある。

しかし，マーケティングへの応用を志向する消費者行動研究であれば，得られた成果がマーケターのみならず，消費者にとってもプラスになるような示唆を含んでいることが望ましい。なぜならば，その方が長期的に見て，持続可能なマーケティングへとつながっていくからである。売り手だけが得をし，消費者にはメリットがない，ましてや消費者が搾取されかねない内容では，短期的な利益に終わるだけでなく，消費者から反感を買い，長期的には損失を被ることになるであろう。それこそ，現在のソーシャルな情報環境が

終　章　消費者理解に基づくマーケティングの構築へ

そうした独善的マーケティングをすぐに暴き，消費者から徹底的な制裁を加えられるに違いない。

　近年盛り上がりをみせているビッグデータやAIを活用したマーケティング，あるいは脳科学・神経科学に基づくニューロ・マーケティングにも，感覚マーケティングと同様の危うさがある。マーケティングや消費者行動研究に携わる者は今一度，マッカーシーが示した4Pの図（序章の図序-1）を心に刻む必要がある。マーケティングの中心は顧客・消費者であり，あらゆるマーケティング努力は顧客・消費者のためになされるものである。そこで，「なぜ」，すなわちその原因と結果の間にあるメカニズムに目を向けると，消費者の購買意思決定プロセスのどこをどのように支援しうるかを知ることにつながる。本書では流暢性の媒介効果に着目し，その影響を明らかにしたが，それはメカニズムの一端を解明したにすぎない。感覚対応と消費者反応の間に介在する要因が，流暢性だけでないことは確かであろう。

　阿部（2013）も，「より実用性の高い予測を行うためには，現象の中に規則性がなぜ観察されるのかという法則的関係を含めたモデルないし理論へと，知識を進めること」（p. 129）が学者にも実践者（マーケター）にも必要になると指摘している。これからの時代，AIがGPSや店内に設置されたビデオカメラから得られた顧客の回遊状況に関するビッグデータを分析し，売上／利益を最大化する店舗内のレイアウトや陳列方法を導き出すことも可能になるであろう。そのような時代にあって，消費者行動研究者の存在意義は，「なぜそうなのか」を解明する点に見出されるようになるのかもしれない。

　中西（2012）によると，1960年代になって，ようやくマーケティングの研究者や実務家が「顧客が誰であるか」ということに関心を持ち始め，自分たちの眼で顧客を見ようと動き出した。消費者行動研究が独自の理論や研究方法を確立しつつあったこの時期，その牽引役を担ったのは，既存の理論や研究をベースとしながら，新しい分野を切り拓こうと研究に取り組む若手研究者であったという。

　当時に比べ，今では利用可能なデータが質量ともに向上し，それを分析する手法も高度化，多様化している。その結果，多くの研究者によって優れた

研究成果が豊富に蓄積されている。そのような現在だからこそ，個々別々の
ビジネス課題を対象とする研究だけでなく，将来の消費者行動研究を方向づ
けるような視点の研究が必要であるように思う。つまり，今，消費者行動研
究者に求められるのは，かつての若手研究者のような開拓者精神ではないで
あろうか。

参考文献一覧

〈欧文文献〉

Aarts, H., & Dijksterhuis, A. (1999). How often did I do it?: Experienced ease of retrieval and frequency estimates of past behavior. *Acta Psychologica*, 103, 77-89.

Adam, A., & Caliandro, A. (2016). Brand public. *Journal of Consumer Research*, 42 (5), 727-748.

Aggarwal, P., & Zhao, M. (2015). Seeing the big picture: The effect of height on the level of construal. *Journal of Marketing Research*, 52 (1), 120-133.

Alexander, K. R., & Shansky, M. S. (1976). Influence of hue, value, and chroma on the perceived heaviness of colors. *Perception & Psychophysics*, 19 (1), 72-74.

Allen, C. T., Fournier, S., & Miller, F. (2008). Brands and their meaning makers. In Haugtvedt, C. P., Herr, P. M., & Kardes, F. R. (Eds.), *Handbook of consumer psychology*, New York, NY: Psychology Press, 781-822.

Alpert, J. I., & Alpert, M. I. (1990). Music influences on mood and purchase intentions. *Psychology & Marketing*, 7 (2), 109-133.

Alter, A. L., & Oppenheimer, D. M. (2008). Effects of fluency on psychological distance and mental construal (or why New York is a large city, but New York is a civilized jungle). *Psychological Science*, 19 (2), 161-167.

Alter, A. L., & Oppenheimer, D. M. (2009). Uniting the tribes of fluency to form a metacognitive nation. *Personality and Social Psychology Review*, 13 (3), 219-235.

Alter, A. L., Oppenheimer, D. M., Epley, N., & Eyre, R. N. (2007). Overcoming intuition: Metacognitive difficulty activates analytic reasoning. *Journal of Experimental Psychology: General*, 136 (4), 569-576.

Amir, O., & Levav, J. (2008). Choice construction versus preference construction: The instability of preferences learned in context. *Journal of Marketing Research*, 45 (2), 145-158.

ANSI (American National Standards Institute) (1994). *American national standard: Acoustical terminology. ANSI S1.1-1994*, New York, NY: American National Standards Institute.

Areni, C. S., & Kim, D. (1993). The influence of background music on shopping behavior: Classical versus top-forty music in a wine store. *Advances in Consumer Research*, 20 (1), 336-340.

Areni, C. S., & Kim, D. (1994). The influence of in-store lighting on consumers' examination of merchandise in a wine store. *International Journal of Research in Marketing*, 11 (2), 117-125.

Argo, J. J., Popa, M., & Smith, M. C. (2010). The sound of brands. *Journal of Marketing*, 74 (4), 97-109.

Ariely, D. (2008). *Predictably irrational: The hidden forces that shape our decisions*, New York, NY: HarperCollins Publishers (熊谷淳子訳『予想どおりに不合理——行動経済学が明かす「あなたがそれを選ぶわけ」』早川書房, 2008 年).

185

Ariely, D., & Levav, J. (2000). Sequential choice in group settings: Taking the road less traveled and less enjoyed. *Journal of Consumer Research*, 27 (3), 279-290.

Arkes, H. R. (2013). The influence of context and fluency. *Journal of Consumer Psychology*, 23 (1), 158-160.

Assael, H. (1987). *Consumer behavior and marketing action*, 3rd ed., Boston, MA: Kent Publishing.

Atalay, A. S., Bodur, H. O., & Rasolofoarison, D. (2012). Shining in the center: Central gaze cascade effect on product choice. *Journal of Consumer Research*, 39 (4), 848-866.

Babin, B. J., Hardesty, D. M., & Suter, T. A. (2003). Color and shopping intentions: The intervening effect of price fairness and perceived affect. *Journal of Business Research*, 56 (7), 541-551.

Baker, J., & Cameron, M. (1996). The effects of the service environment on affect and consumer perception of waiting time: An integrative review and research propositions. *Journal of the Academy of Marketing Science*, 24 (4), 338-349.

Baker, J., Grewal, D., & Parasuraman, A. (1994). The influence of store environment on quality inferences and store image. *Journal of the Academy of Marketing Science*, 22 (4), 328-339.

Baker, J., Parasuraman, A., Grewal, D., & Voss, G. B. (2002). The influence of multiple store environment cues on perceived merchandise value and patronage intentions. *Journal of Marketing*, 66 (2), 120-141.

Baker, S. M., Holland, J., & Kaufman-Scarborough, C. (2007). How consumers with disabilities perceive "welcome" in retail servicescapes: A critical incident study. *Journal of Service Marketing*, 21 (3), 160-173.

Bar-Anan, Y., Liberman, N., & Trope, Y. (2006). The association between psychological distance and construal level: Evidence from an implicit association test. *Journal of Experimental Psychology: General*, 135 (4), 609-622.

Barlı, Ö., Aktan, M., Bilgili, B., & Dane, S. (2012). Lighting, indoor color, buying behavior and time spent in a store. *Color Research and Application*, 37 (6), 465-468.

Baron, R. M., & Kenny, D. A. (1986). The moderator-mediator variable distinction in social psychological research: Conceptual, strategic, and statistical considerations. *Journal of Personality and Social Psychology*, 51 (6), 1173-1182.

Bartlett, F. C. (1932). *Remembering: A study in experimental and social psychology*, Cambridge: Cambridge University Press(宇津木保・辻正三訳『想起の心理学——実験的社会的心理学における一研究』誠信書房, 1983 年).

Begg, I. M., Anas, A., & Farinacci, S. (1992). Dissociation of processes in belief: Source recollection, statement familiarity, and the illusion of truth. *Journal of Experimental Psychology: General*, 121 (4), 446-458.

Bellizzi, J. A., Crowley, A. E., & Hasty, R. W. (1983). The effects of color in store design. *Journal of Retailing*, 59 (1), 21-45.

Bellizzi, J. A., & Hite, R. E. (1992). Environmental color, consumer feelings, and purchase likelihood. *Psychology & Marketing*, 9 (5), 347-363.

Ben-Artzi, E., & Marks, L. E. (1995). Visual-auditory interaction in speeded classification:

Role of stimulus difference. *Perception & Psychophysics*, 57 (8), 1151-1162.

Bernstein, I. H., & Edelstein, B. A. (1971). Effects of some variations in auditory input upon visual choice reaction time. *Journal of Experimental Psychology*, 87 (2), 241-247.

Bettman, J. R., Luce, M. F., & Payne, J. W. (1998). Constructive consumer choice processes. *Journal of Consumer Research*, 25 (3), 187-217.

Bettman, J. R., & Zins, M. A. (1977). Constructive processes in consumer choice. *Journal of Consumer Research*, 4 (2), 75-85.

Bitner, M. J. (1990). Evaluating service encounters: The effects of physical surroundings and employee responses. *Journal of Marketing*, 54 (2), 69-82.

Bitner, M. J. (1992). Servicescapes: The impact of physical surroundings on customers and employees. *Journal of Marketing*, 56 (2), 57-71.

Bodenhausen, G. V. (1988). Stereotypic biases in social decision making and memory: Testing process models of stereotype use. *Journal of Personality and Social Psychology*, 55 (5), 726-737.

Bone, P. F., & Ellen, P. S. (1999). Scents in the marketplace: Explaining a fraction of olfaction. *Journal of Retailing*, 75 (2), 243-262.

Boulding, W., Kalra, A., & Staelin, R. (1999). The quality double whammy. *Marketing Science*, 18 (4), 463-484.

Bröder, A., & Schiffer, S. (2006). Adaptive flexibility and maladaptive routines in selecting fast and frugal decision strategies. *Journal of Experimental Psychology: Learning, Memory, and Cognition*, 32 (4), 904-918.

Brodsky, W. (2011). Developing a functional method to apply music in branding: Design language-generated music. *Psychology of Music*, 39 (2), 261-283.

Brownstein, A. L. (2003). Biased predecision processing. *Psychological Bulletin*, 129 (4), 545-568.

Buchanan, M. (2002). *Nexus: Small worlds and the groundbreaking science of networks*. New York, NY: W. W. Norton & Company (阪本芳久訳『複雑な世界、単純な法則 ——ネットワーク科学の最前線』草思社、2005 年).

Cannon, W. B. (1929). *Bodily changes in pain, hunger, fear, and rage*. 2nd ed., Oxford: Appleton.

Carlson, K. A., Meloy, M. G., & Russo, J. E. (2006). Leader-driven primacy: Using attribute order to affect consumer choice. *Journal of Consumer Research*, 32 (4), 513-518.

Carù, A., & Cova, B. (2007). *Consuming experience*, London: Routledge.

Carvalho, F. R., Van Ee, R., Rychtarikova, M., Touhafi, A., Steenhaut, K., Persoone, D., & Spence, C. (2015). Using sound-taste correspondences to enhance the subjective value of tasting experiences. *Frontiers in Psychology*, 6, 1309.

Carvalho, F. R., Wang, Q. (J.), de Causmaecker, B., Steenhaut, K., van Ee, R., & Spence, C. (2016). Tune that beer! Listening for the pitch of beer. *Beverages*, 2 (4), 31.

Chandon, P., Hutchinson, J. W., Bradlow, E. T., & Young, S. H. (2008). Measuring the value of point-of-purchase marketing with commercial eye-tracking data. In Wedel, M., & Pieters, R. (Eds.), *Visual marketing: From attention to action*, New York, NY: Lawrence Erlbaum Associates, 225-258.

Chebat, J., Chebat, C. G., & Vaillanta, D. (2001). Environmental background music and in-store selling. *Journal of Business Research*, 54 (2), 115-123.

Chebat, J., & Morrin, M. (2007). Colors and cultures: Exploring the effects of mall décor on consumer perceptions. *Journal of Business Research*, 60 (3), 189-196.

Chiou, R., & Rich, A. N. (2012). Cross-modality correspondence between pitch and spatial location modulates attentional orienting. *Perception*, 41 (3), 339-353.

Christenfeld, N. (1995). Choices from identical options. *Psychological Science*, 6 (1), 50-55.

Coupey, E. (1994). Restructuring: Constructive processing of information displays in consumer choice. *Journal of Consumer Research*, 21 (1), 83-99.

Cox, K. (1964). The responsiveness of food sales to shelf space changes in supermarkets. *Journal of Marketing Research*, 1 (2), 63-67.

Crisinel, A.-S., & Spence, C. (2010). As bitter as a trombone: Synesthetic correspondences in nonsynesthetes between tastes/flavors and musical notes. *Attention, Perception, and Psychophysics*, 72 (7), 1994-2002.

Crowe, E., & Higgins, E. T. (1997). Regulatory focus and strategic inclinations: Promotion and prevention decision-making. *Organizational Behavior and Human Decision Processes*, 69 (2), 117-132.

Crowley, A. E. (1993). The two-dimensional impact of color on shopping. *Marketing Letters*, 4 (1), 59-69.

Cryan, J. F., & Dinan, T. G. (2012). Mind-altering microorganisms: The impact of the gut microbiota on brain and behaviour. *Nature Reviews Neuroscience*, 13 (10), 701-712.

Davies, B. J., Kooijmanb, D., & Warda, P. (2003). The sweet smell of success: Olfaction in retailing. *Journal of Marketing Management*, 19 (5-6), 611-627.

Deng, X., & Kahn, B. E. (2009). Is your product on the right side?: The "location effect" on perceived product heaviness and package evaluation. *Journal of Marketing Research*, 46 (6), 725-738.

Dhar, R., Huber, J., & Khan, U. (2007). The shopping momentum effect. *Journal of Marketing Research*, 44 (3), 370-378.

Dhar, R., & Simonson, I. (1999). Making complementary choices in consumption episodes: Highlighting versus balancing. *Journal of Marketing Research*, 36 (1), 29-44.

Dholakia, U. M., Gopinath, M., & Bagozzi, R. P. (2005). The role of desires in sequential impulsive choices. *Organizational Behavior and Human Decision Processes*, 98 (2), 179-194.

Dijkstra, K., Pieterse, M. E., & Pruyn, A. T. H. (2008). Individual differences in reactions towards color in simulated healthcare environments: The role of stimulus screening ability. *Journal of Environmental Psychology*, 28 (3), 268-277.

Donovan, R. J., & Rossiter, J. R. (1982). Store atmosphere: An environmental psychology approach. *Journal of Retailing*, 58 (1), 34-57.

Donovan, R. J., Rossiter, J. R., Marcoolyn, G., & Nesdale, A. (1994). Store atmosphere and purchasing behavior. *Journal of Retailing*, 70 (3), 283-294.

Drèze, X., Hoch, S. J., & Purk, M. E. (1994). Shelf management and space elasticity. *Jour-*

nal of Retailing, 70 (4), 301-326.

Drolet, A. (2002). Inherent rule variability in consumer choice: Changing rules for change's sake. *Journal of Consumer Research,* 29 (3), 293-305.

Dubé, L., Chebat, J., & Morin, S. (1995). The effects of background music on consumers' desire to affiliate in buyer-seller interactions. *Psychology & Marketing,* 12 (4), 305-319.

Edwards, K., & Smith, E. E. (1996). A disconfirmation bias in the evaluation of arguments. *Journal of Personality and Social Psychology,* 71 (1), 5-24.

Eelen, J., Dewitte, S., & Warlop, L. (2013). Situated embodied cognition: monitoring orientation cues affects product evaluation and choice. *Journal of Consumer Psychology,* 23 (4), 424-433.

Eitan, Z., & Granot, R. Y. (2006). How music moves: Musical parameters and listeners' images of motion. *Music Perception,* 23 (3), 221-248.

Eitan, Z., Schupak, A., Gotler, A., & Marks, L. E. (2014). Lower pitch is larger, yet falling pitches shrink interaction of pitch change and size change in speeded discrimination. *Experimental Psychology,* 61 (4), 273-284.

Evans, K. K., & Treisman, A. (2010). Natural cross-modal mappings between visual and auditory features. *Journal of Vision,* 10 (1), 1-12.

Festinger, L. (1957). *A theory of cognitive dissonance,* Stanford, CA: Stanford University Press.

Fischer, P., Schulz-Hardt, S., & Frey, D. (2008). Selective exposure and information quantity: How different information quantities moderate decision makers' preference for consistent and inconsistent information. *Journal of Personality and Social Psychology,* 94 (2), 231-244.

Fishbach, A., & Dhar, R. (2005). Goals as excuses or guides: The liberating effect of perceived goal progress on choice. *Journal of Consumer Research,* 32 (3), 370-377.

Förster, J., Friedman, R. S., & Liberman, N. (2004). Temporal construal effects on abstract and concrete thinking: Consequences for insight and creative cognition. *Journal of Personality and Social Psychology,* 87 (2), 177-189.

Frey, D. (1981). Postdecisional preference for decision-relevant information as a function of the competence of its source and the degree of familiarity with this information. *Journal of Experimental Social Psychology,* 17 (1), 51-67.

Frey, D. (1986). Recent research on selective exposure to information. In Berkowitz, L. (Ed.), *Advances in Experimental Social Psychology,* 19, New York, NY: Academic Press, 41-80.

Fujita, K., Trope, Y., Liberman, N., & Levin-Sagi, M. (2006). Construal levels and self-control. *Journal of Personality and Social Psychology,* 90 (3), 351-367.

Gallace, A., & Spence, C. (2006). Multisensory synesthetic interactions in the speeded classification of visual size. *Perception & Psychophysics,* 68 (7), 1191-1203.

Gatti, E., Bordegoni, M., & Spence, C. (2014). Investigating the influence of color, weight, and fragrance intensity on the perception of liquid bath soap: An experimental study. *Food Quality and Preference,* 31, 56-64.

Gershon, M. D. (1998). *The second brain: The scientific basis of gut instinct and a ground-*

breaking new understanding of nervous disorders of the stomach and intestine, New York, NY: HarperCollins Publishers.

Gilchrist, A. (2007). Lightness and brightness. *Current Biology*, 17 (8), R267–R269.

Gollwitzer, P. M., Heckhausen, H., & Ratajczak, H. (1990). From weighing to willing: Approaching a change decision through pre- or postdecisional implementation. *Organizational Behavior and Human Decision Processes*, 45 (1), 41–65.

Goodstein, R. C. (1993). Category-based applications and extensions in advertising: Motivating more extensive ad processing. *Journal of Consumer Research*, 20 (1), 87–99.

Gorn, G., Pham, M. T., & Sin, L. Y. (2001). When arousal influence ad evaluation and valence does not (and vice versa). *Journal of Consumer Psychology*, 11 (1), 43–55.

Gorn, G. J., Chattopadhyay, A., Sengupta, J., & Tripathi, S. (2004). Waiting for the web: How screen color affects time perception. *Journal of Marketing Research*, 41 (2), 215–225.

Gorn, G. J., Chattopadhyay, A., Yi, T., & Dahl, D. W. (1997). Effects of color as an executional cue in advertising: They're in the shade. *Management Science*, 43 (10), 1387–1400.

Grayson, R. A. S., & McNeill, L. S. (2009). Using atmospheric elements in service retailing: Understanding the bar environment. *Journal of Services Marketing*, 23 (7), 517–527.

Grönroos, C. (2006). Adopting a service logic for marketing. *Marketing Theory*, 6 (3), 317–333.

Gustafsson, C. (2015). Sonic branding: A consumer-oriented literature review. *Journal of Brand Management*, 22 (1), 20–37.

Haddock, G. (2002). It's easy to like or dislike Tony Blair: Accessibility experiences and the favorability of attitude judgments. *British Journal of Social Psychology*, 93 (2), 257–267.

Häfner, M., & Stapel, D. A. (2010). Information to go: Fluency enhances the usability of primed information. *Journal of Experimental Social Psychology*, 46 (1), 73–84.

Hagtvedt, H., & Brasel, S. A. (2016). Cross-modal communication: Sound frequency influences consumer responses to color lightness. *Journal of Marketing Research*, 53 (4), 551–562.

Hagtvedt, H., & Patrick, V. M. (2008). Art and the brand: The role of visual art in enhancing brand extendibility. *Journal of Consumer Psychology*, 18 (3), 212–222.

Hansen, J., Dechêne, A., & Wänke, M. (2008). Discrepant fluency increases subjective truth. *Journal of Experimental Social Psychology*, 44 (3), 687–691.

Hansen, J., & Wänke, M. (2010). Truth from language and truth from fit: The impact of linguistic concreteness and level of construal on subjective truth. *Personality and Social Psychology Bulletin*, 36 (11), 1576–1588.

Hanson-Vaux, G., Crisinel, A.-S., & Spence, C. (2013). Smelling shapes: Crossmodal correspondences between odors and shapes. *Chemical Senses*, 38 (2), 161–166.

Harris, L. C., & Goode, M. M. H. (2010). Online servicescapes, trust, and purchase intentions. *Journal of Services Marketing*, 24 (3), 230–243.

Harrison, J. (2001). *Shnaesthesia: The strangest thing*, New York, NY: Oxford University Press (松尾香弥子訳『共感覚——もっとも奇妙な知覚世界』新曜社, 2006 年).

Hayes, A. F. (2013). *Introduction to mediation, moderation, and conditional process analysis: A regression-based approach*, New York, NY: The Guilford Press.

Henderson, M. D., Fujita, K., Trope, Y., & Liberman, N. (2006). Transcending the "here": The effect of spatial distance on social judgment. *Journal of Personality and Social Psychology*, 91 (5), 845-856.

Herrington, J. D., & Capella, L. M. (1994). Practical applications of music in service settings. *Journal of Services Marketing*, 8 (3), 50-65.

Herrmann, A., Zidansek, M., Sprott, D. E., & Spangenberg, E. R. (2013). The power of simplicity: Processing fluency and the effects of olfactory cues on retail sales. *Journal of Retailing*, 89 (1), 30-43.

Higgins, E. T. (1997). Beyond pleasure and pain. *American Psychologist*, 52 (12), 1280-1300.

Higgins, E. T. (1998). Promotion and prevention: Regulatory focus as a motivational principle. *Advances in Experimental Social Psychology*, 30, 1-46.

Higgins, E. T. (2000). Making a good decision: Value from fit. *American Psychologist*, 55 (11), 1217-1230.

Higgins, E. T., Friedman, R. S., Harlow, R. E., Idson, L. C., Ayduk, O. N., & Taylor, A. (2001). Achievement orientations from subjective histories of success: Promotion pride versus prevention pride. *European Journal of Social Psychology*, 31, 3-23.

Higgins, E. T., Idson, L. C., Freitas, A. L., Spiegel, S., & Molden, D. C. (2003). Transfer of value from fit. *Journal of Personality and Social Psychology*, 84 (6), 1140-1153.

Hightower, R. J., Brady, M. K., & Baker, T. L. (2002). Investigating the role of the physical environment in hedonic service consumption: An exploratory study of sporting events. *Journal of Business Research*, 55 (9), 697-707.

Hilbert, M. (2012). Toward a synthesis of cognitive biases: How noisy information processing can bias human decision making. *Psychological Bulletin*, 138 (2), 211-237.

Hirata, K. (1968). Experimental study on right-left problems in visual balance. *Psychologia: An International Journal of Psychology in the Orient*, 11 (3-4), 139-142.

Hoch, S. J., & Ha, Y. (1986). Consumer learning: Advertising and the ambiguity of product experience. *Journal of Consumer Research*, 13 (2), 221-233.

Hoegg, J., & Alba, J. W. (2007). Taste perception: More than meets the tongue. *Journal of Consumer Research*, 33 (4), 490-498.

Holbrook, M. B., & Hirschman, E. C. (1982). The experiential aspects of consumption: Consumer fantasies, feelings, and fun. *Journal of Consumer Research*, 9 (2), 132-140.

Holt-Hansen, K. (1968). Taste and pitch. *Perceptual and Motor Skills*, 27 (1), 59-68.

Hong, J., & Lee, A. Y. (2010). Feeling mixed but not torn: The moderating role of construal level in mixed emotions appeals. *Journal of Consumer Research*, 37 (3), 456-472.

Hooper, D., Coughlan, J., & Mullen, M. R. (2013). The servicescape as an antecedent to service quality and behavioral intentions. *Journal of Service Marketing*, 27 (4), 271-280.

Hoyer, W. D. (1984). An examination of consumer decision making for a common repeat purchase product. *Journal of Consumer Research,* 11 (3), 822-829.

Huber, J., Goldsmith, K., & Mogilner, C. (2008). Reinforcement versus balance response in sequential choice. *Marketing Letter,* 19 (3-4), 229-239.

Hultén, B., Broweus, N., & van Dijk, M. (2009). *Sensory marketing,* New York, NY: Palgrave MacMillan.

Hung, K. (2000). Narrative music in congruent and incongruent TV advertising. *Journal of Advertising,* 29 (1), 25-34.

Jacob, C. (2006). Styles of background music and consumption in a bar: An empirical evaluation. *International Journal of Hospitality Management,* 25 (4), 716-720.

Janis, I. L. (1982). *Groupthink: Psychological studies of policy decisions and fiascoes,* 2nd ed., Boston, MA: Wadsworth.

Janiszewski, C., & Meyvis, T. (2001). Effects of brand logo complexity, repetition, and spacing on processing fluency and judgment. *Journal of Consumer Research,* 28 (1), 18-32.

Johanson, P., Hall, L., Sikström, S., & Olsson, A. (2005). Failure to detect mismatches between intention and outcome in a simple decision task. *Science,* 310 (5745), 116-119.

Jonas, E., Graupmann, V., & Frey, D. (2006). The Influence of mood on the search for supporting versus conflicting information: Dissonance reduction as a means of mood regulation? *Personality and Social Psychology Bulletin,* 32 (1), 3-15.

Jonas, E., Schulz-Hardt, S., Frey, D., & Thelen, N. (2001). Confirmation bias in sequential information search after preliminary decisions: An expansion of dissonance theoretical research on selective exposure to information. *Journal of Personality and Social Psychology,* 80 (4), 557-571.

Kacen, J. J., & Lee, J. A. (2002). The influence of culture on consumer impulsive buying behavior. *Journal of Consumer Psychology,* 12 (2), 163-176.

Kahneman, D., & Tversky, A. (1979). Prospect theory: An analysis of decision under risk. *Econometrica,* 47 (2), 263-292.

Kardes, F. R. (1986). Effects of initial product judgments on subsequent memory-based judgments. *Journal of Consumer Research,* 13 (1), 1-11.

Kardes, F. R., Cronley, M. L., Kellaris, J. J., & Posavac, S. S. (2004). The role of selective information processing in price-quality inference. *Journal of Consumer Research,* 31 (2), 368-374.

Katz, S. J. & Byrne, S. (2013). Construal level theory of mobile persuasion. *Media Psychology,* 16 (3), 245-271.

Kellaris, J. J., Cox, A. D., & Cox, D. (1993). The Effect of background music on ad processing: A contingency explanation. *Journal of Marketing,* 57 (4), 114-125.

Keller, E., & Fay, B. (2012). *The face-to-face book: Why real relationships rule in a digital marketplace,* New York, NY: Free Press (澁谷覚・久保田進彦・須永努訳『フェイス・トゥ・フェイス・ブック――クチコミ・マーケティングの効果を最大限に高める秘訣』有斐閣, 2016 年).

Khan, U., & Dhar, R. (2006). Licensing effect in consumer choice. *Journal of Marketing Re-*

search, 43 (2), 259-266.

Khan, U., Zhu, M., & Kalra, A. (2011). When trade-offs matter: The effect of choice construal on context effects. *Journal of Marketing Research*, 48 (1), 62-71.

Kim, H., Rao, A. R., & Lee, A. Y. (2009). It's time to vote: The effect of matching message orientation and temporal frame on political persuasion. *Journal of Consumer Research*, 35 (6), 877-889.

Kim, W. G., & Moon, Y. J. (2009). Customers' cognitive, emotional, and actionable response to the servicescape: A test of the moderating effect of the restaurant type. *International Journal of Hospitality Management, 28* (1), 144-156.

Kingdom, F. A. A. (2011). Lightness, brightness and transparency: A quarter century of new ideas, captivating demonstrations and unrelenting controversy. *Vision Research,* 51 (7), 652-673.

Kivetz, R., & Simonson, I. (2002). Earning the right to indulge: Effort as a determinant of customer preferences toward frequency program rewards. *Journal of Marketing Research*, 39 (2), 155-170.

Kivetz, R., & Zheng, Y. (2006). Determinants of justification and self-control. *Journal of Experimental Psychology*, 135 (4), 572-587.

Klapetek, A., Ngo, M. K., & Spence, C. (2012). Does crossmodal correspondence modulate the facilitatory effect of auditory cues on visual search? *Attention, Perception, & Psychophysics,* 74 (6), 1154-1167.

Knöeferle, K., Knöeferle, P., Velasco, C., & Spence, C. (2014). Multisensory brand search: How the meaning of sound guides consumers' visual attention. *Advances in Consumer Research*, 42, 552.

Koelewijn, T., Bronkhorst, A., & Theeuwes, J. (2010). Attention and the multiple stages of multisensory integration: A review of audiovisual studies. *Acta Psychologica*, 134 (3), 372-384.

Köhler, W. (1929). *Gestalt psychology*, New York, NY: Liveright.

Kotler, P. (1973-74). Atmosphere as a marketing tool. *Journal of Retailing*, 49 (4), 48-64.

Kotler, P., & Keller, K. L. (2006). *Marketing management*, 12th ed., Upper Saddle River, NJ: Pearson Education（恩藏直人監修，月谷真紀訳『コトラー＆ケラーのマーケティング・マネジメント（第12版）』ピアソン・エデュケーション，2008年）.

Krishna, A. (2012). An integrative review of sensory marketing: Engaging the senses to affect perception, judgment and behavior. *Journal of Consumer Psychology*, 22 (3), 332-351.

Krishna, A. (2013). *Customer sense: How the 5 senses influence buying behavior*, New York, NY: Palgrave Macmillan（平木いくみ・石井裕明・外川拓訳『感覚マーケティング——顧客の五感が買い物にどのような影響を与えるのか』有斐閣，2016年）.

Krishna, A., Elder, R. S., & Caldara, C. (2010). Feminine to smell but masculine to touch?: Multisensory congruence and its effect on the aesthetic experience. *Journal of Consumer Psychology*, 20 (4), 410-418.

Krishna, A., & Morrin, M. (2008). Does touch affect taste?: The perceptual transfer of product container haptic cues. *Journal of Consumer Research*, 34 (6), 807-818.

Kunda, Z. (1990). The case for motivated reasoning. *Psychological Bulletin*, 108 (3), 480-498.

Labrecque, L. I., Patrick, V. M., & Milne, G. R. (2013). The marketers' prismatic palette: A review of color research and future directions. *Psychology & Marketing*, 30 (2), 187-202.

Labroo, A. A., Dhar, R., & Schwarz, N. (2008). Of frog wines and frowning watches: Semantic priming, perceptual fluency, and brand evaluation. *Journal of Consumer Research*, 34 (6), 819-831.

Labroo, A. A., & Lee, A. Y. (2006). Between two brands: A goal fluency account of brand evaluation. *Journal of Marketing Research*, 43 (3), 374-385.

Labroo, A. A., & Patrick, V. M. (2009). Psychological distancing: Why happiness helps you see the big picture. *Journal of Consumer Research*, 35 (5), 800-809.

Lam, L. W., Chan, K. W., Fong, D., & Lo, F. (2011). Does the look matter?: The impact of casino servicescape on gaming customer satisfaction, intention to revisit, and desire to stay. *International Journal of Hospitality Management*, 30 (2), 558-567.

Landwehr, J. R., Labroo, A. A., & Herrmann, A. (2011). Gut liking for the ordinary: Incorporating design fluency improves automobile sales forecasts. *Marketing Science*, 30 (3), 416-429.

Laran, J. (2010). Goal management in sequential choices: Consumer choices for others are more indulgent than personal choices. *Journal of Consumer Research*, 37 (2), 304-314.

Lavack, A. M., Thakor, M. V., & Bottausci, I. (2008). Music-brand congruency in high and low-cognition radio advertising. *International Journal of Advertising*, 27 (4), 549-568.

LeBoeuf, R. A., Shafir, E., & Bayuk, J. B. (2010). The conflicting choices of alternating selves. *Organizational Behavior and Human Decision Processes*, 111 (1), 48-61.

Lee, A. Y., Aparna A., & Labroo, A. A. (2004). The Effect of conceptual and perceptual fluency on brand evaluation. *Journal of Marketing Research*, 41 (2), 151-165.

Lee, A. Y., Keller, P. A., & Sternthal, B. (2010). Value from regulatory construal fit: The persuasive impact of fit between consumer goals and message concreteness. *Journal of Consumer Research*, 36 (5), 735-747.

Lee, H., Deng, X., Unnava, H. R., & Fujita, K. (2014). Monochrome forests and colorful trees: The effect of black-and-white versus color Imagery on construal level. *Journal of Consumer Research*, 41 (4), 1015-1032.

Leong, S. M. (1993). Consumer decision making for common, repeat-purchase products: A dual replication. *Journal of Consumer Psychology*, 2 (2), 193-208.

Levav, J., Reinholtz, N., & Lin, C. (2012). The effect of ordering decisions by choice-set size on consumer search. *Journal of Consumer Research*, 39 (3), 585-599.

Lévy, C. M., MacRae, A., & Köster, E. P. (2006). Perceived stimulus complexity and food preference development. *Acta Psychologica*, 123 (3), 394-413.

Lewkowicz, D. J., & Turkewitz, G. (1980). Cross-modal equivalence in early infancy: Auditory-visual intensity matching. *Developmental Psychology*, 16 (6), 597-607.

Li, W., Moallem, I., Paller, K. A., & Gottfried, J. A. (2007). Subliminal smells can guide social preferences. *Psychological Science*, 18 (12), 1044-1049.

Liberman, N., & Trope, Y. (1998). The role of feasibility and desirability considerations in near and distant future decisions: A test of temporal construal theory. *Journal of Personality and Social Psychology*, 75 (1), 5-18.

Liberman, N., Trope, Y., McCrea, S. M., & Sherman, S. J. (2007). The effect of level of construal on the temporal distance of activity enactment. *Journal of Experimental Social Psychology*, 43 (1), 143-149.

Lidji, P., Kolinsky, R., Lochy, A., & Morais, J. (2007). Spatial associations for musical stimuli: A piano in the head? *Journal of Experimental Psychology: Human Perception and Performance*, 33 (5), 1189-1207.

Lin, I. Y., & Worthley, R. (2012). Servicescape moderation on personality traits, emotions, satisfaction, and behaviors. *International Journal of Hospitality Management*, 31 (1), 31-42.

MacInnis, D. J., & Park, C. W. (1991). The differential role of characteristics of music on high-and low-involvement consumers' processing of ads. *Journal of Consumer Research*, 18 (2), 161-173.

Malhotra, N. K. (1982). Information load and consumer decision making. *Journal of Consumer Research*, 8 (4), 419-430.

Mandel, N., Petrova, P. K., & Cialdini, R. B. (2006). Images of success and the preference for luxury brands. *Journal of Consumer Psychology*, 16 (1), 57-69.

Marks, L. E. (1987). On cross-modal similarity: Auditory-visual interactions in speeded discrimination. *Journal of Experimental Psychology: Human Perception and Performance*, 13 (3), 384-394.

Marks, L. E., Hammea, R. J., Bornstein, M. H., & Smith, L. B. (1987). Perceiving similarity and comprehending metaphor. *Monographs of the Society for Research in Child Development*, 52 (1), 1-100.

Martín-Santana, J. D., Reinares-Lara, E., & Muela-Molina, C. (2015). Music in radio advertising: Effects on radio spokesperson credibility and advertising effectiveness. *Psychology of Music*, 43 (6), 763-778.

Martino, G., & Marks, L. E. (1999). Perceptual and linguistic interactions in speeded classification: Tests of the semantic coding hypothesis. *Perception*, 28 (7), 903-923.

Mattila, A. S., & Wirtz, J. (2001). Congruency of scent and music as a driver of in-store evaluations and behavior. *Journal of Retailing*, 77 (2), 273-289.

McBeath, M. K., & Neuhoff, J. G. (2002). The Doppler effect is not what you think it is: Dramatic pitch change due to dynamic intensity change. *Psychonomic Bulletin & Review*, 9 (2), 306-313.

McCarthy, J. (1978). *Basic marketing*, 6th ed., Homewood, IL: Richard D. Irwin.

McGlone, M. S., & Tofighbakhsh, J. (2000). Birds of a feather flock conjointly (?): Rhyme as reason in aphorisms. *Psychological Science*, 11 (5), 424-428.

Mead, J. A., & Hardesty, D. M. (2018). Price font disfluency: Anchoring effects on future price expectations. *Journal of Retailing*, 94 (1), 102-112.

Mehrabian, A., & Russell, J. A. (1974). *An approach to environmental psychology*, Cambridge, MA, The MIT Press.

Melara, R. D. (1989). Dimensional interaction between color and pitch. *Journal of Experimental Psychology: Human Perception and Performance*, 15 (1), 69-79.

Meyers-Levy, J., & Tybout, A. M. (1989). Schema congruity as a basis for product evaluation. *Journal of Consumer Research*, 16 (1), 39-54.

Meyers-Levy, J., & Zhu, R. (J.) (2007). The influence of ceiling height: The effect of priming on the type of processing that people use. *Journal of Consumer Research*, 34 (2), 174-186.

Miles, S. J., & Minda, J. P. (2012). Perceptual fluency can be used as a cue for categorization decisions. *Psychonomic Bulletin & Review*, 19 (4), 737-742.

Milliman, R. E. (1982). Using background music to affect the behavior of supermarket shoppers. *Journal of Marketing*, 46 (3), 86-91.

Milliman, R. E. (1986). The influence of background music on the behavior of restaurant patrons. *Journal of Consumer Research*, 13 (2), 286-289.

Mitchell, D. J., Kahn, B. E., & Knasko, S. C. (1995). There's something in the air: Effects of congruent or incongruent ambient odor on consumer decision making. *Journal of Consumer Research*, 22 (2), 229-238.

Mohan, G., Sivakumaran, B., & Sharama, P. (2012). Store environment's impact on variety seeking behavior. *Journal of Retailing and Consumer Services*, 19 (4), 419-428.

Mondloch, C. J., & Maurer, D. (2004). Do small white balls squeak?: Pitch-object correspondences in young children. *Cognitive, Affective, & Behavioral Neuroscience*, 4 (2), 133-136.

Montgomery, H. (1983). Decision rules and the search for a dominance structure: Towards a process model of decision making. In Humphreys, P., Svenson, O., & Vari, A. (Eds.), *Analysing and aiding decision processes*, Amsterdam: North-Holland, 343-369.

Montgomery, H. (1994). Toward a perspective theory of decision making and judgment. *Acta Psychologica*, 87, 155-178.

Montgomery, H., & Willen, H. (1999). Decision making and action: The search for a good Structure. In Jusslin, P., & Montgomery, H. (Eds.), *Judgment and decision making: Neo-brunswikian and process-tracing approaches*, Mahwah, NJ: Lawrence Erlbaum Associates, 147-173.

Mukhopadhyay, A., & Johar, G. V. (2009). Indulgence as self-reward for prior shopping restraint: A justification-based mechanism. *Journal of Consumer Psychology*, 19 (3), 334-345.

Mukhopadhyay, A., Sengupta, J., & Ramanathan, S. (2008). Recalling past temptations: An information-processing perspective on the dynamics of self-control. *Journal of Consumer Research*, 35 (4), 586-599.

Müller, H. J., & Krummenacher, J. (2006). Visual search and selective attention. *Visual Cognition*, 14 (4-8), 389-410.

Neuhoff, J. G., & McBeath, M. K. (1996). The Doppler illusion: The influence of dynamic intensity change on perceived pitch. *Journal of Experimental Psychology: Human*

Perception and Performance, 22 (4), 970-985.

Neuhoff, J. G., McBeath, M. K., & Wanzie, W. C. (1999). Dynamic frequency change influences loudness perception: A central, analytic process. *Journal of Experimental Psychology: Human Perception and Performance, 25* (4), 1050-1059.

Neuhoff, J. G., Wayand, J., & Kramer, G. (2002). Pitch and loudness interact in auditory displays: Can the data get lost in the map? *Journal of Experimental Psychology: Applied, 8* (1), 17-25.

Nielsen, J. H., & Escalas. J. E. (2010). Easier is not always better: The moderating role of processing type on preference fluency. *Journal of Consumer Psychology, 20* (3), 295-305.

North, A. C., Mackenzie, L. C., Law, R. M., & Hargreaves, D. J. (2004). The effects of musical and voice 'fit' on responses to advertisements. *Journal of Applied Social Psychology, 34* (8), 1675-1708.

Novemsky, N., & Dhar, R. (2005). Goal fulfillment and goal targets in sequential choice. *Journal of Consumer Research, 32* (3), 296-404.

Novemsky, N., Dhar, R., Schwarz, N., & Simonson, I. (2007). Preference fluency in choice. *Journal of Marketing Research, 44* (3), 347-356.

Oakes, S. (2007). Evaluating empirical research into music in advertising: A congruity perspective. *Journal of Advertising Research, 47* (1), 38-50.

Oakes, S., & North, A. C. (2006). The impact of background musical tempo and timbre congruity upon ad content recall and affective response. *Applied Cognitive Psychology, 20* (4), 505-520.

Okada, E. M. (2005). Justification effects on consumer choice of hedonic and utilitarian goods. *Journal of Marketing Research, 42* (1), 45-53.

Oksenberg, L., Coleman, L., & Cannell, C. F. (1986). Interviewers' voices and refusal rates in telephone surveys. *Public Opinion Quarterly, 50* (1), 97-111.

Oppenheimer, D. M. (2008). The secret life of fluency. *Trends in Cognitive Sciences, 12* (6), 237-241.

Parise, C. V., & Spence, C. (2012). Audiovisual crossmodal correspondences and sound symbolism: A study using the implicit association test. *Experimental Brain Research, 220*, 319-333.

Park, H. H., Park, J. K., & Jeon, J. O. (2014). Attributes of background music and consumers' responses to TV commercials. *International Journal of Advertising, 33* (4), 767-784.

Park, J., & Hedgcock, W. M. (2016). Thinking concretely or abstractly: The influence of fit between goal progress and goal construal on subsequent self-regulation. *Journal of Consumer Psychology, 26* (3), 395-409.

Payne, A. F., Storbacka, K., & Frow, P. (2008). Managing the co-creation of value. *Journal of the Academy of Marketing Science, 36* (1), 83-96.

Payne, J. W., Bettman, J. R., & Johnson, E. J. (1993). *The adaptive decision maker*, Cambridge: Cambridge University Press.

Petrova, P. K., & Cialdini, R. B. (2005). Fluency of consumption imagery and the backfire effects of imagery appeals. *Journal of Consumer Research*, 32 (3), 442-452.

Petty, R. E., & Cacioppo, J. T. (1986). The elaboration likelihood model of persuasion. In Berkowitz, L. (Ed.), *Advances in Experimental Social Psychology*, New York, NY: Academic Press, 123-205.

Plack, C. J., & Oxenham, A. J. (2005). Overview: The present and future of pitch. In Plack, C. J., Oxenham, A. J., Fay, R. R., & Popper, A. N. (Eds.), *Pitch: Neural coding and perception*, New York, NY: Springer Science + Business Media, 1-6.

Polman, E. (2010). Information distortion in self-other decision making. *Journal of Experimental Social Psychology*, 46 (2), 432-435.

Pratt, C. C. (1930). The spatial character of high and low tones. *Journal of Experimental Psychology*, 13 (3), 278-285.

Priester, J. R., Dholakia, U. M., & Fleming, M. A. (2004). When and why the background contrast effect emerges: Thought engenders meaning by influencing the perception of applicability. *Journal of Consumer Research*, 31 (3), 491-501.

Pyone, J. S., & Isen, A. M. (2011). Positive affect, intertemporal choice, and levels of thinking: Increasing consumers' willingness to wait. *Journal of Marketing Research*, 48 (3), 532-543.

Ramachandran, V. S., & Hubbard, E. M. (2001). Synaesthesia: A window into perception, thought and language. *Journal of Consciousness Studies*, 8 (12), 3-34.

Ranyard, R. (1989). Structuring and evaluating simple monetary risks. In Montgomery, H., & Svenson, O. (Eds.), *Process and structure in human decision making*, Hoboken, NJ: John Wiley & Sons, 195-207.

Reber, R., & Schwarz, N. (1999). Effects of perceptual fluency on judgments of truth. *Consciousness and Cognition*, 8 (3), 338-342.

Reber, R., & Unkelbach, C. (2010). The epistemic status of processing fluency as source for judgments of truth. *Review of Philosophy and Psychology*, 1 (4), 563-581.

Reber, R., Winkielman, P., & Schwarz, N. (1998). Effects of perceptual fluency on affective judgments. *Psychological Science*, 9 (1), 45-48.

Reber, R., Wurtz, P., & Zimmermann, T. D. (2004). Exploring "fringe" consciousness: The subjective experience of perceptual fluency and its objective bases. *Consciousness and Cognition*, 13 (1), 47-60.

Reber, R., & Zupanek, N. (2002). Effects of processing fluency on estimates of probability and frequency. In Sedlmeier, P., & Betsch, T. (Eds.), *Frequency processing and cognition*, Oxford: Oxford University Press, 175-188.

Reed, E. S. (1994). Perception is to self as memory is to selves. In Neisser, U., & Fivush, R. (Eds.), *The remembering self: Construction and accuracy in the self-narrative*, Cambridge: Cambridge University Press, 278-292.

Reimer, A., & Kuehn, R. (2005). The impact of servicescape on quality perception. *European Journal of Marketing*, 39 (7/8), 785-808.

Repp, B. H. (1995). Detectability of duration and intensity increments in melody tones: A partial connection between music perception and performance. *Perception & Psychophysics*, 57 (8), 1217-1232.

Reutskaja, E., Nagel, R., Camerer, C. F., & Rangel, A. (2011). Search dynamics in consumer choice under time pressure: An eye-tracking study. *American Economic Review,* 101 (2), 900-926.

Rhodes, M. G., & Castel, A. D. (2009). Metacognitive illusions for auditory information: Effects on monitoring and control. *Psychonomic Bulletin & Review,* 16 (3), 550-554.

Rim, S., Amit, E., Fujita, K., Trope, Y., Halbeisen, G., & Algom, D. (2015). How words transcend and pictures immerse: On the association between medium and level of construal. *Social Psychological and Personality Science,* 6 (2), 123-130.

Ross, B. I., & Richards, J. I. (2008). *A century of advertising education,* Chicago, IL: American Academy of Advertising.

Ross, M. (1989). Relation of implicit theories to the construction of personal histories. *Psychological Review,* 96 (2), 341-357.

Rossiter, J. R., & Percy, L. (1997). *Advertising communication and promotion management,* 2nd ed., Boston, MA: Irwin McGraw-Hill (青木幸弘・岸志津江・亀井昭宏監訳『ブランド・コミュニケーションの理論と実際』東急エージェンシー出版部, 2000年).

Rothman, A. J., & Schwarz, N. (1998). Constructing perceptions of vulnerability: Personal relevance and the use of experiential information in health judgments. *Personality and Social Psychology Bulletin,* 24 (10), 1053-1064.

Rusconi, E., Kwan, B., Giordano, B. L., Umiltà, C., & Butterworth, B. (2006). Spatial representation of pitch height: The SMARC effect. *Cognition,* 99 (2), 113-129.

Russell, C. A. (2002). Investigating the effectiveness of product placements in television shows: The role of modality and plot connection congruence on brand memory and attitude. *Journal of Consumer Research,* 29 (3), 306-318.

Russo, J. E. (2010). Eye fixations as a process tree. In Schulte-Mecklenbeck, M., Kühberger, A., & Ranyard, R. (Eds.), *Handbook of process tracing methods for decision research: A critical review and user's guide,* New York, NY: Psychology Press, 43-64.

Russo, J. E., Carlson, K. A., & Meloy, M. G. (2006). Choosing an inferior alternative. *Psychological Science,* 17 (10), 899-904.

Russo, J. E., Medvec, V. H., & Meloy, M. G. (1996). The distortion of information during decisions. *Organizational Behavior and Human Decision Process,* 66 (1), 102-110.

Russo, J. E., Meloy, M. G., & Medvec, V. H. (1998). Predecisional distortion of product information. *Journal of Marketing Research,* 35 (4), 438-452.

Salgado-Montejo, A., Velasco, C., Oliver, J. S., Alvarado, J., & Spence, C. (2014). Love for logos: Evaluating the congruency between brand symbols and typefaces and their relation to emotional words. *Journal of Brand Management,* 21 (7-8), 635-649.

Schifferstein, H. N. J., & Howell, B. F. (2015). Using color-odor correspondences for fragrance packaging design. *Food Quality and Preference,* 46, 17-25.

Schneider, I. K., Rutjens, B. T., Jostmann, N. B., & Lakens, D. (2011). Weighty matters: Importance literally feels heavy. *Social Psychological and Personality Science,* 2 (5), 474-478.

Schulz-Hardt, S., Frey, D., Lüthgens, C., & Moscovici, S. (2000). Biased information search in group decision making. *Journal of Personality and Social Psychology*, 78 (4), 655-669.

Schwarz, N. (2004). Metacognitive experiences in consumer judgment and decision making. *Journal of Consumer Psychology*, 14 (4), 332-348.

Schwarz, N., & Clore, G. L. (2007). Feelings and phenomenal experiences. In Kruglanski, A., & Higgins, E. T. (Eds.), *Social psychology: Handbook of basic principles*, 2nd ed., New York, NY: Guilford, 385-407.

Schwarz, N., Frey, D., & Kumpf, M. (1980). Interactive effects of writing and reading a persuasive essay on attitude change and selective exposure. *Journal of Experimental Social Psychology*, 16 (1), 1-17.

Semin, G. R., Higgins, T., Gil de Montes, L., Estourget, Y., & Valencia, J. F. (2005). Linguistic signatures of regulatory focus: How abstraction fits promotion more than prevention. *Journal of Personality and Social Psychology*, 89 (1), 36-45.

Seo, H.-S., Arshamian, A., Schemmer, K., Scheer, I., Sander, T., Ritter, G., & Hummel, T. (2010). Cross-modal integration between odors and abstract symbols. *Neuroscience Letters, 478* (3), 175-178.

Shafir, E. (1993). Choosing versus rejecting: Why some options are both better and worse than others. *Memory & Cognition*, 21 (4), 546-556.

Shafir, E., Simonson, I., & Tversky, A. (1993). Reason-based choice. *Cognition*, 49 (1-2), 11-36.

Shapiro, S. A., & Nielsen, J. H. (2013). What the blind eye sees: Incidental change detection as a source of perceptual fluency. *Journal of Consumer Research*, 39 (6), 1202-1218.

Shaw, J. I., Bergen, J. E., Brown, C. A., & Gallagher, M. E. (2000). Centrality preferences in choices among similar options. *Journal of General Psychology*, 127 (2), 157-164.

Shen, H., Jiang, Y., & Adaval, R. (2010). Contrast and assimilation effects of processing fluency. *Journal of Consumer Research*, 36 (5), 876-889.

Shen, H., & Sengupta, J. (2014). The crossmodal effect of attention on preferences: Facilitation versus impairment. *Journal of Consumer Research*, 40 (5), 885-903.

Sherman, E., Mathur, A., & Smith, R. B. (1997). Store environment and consumer purchase behavior: Mediating role of consumer emotions. *Psychology & Marketing*, 14 (4), 361-378.

Shiffrin, R. M., & Atkinson, R. C. (1969). Storage and retrieval processes in long-term memory. *Psychological Review*, 76 (2), 179-193.

Simmons, J. P., & Nelson, L. D. (2006). Intuitive confidence: Choosing between intuitive and nonintuitive alternatives. *Journal of Experimental Psychology: General*, 135 (3), 409-428.

Simonson, I., & Rosen, E. (2014). *Absolute value: What really influences customers in the age of (nearly) perfect information*, New York, NY: HarperCollins Publishers（千葉敏生訳『ウソはバレる──「定説」が通用しない時代の新しいマーケティング』ダイヤモンド社，2016年）.

Simonson, I., & Tversky, A. (1992). Choice in context: Tradeoff contrast and extremeness aversion. *Journal of Marketing Research*, 29 (3), 281-295.

Smith, W. (1989). Trends in retail lighting. *International Journal of Retail & Distribution Management*, 17 (5), 30-32.

Sobel, M. E. (1982). Asymptotic confidence intervals for indirect effects in structural equation model. In Leinhardt, S. (Ed.), *Sociological methodology*, 13, San Francisco, CA: Jossey-Bass, 290-312.

Song, H., & Schwarz, N. (2008). If it's hard to read, it's hard to do: Processing fluency affects effort prediction and motivation. *Psychological Science*, 19 (10), 986-988.

Song, H., & Schwarz, N. (2010). If it's easy to read, it's easy to do, pretty, good, and true. *The Psychologist*, 23 (2), 108-111.

Spangenberg, E. R., Crowley, A. E., & Henderson, P. W. (1996). Improving the store environment: Do olfactory cues affect evaluations and behaviors? *Journal of Marketing*, 60 (2), 67-80.

Spangenberg, E. R., Grohmann, B., & Sprott, D. E. (2005). It's beginning to smell (and sound) a lot like Christmas: The interactive effects of ambient scent and music in a retail setting. *Journal of Business Research*, 58 (11), 1583-1589.

Spence, C. (2011). Crossmodal correspondences: A tutorial review. *Attention, Perception, & Psychophysics*, 73 (4), 971-995.

Spence, C. (2012). Mapping sensory expectations concerning products and brands: Capitalizing on the potential of sound and shape symbolism. *Journal of Consumer Psychology*, 22 (1), 37-54.

Spence, C., & Deroy, O. (2013). How automatic are crossmodal correspondences? *Consciousness and Cognition*, 22 (1), 245-260.

Spence, C., & Piqueras-Fiszman, B. (2014). *The perfect meal: The multisensory science of food and dining*, Oxford: John Wiley & Son.

Spence, C., Puccinelli, N. M., Grewal, D., & Roggeveen, A. L. (2014). Store atmospherics: A multisensory perspective. *Psychology & Marketing*, 31 (7), 472-488.

Spence, C., Richards, L., Kjellin, E., Huhnt, A.-M., Daskal, V., Scheybeler, A., Velasco, C., & Deroy, O. (2013). Looking for crossmodal correspondences between classical music and fine wine. *Flavour*, 2, 29.

Spence, C., & Wang, Q. (J.) (2015). Wine and music (I): On the crossmodal matching of wine and music. *Flavour*, 4, 34.

Stainsby, T., & Cross, I. (2016). The perception of pitch, In Hallam, S., Cross, I., & Thaut, M. (Eds.), *Oxford handbook of music psychology*, 2nd ed., Oxford: Oxford University Press, 63-79.

Summers, T. A., & Hebert, P. R. (2001). Shedding some light on store atmospherics: Influence of illumination on consumer behavior. *Journal of Business Research*, 54 (2), 145-150.

Sungur, H., Hartmann, T., & van Koningsbruggen, G. M. (2016). Abstract mindsets increase believability of spatially distant online messages. *Frontiers in Psychology*, 7, 1056.

Tetlock, P. E., & Boettger, R. (1989). Accountability: A social magnifier of the dilution effect. *Journal of Personality and Social Psychology*, 57 (3), 388–398.

Thomas, M., & Tsai, C. I. (2012). Psychological distance and subjective experience: How distancing reduces the feeling of difficulty. *Journal of Consumer Research*, 39 (2), 324–340.

Torelli, C. J., & Kaikati, A. M. (2009). Values as predictors of judgments and behaviors: The role of abstract and concrete mindsets. *Journal of Personality and Social Psychology*, 96 (1), 231–247.

Treisman, A. (1996). The binding problem. *Current Opinion in Neurobiology*, 6 (2), 171–178.

Treisman, A. M., & Gelade, G. (1980). A feature-integration theory of attention. *Cognitive Psychology*, 12 (1), 97–136.

Trope, Y., & Liberman, N. (2000). Temporal construal and time-dependent changes in preference. *Journal of Personality and Social Psychology*, 79 (6), 876–889.

Trope, Y., Liberman, N., & Wakslak, C. (2007). Construal level and psychological distance: Effects on representation, prediction, evaluation, and behavior. *Journal of Consumer Psychology*, 17 (2), 83–95.

Tsai, C. I., & Thomas, M. (2011). When does feeling of fluency matter?: How abstract and concrete thinking influence fluency effects. *Psychological Science*, 22 (3), 348–354.

Turley, L. W., & Milliman, R. E. (2000). Atmospheric effects on shopping behavior: A review of the experimental evidence. *Journal of Business Research*, 49 (2), 193–211.

Tuzovic, S. (2009). Key determinants of real estate service quality among renters and buyers. *Journal of Services Marketing*, 23 (7), 496–507.

Tversky, A., & Kahneman, D. (1973). Availability: A heuristic for judging frequency and probability. *Cognitive Psychology*, 5 (2), 207–232.

van der Laan, L. N., Hooge, I. T. C., de Ridder, D. T. D., Viergever, M. A., & Smeets, P. A. M. (2015). Do you like what you see?: The role of first fixation and total fixation duration in consumer choice. *Food Quality and Preference*, 39, 46–55.

van Rompay, T. J. L., Fransen, M. L., & Borgelink, B. G. D. (2014). Light as a feather: Effects of packaging imagery on sensory product impressions and brand evaluation. *Marketing Letters*, 25 (4), 397–407.

Vargo, S. L., & Lusch, R. F. (2006). Service-dominant logic: What it is, what it is not, what it might be. In Lusch, R. F., & Vargo, S. L. (Eds.), *The service dominant logic of marketing: Dialog, debate and directions*, Armonk, NY: M. E. Sharpe, 43–56.

Vaughn, R. (1980). How advertising works: A planning model. *Journal of Advertising Research*, 20 (5), 27–33.

Vieira, V. A. (2013). Stimuli-organism-response framework: A meta-analytic review in the store environment. *Journal of Business Research*, 66 (9), 1420–1426.

Vilnai-Yavetz, I., & Rafaeli, A. (2006). Aesthetics and professionalism of virtual servicescapes. *Journal of Service Research*, 8 (3), 245–259.

von Hippel, E. (1976). The dominant role of the user in the scientific instruments innovation process. *Research Policy*, 5 (3), 212–239.

Wagner, S., Winner, E., Cicchetti, D., & Gardner, H. (1981). "Metaphorical" mapping in human infants. *Child Development*, 52 (2), 728-731.

Wakefield, K. L., & Baker, J. (1998). Excitement at the mall: Determinants and effects on shopping response. *Journal of Retailing*, 74 (4), 515-539.

Wakefield, K. L., & Blodgett, J. G. (1996). The effect of the servicescape on customers' behavioral intentions in leisure service settings. *Journal of Services Marketing*, 10 (6), 45-61.

Wakefield, K. L., & Blodgett, J. G. (1999). Customer response to intangible and tangible service factors. *Psychology & Marketing*, 16 (1), 51-68.

Walker, P. (2012). Cross-sensory correspondences and naive conceptions of natural phenomena. *Perception*, 41 (5), 620-622.

Walker, P., Francis, B. J., & Walker, L. (2010). The brightness-weight illusion: Darker objects look heavier but feel lighter. *Experimental Psychology*, 57 (6), 462-469.

Wang, Q. J., Wang, S., & Spence, C. (2016). "Turn up the taste": Assessing the role of taste intensity and emotion in mediating crossmodal correspondences between basic tastes and pitch. *Chemical Senses*, 41 (4), 345-356.

Ward, P., Davies, B. J., & Kooijman, D. (2003). Ambient smell and the retail environment: Relating olfaction research to consumer behavior. *Journal of Business and Management*, 9 (3), 289-302.

Werner, H. (1957). *Comparative psychology of mental development* (Rev. ed.), Oxford: International Universities Press.

West, K., & Bruckmüller, S. (2013). Nice and easy does it: How perceptual fluency moderates the effectiveness of imagined contact. *Journal of Experimental Social Psychology*, 49 (2), 254-262.

Winkielman, P., & Cacioppo, J. T. (2001). Mind at ease puts a smile on the face psychophysiological evidence that processing facilitation elicits positive affect. *Journal of Personality and Social Psychology*, 81 (6), 989-1000.

Woods, A. T., Velasco, C., Levitan, C. A., Wan, X., & Spence, C. (2015). Conducting perception research over the internet: A tutorial review. *PeerJ*, 3, e1058.

Wright, S., Manolis, C., Brown, D., Guo, X., Dinsmore, J., Chiu, C.-Y. P., & Kardes, F. R. (2012). Construal-level mind-sets and the perceived validity of marketing claims. *Marketing Letters*, 23 (1), 253-261.

Wyer, R. S., & Srull, T. K. (1989). *Memory and cognition in its social context*, Hillsdale, NJ: Erlbaum.

Xu, J., Robert, S., Wyer, R. S. J. (2007). The effect of mind-sets on consumer decision strategies. *Journal of Consumer Research*, 34 (4), 556-566.

Yalch, R. F., & Spangenberg, E. R. (1990). Effects of store music on shopping behavior. *Journal of Services Marketing*, 4 (1), 31-39.

Yalch, R. F., & Spangenberg, E. R. (2000). The effects of music in a retail setting on real and perceived shopping times. *Journal of Business Research*, 49 (2), 139-147.

Yoo, C., Park, J., & MacInnis, D. J. (1998). Effects of store characteristics and in-store emotional experience on store attitude. *Journal of Business Research*, 42 (3), 253-263.

Yoon, Y., Sarial-Abi, G., & Gürhan-Canli, Z. (2012). Effect of regulatory focus on selective information processing. *Journal of Consumer Research*, 39 (1), 93-110.

Yorkston, E., & Menon, G. (2004). A sound idea: Phonetic effects of brand names on consumer judgments. *Journal of Consumer Research*, 31 (1), 43-51.

Yzerbyt, V., & Demoulin, S. (2010). Intergroup relations. In Fiske, S. T., Gilbert, D. T., & Lindzey, G. (Eds.), *Handbook of social psychology*, Hoboken, NJ: Wiley.

Zander, M. F. (2006). Musical influences in advertising: How music modifies first impressions of product endorsers and brands. *Psychology of Music*, 34 (4), 465-480.

Zuckerman, M., & Miyake, K. (1993). The attractive voice: What makes it so? *Journal of Nonverbal Behavior*, 17 (2), 119-135.

Zwick, D., Bonsu, S. K., & Darmody, A. (2008). Putting consumers to work: 'Co-creation' and new marketing governmentality. *Journal of Consumer Culture*, 8 (2), 163-196.

〈邦 文 文 献〉

青木幸弘（2010）『消費者行動の知識』日本経済新聞出版社。

青木幸弘・新倉貴士・佐々木壮太郎・松下光司（2012）『消費者行動論——マーケティングとブランド構築への応用』有斐閣。

秋山隆平（2007）『情報大爆発——コミュニケーション・デザインはどう変わるか』宣伝会議。

阿部周造（1984）「消費者情報処理理論」中西正雄編『消費者行動分析のニュー・フロンティア——多属性分析を中心に』誠文堂新光社，119-163 頁。

阿部周造（2009）「解釈レベル理論と消費者行動研究」『流通情報』第 41 巻第 4 号，6-11 頁。

阿部周造（2013）『消費者行動研究と方法』千倉書房。

池谷祐二・木村俊介（2008）『ゆらぐ脳』文藝春秋。

石井淳蔵（2012）『マーケティング思考の可能性』岩波書店。

石井淳蔵・石原武政編（1999）『マーケティング・ダイアログ——意味の場としての市場』白桃書房。

石井裕明・恩藏直人・寺尾祐美（2008）「パッケージにおける言語的情報と非言語的情報の配置の効果」『商品開発・管理研究』第 4 巻第 1 号，2-16 頁。

石井裕明・平木いくみ（2016）「店舗空間における感覚マーケティング」『マーケティングジャーナル』第 35 巻第 4 号，52-71 頁。

石原武政（1999）「不特定な市場とのコミュニケーション——『仮説的根拠づくり』の意義」石井淳蔵・石原武政編『マーケティング・ダイアログ——意味の場としての市場』白桃書房，259-286 頁。

石淵順也（2016）「店舗内の快感情は衝動購買をさせるだけか」『マーケティングジャーナル』第 35 巻第 4 号，27-51 頁。

江戸克栄（2007）「コンテクストの自己編集——自己を紡ぎ出すスローファッション」原田保・三浦俊彦編『スロースタイル——生活デザインとポストマスマーケティング』新評論，165-190 頁。

岡直樹（2005）「長期の記憶」海保博之編『認知心理学』朝倉書店，47-76 頁。

小川進（2013）『ユーザーイノベーション——消費者からはじまるものづくりの未来』東洋経済新報社。

恩藏直人（2007）『コモディティ化市場のマーケティング論理』有斐閣。

須藤信行（2009）「腸内細菌と脳腸相関」『福岡医学雑誌』第 100 巻第 9 号，298-304 頁。

須永努（2005）「消費者による情報創造——推論に基づく属性信念の形成」『流通研究』第 8 巻第 1 号，69-85 頁。

須永努（2010）『消費者の購買意思決定プロセス——環境変化への適応と動態性の解明』青山社。

須永努・石井裕明（2012）「消費者行動研究における解釈レベル理論の展開」『日経広告研究所報』第 263 号，23-29 頁。

高橋雅延（2000）「記憶と自己」太田信夫・多鹿秀継編『記憶研究の最前線』北大路書房，229-246 頁。

田中洋（2008）『消費者行動論体系』中央経済社。

千々岩英彰（2001）『色彩学概説』東京大学出版会。

外川拓・八島明朗（2014）「解釈レベル理論を用いた消費者行動研究の系譜と課題」『消費者行動研究』第 20 巻第 2 号，65-94 頁。

永井竜之介・恩藏直人・大嶋俊之（2016）「消費者の買い回り行動と感情——南町田グランベリーモールにおける GPS 調査を通じて」『マーケティングジャーナル』第 35 巻第 4 号，90-104 頁。

中西正雄（1984）「消費者行動の多属性分析」中西正雄編『消費者行動分析のニュー・フロンティア——多属性分析を中心に』誠文堂新光社，2-26 頁。

中西正雄（2012）「60 年代の消費者行動研究を回顧する」日本消費者行動研究学会第 44 回消費者行動研究コンファレンス発表（基調講演）資料。

新倉貴士（1999）「知覚符号化の二つの側面——属性水準と知覚符号化」『商学論究』第 46 巻第 5 号，73-87 頁。

新倉貴士（2005）『消費者の認知世界——ブランドマーケティング・パースペクティブ』千倉書房。

新倉貴士（2011）「第二世代の情報処理研究」『商学論究』第 58 巻第 4 号，91-110 頁。

西本章宏（2010）「消費者の認知的精緻化による市場境界線の拡張——『適度に不一致』な製品拡張の可能性」『消費者行動研究』第 16 巻第 2 号，27-50 頁。

沼上幹（2000）『行為の経営学——経営学における意図せざる結果の探求』白桃書房。

箱田裕司・都築誉史・川端秀明・萩原滋（2010）『認知心理学』有斐閣。

深谷克典（2012）「17 世紀バロック——黄金の世紀」千足伸行監修『大エルミタージュ美術館展——世紀の顔・西洋絵画の 400 年』日本テレビ放送網，65 頁。

福岡伸一（2009）『動的平衡——生命はなぜそこに宿るのか』木楽舎。

福土審（2007）『内臓感覚——脳と腸の不思議な関係』日本放送出版協会。

松岡正剛（2001）『知の編集工学』朝日新聞社。

三浦俊彦（2013）『日本の消費者はなぜタフなのか——日本的・現代的特性とマーケティング対応』有斐閣。

水野由多加（1999）「広告の『対話性』——そのコミュニケーションの観点からの成否条件の探索」石井淳蔵・石原武政編『マーケティング・ダイアログ——意味の場としての市場』白桃書房，65-100 頁。

室井尚（1991）『情報宇宙論』岩波書店。

和田充夫（2011）「消費者行動研究の忘れもの——アート財消費の観点から」『商学論究』第 58 巻第 4 号，217-230 頁。

あ と が き

　筆者がマーケティングというものの存在に出会ったのは，早稲田大学商学部に在籍していた時のことであるから，もう20年以上も前のことになる。3年生になってマーケティングのゼミである宮澤永光教授のゼミに入り，マーケティングの考え方に惹かれたことを覚えている。消費者行動を専門に研究を始めたのは大学院修士課程に入ってからであるので，今のところおよそ18年程度の研究期間ということになる。18年間消費者行動を研究して思うことは，自分が消費者行動についていかに知らないかということ，そして，研究は面白いということである。

　早稲田大学大学院商学研究科では修士課程，博士後期課程の計5年間，恩藏直人教授に指導教授としてご指導をいただいた。研究者としての視点のもち方，研究の進め方，研究とはどうあるべきかなど，研究者として私の基礎になっているものはすべて恩藏先生から教えていただいたものである。大学の教員になってからも，恩藏先生とはたくさんの共同研究をし，非常に多くのことを学ばせていただいた。現在では共同研究の機会が減ってしまい非常に残念に思っているが，恩藏先生が携わっているご研究の学会発表や論文を拝聴，拝読することで，直接的ではないが今でも恩藏先生からご指導をいただいている気分に勝手になっている。本書を読んだ恩藏先生が，私の成長を少しでも感じてくださったならば，それ以上の喜びはない。

　私をマーケティングの世界へ導いてくださった宮澤永光先生（早稲田大学名誉教授）にも，この場を借りて改めて感謝申し上げたい。宮澤先生はいつも温かく見守り，励まし続けてくださっている。恩藏先生が研究者としての私の「育ての親」であるならば，宮澤先生は「生みの親」といえる。宮澤ゼミに入ってから20年以上が経つので，もう成人していなければいけないが（2022年4月から成人年齢は18歳に引き下げられることが決まったので，恩藏先生から見ても成人していなければいけないことになるのだが），果たして自分は

207

心配の要らない大人（一人前の研究者）になれているだろうか。「まだまだ」という宮澤先生の声が聞こえてきそうである。

阿部周造先生（横浜国立大学名誉教授），守口剛先生（早稲田大学教授）には，学会や研究会などで大変お世話になっている。阿部先生は本書でも取り上げた解釈レベル理論に日本でいち早く着目し，解釈レベル理論の研究会を立ち上げられた。その研究会に参加させていただき，阿部先生や守口先生と議論できたことは非常に大きな経験であり，それは本書にも活かされている。

また，和田充夫先生（慶應義塾大学名誉教授），新倉貴士先生（法政大学教授）には，公私ともにお世話になっている。和田先生はいつも，大きな視点をもつことの重要性を私に説いてくださった。本書の第1章，第6章，第7章の根底にはそうした和田先生の教えが脈々と流れている。新倉先生は，私が勤務する関西学院大学商学部の先達であり，私にとって憧れの消費者行動研究者である。新倉先生からも，研究のフォーマットではなく，研究の背後にある「研究者の想い」が重要であることを学んだ。今では私もゼミの学生や大学院生に指導する際，その重要性を伝えようと努めている。

久保田進彦先生（青山学院大学教授），澁谷覚先生（学習院大学教授）にも御礼を申し上げたい。お二人には著書の出版ならびに研究会等でご一緒する機会が多く，いつも学問的な刺激を与えていただいている。久保田先生，澁谷先生と会議などでお話ししていると，これまで自分にはなかった視点に気づかされ，はっとすることが多い。まだ駆け出しの頃，研究することで精一杯だった私に，マーケティング研究者は，消費者の操作を目的とするような研究をしてはいけないということを教えてくれたのは久保田先生である。

日本の消費者行動研究黎明期において，中西正雄先生（関西学院大学名誉教授），池尾恭一先生（明治学院大学教授・慶應義塾大学名誉教授），青木幸弘先生（学習院大学教授）など，当時，関西学院大学商学部に在籍していた先人たちは，その中心的存在として学界を支え，牽引してきた。その歴史と伝統を引き継ぐ関学商学部マーケティング・コースの一員になれたことを，消費者行動研究者として非常に光栄に思っている。現在も優れた専門家が揃うマーケティング・コースの先生方にも，この場を借りて日頃の感謝を申し上

あとがき

げたい。とくに，世代も研究テーマも近い石淵順也教授は，勝手がわからない私にとって頼れる相談相手であり，普段から親切かつ的確なアドバイスをいただいている。8年前，慣れない関西の地に移り住んだ私を温かく迎え，接してくださる職場環境がなかったならば，本書が生まれることもなかったと思う。

2014～2015年に在外研究の機会を与えていただいたことにも，大変感謝している。その際，英国オックスフォード大学（University of Oxford）で過ごした日々は，研究者としての大きなターニング・ポイントになった。客員研究員として受け入れてくれた同大学のCharles Spence教授は多感覚研究で600本以上の論文を発表しており，それらの論文の被引用回数は3万回を超えている。マーケティングへの応用研究にも積極的である。世界で最も注目されるクロスモーダル研究者であるSpence教授と一緒に共同研究をすることができたのは，研究の国際化を進める上で非常に貴重な経験となった。Spence教授の自宅で開かれたパーティーに招いてもらったことも，今では良い思い出となっている。

そのSpence教授が所長を務めるCrossmodal Research Laboratoryでの研究生活は，研究者としての幅を広げてくれた。同研究所はオックスフォード大学のDepartment of Experimental Psychologyにあり，実験的手法の心得を学ぶことができた。Crossmodal Research Laboratoryには，世界中から優れた若手研究者が続々と集まってくる。Yi-Chuan Chen（labの案内役として非常に良くしてくれた），Carlos Velasco（現在はノルウェー経営大学専任講師），Alejandro Salgado Montejo（現在はコロンビアのラ・サバナ大学教授），Jae Lee，Janice（Qian）Wangなど，labでともに研究に励んだ仲間の存在は大きな刺激となった。自分が思い描いたような実験結果は，そう簡単に得られるものではない。繰り返される失敗と時折訪れる小さな成功。研究者が掴むべき真理はその中にこそあるということを，オックスフォードの仲間たちは教えてくれた。

多感覚知覚をマーケティングへ応用する研究で多くの論文を発表しているVelasco先生とは，私の在外期間中に，彼がオックスフォード大学で博士号

（D. Phil.）を取得した縁もあり，現在も研究を通じて親しくさせていただいている。また，朴宰佑先生（武蔵大学教授）は私より一足先に同じ lab へ留学されており，研究だけでなく多くの面で大変お世話になった。異国での生活を始めた私にとって，朴先生の存在は非常にありがたかった。

　本書の出版にあたっては，株式会社有斐閣書籍編集第 2 部の柴田守氏に大変お世話になった。企画を相談した段階から発刊に至るまで，非常に丁寧な編集作業に加え，多くの助言と励ましのお言葉をいただいた。心より感謝申し上げたい。

　最後に，「努力する」という才能を私に授けてくれた父，知性を磨くことが人生をいかに豊かにするかを私に示してくれた母，いつも私を正しい道へと導いてくれる兄に感謝の意を表したい。私に才能と呼べるものがあるとすれば，「努力できること」くらいしかない。しかし，それは私が生きていく上で，掛け替えのないものであると感じている。ここで私的な思いをつづるのは不適切なことかもしれないが，私が研究者としての道を歩めるようになったのは，家族の支えがあったからである。

　そして，私をいつもサポートしてくれる妻，どんな時も無条件に私を笑顔にし，温かく穏やかな気持ちで心を満たしてくれる二人の娘にこう言いたい。私の研究がほんの少しでも社会の役に立つことができているとすれば，それは君たちのおかげであると。私が研究に励むことができるのは，君たちがいるおかげなのだから。

　　　2018 年 9 月

　　　　　　　　　　　　　　　　　　　　　　　　　　須永　努

索　引

事項索引

◆ アルファベット

AI　→人工知能
AIDMA　10
AMA　→アメリカ・マーケティング協会
ANOVA　→分散分析
BGM　13, 47, 51, 100, 105, 117, 119, 122-124, 128, 130, 131, 138, 150
BI　→行動意図
brightness　65
CDP モデル　→消費者意思決定プロセスモデル
CID モデル　→消費者情報消化モデル
C to C　14, 166
EKB（Engel-Kollat-Blackwell）モデル　10
e コマース　56, 180
FMCG　→日用消費財
GPS　183
IMC　55
MANOVA　→多変量分散分析
POP　48, 49
PROCESS macro　121
Schmid-Leiman 因子構造　50
SDS（search for a dominance structure）理論　146, 148, 157, 165
SME　→逐次低減効果
SNS　38
S-O-R　10, 59
t 検定　72
WOMMA　→アメリカ・クチコミ・マーケティング協会
WTP　→支払意思額

◆ あ 行

アサエルの購買行動類型　11

味　1, 12, 22, 42, 43, 62, 64
アート・マーケティング　132
アメリカ・クチコミ・マーケティング協会（Word of Mouth Marketing Association：WOMMA）　56
アメリカ・マーケティング協会（AMA）　57
アロイアン検定（Aroian tests）　135
意　識　16, 26, 52, 61, 87, 88, 100, 138, 147, 154, 169, 172, 175
意思決定方略　27, 28
異質性　138
異質的集団　168
位　置　13, 41, 49, 64-69, 73, 74, 78-80, 83-86, 91-97, 99, 101, 103, 104, 108, 109, 132, 138, 144
位置効果（location effect）　65, 78, 83, 85, 86, 92, 97
一致効果（congruency effect）　73, 95, 97, 103, 105, 106, 109, 116, 120, 122, 123, 126, 128, 129, 134
一般化可能性　85, 86, 97
意図せざる結果（unintended consequence）　142, 145, 152, 155
移入（transportation）　40
意味ネットワーク・モデル　10
イメージ教示法　150
色　13, 38, 42, 44, 46-49, 51-54, 56, 58, 64-66, 69, 72, 74, 79, 85, 93, 94, 96, 98, 100, 103, 107, 138, 144
──の三属性　53, 54
印象　44
インストア・マーケティング　58, 132
インターネット販売　12, 56
インターネット・マーケティング　180
ヴァレンス　164

211

ヴェルテン法　　150
ウォンツ（wants）　　140
売　上　　41, 49
エグゼンプラー　　35
エピソード知識　　143
エントロピー　　174, 175
音　　12, 42, 51, 58, 62-64, 68, 99, 101-104,
　　109, 111, 132, 134, 137, 143, 144, 152, 182
　　──の感覚の三要素　　101
　　──の高さ（ピッチ）　　68, 100-104, 132-
　　134
重　さ　　13, 64-66, 68-70, 96
音　楽　　13, 36, 48-53, 56, 57, 63, 100-103,
　　105, 107-111, 113, 114, 117, 122, 126-132,
　　137, 138, 150, 174
　　──心理学（music psychology）　　99,
　　101, 134
　　──の高さ　　13, 106, 108, 120, 126, 128
音響データ　　101
音　源　　101-103, 109-111, 113, 114, 126,
　　128, 144
音波（sound wave）　　144

　　◆か　行

外　観　　49
回帰分析　　120, 121
解釈主義　　153
解釈レベル（construal level）　　13, 38, 39,
　　103, 105-107, 178
階層因子構造　　50
概念（理論）モデル　　173
買い場　　58
買回行動　　16, 164
買い物　　9, 24, 41, 58, 63, 96
　　──意欲　　23
　　──運動量効果（shopping momentum ef-
　　fect）　　22, 23
　　──経験　　13, 63, 64
快楽的製品　　25, 26
カウンター・バランス　　71, 76, 77
香　り　　36, 39, 41, 43, 48, 51, 52, 63, 64, 95,
　　98

価　格　　18-20, 32, 49, 55, 58, 85, 87-89, 93,
　　168, 179
学　習　　7, 62, 63, 75
覚　醒　　53, 55, 63, 164, 166
覚醒探求性向（arousal-seeking tendency）
　　59
拡大的連想　　163
確率型推論　　164
確率論　　173
カスタマー・コンピタンス・マーケティング
　　143
仮　説　　37, 44, 45, 68, 74, 84, 87, 93, 94, 100,
　　103, 108, 109, 128, 158-162, 164, 173
価値共創（co-creation of value／value co-cre-
　　ation）　　143, 145
カテゴリー化　　10, 40
カテゴリー知識構造　　10
カテゴリー・メンバー　　40
構え効果（einstellung effect）　　27
感　覚　　7, 9, 42, 62, 170
　　──間相互作用　　42, 177, 182
　　──対応（sensory correspondence）
　　12, 13, 46, 61-64, 66, 67, 79, 94-96, 99, 103,
　　104, 108, 109
　　──マーケティング（sensory marketing）
　　7-9, 12, 13, 61, 62, 99, 100, 129, 177, 178,
　　182, 183
　　──モダリティ　　13, 42, 43, 58, 62, 63,
　　104
　　──レジスター　　148
間隔尺度　　111-113
環　境　　12, 23, 44, 47-49, 55, 58, 63, 74, 95
　　──コンテクスト　　159, 167-170, 173,
　　179, 181
　　──心理学（environmental psychology）
　　48, 53
　　──デザイン　　60
頑健性　　25, 93, 94
感　情　　7, 28-30, 150, 163, 164, 179
　　──状態　　28, 54, 164
　　──的反応　　48, 59
　　──的満足　　51

索　引

——と認知の相互作用　150
間接効果　121, 122
関　与　10, 27, 28, 59, 140, 149, 163, 164
記　憶　30, 44, 45, 101, 139, 147, 151, 153, 154, 157-162, 164, 168, 171, 173, 174
——の二重貯蔵庫モデル　10
企業組織　165
企業文化　165
期　待　11, 43, 45, 102, 139, 147, 158, 159, 161, 162, 170
輝度（luminance）　65, 68
機　能　8, 171, 177, 179, 180, 182
気　分　55, 181
——一致効果　162, 164
基本周波数（fundamental frequency）　101
客単価　96
客観的な根拠（objective evidence）　173
嗅　覚　41, 62, 63
強化（reinforcement）　21, 27, 28
境界条件　97, 134
共感覚（synaesthesia）　43
競合ブランド　167
競争バイアス　163
競争優位　8, 9, 95, 143, 145
共有コンテクスト　48
享楽プライム　88, 89, 92
距離感　13
均等割付　126
クチコミ　38, 52, 167, 178, 181
クロスモーダル対応（crossmodal correspondences）　41-44, 58, 61-63, 68, 100, 101, 103, 104, 107-109, 182
経営資源　165
計画的な対比（planned contrasts）　78, 120, 125
経験価値　43, 64, 182
経験的テスト　173
継続購買　174
結果志向　58
決定方略　146
健康プライム　88, 89, 92

検者間信頼性（inter-rater reliability）　88
好意度　37, 39, 67, 80, 81, 113-117, 119-122, 128
広　告　10, 11, 13, 34, 36, 39-41, 100, 101, 104-108, 120, 129-132, 142, 154, 178
——効果　54, 100, 105
——コピー　129
——情報処理　105
——態度　101
——メッセージ　129, 150
——露出　41
交互作用効果　54, 55, 78, 82-84, 91, 93, 118, 119, 124, 125
構成的処理（constructive processing）　146, 157
構造方程式モデリング　52
行　動　23, 24, 26, 41, 49, 50, 59, 99-101, 107, 152, 182
行動意図（behavioral intention：BI）　39, 51, 52, 67, 106, 119-122
行動主義　182
購入経験　86
購入後評価　17
購　買　171
——意思決定　11-13, 15-19, 23, 24, 29, 48, 49, 61, 92-94, 107, 165, 167, 170, 177, 183
——確率　48
——計画　24
——経験　13, 64
——行動　15, 17, 23, 49, 53, 58, 63, 67, 84, 94-96, 107
——量　16, 47
——履歴　17
効用理論　173
合理主義　2, 173
声　6, 99, 100, 102
誤帰属　30
顧　客　4, 5, 49, 51, 53, 57, 59, 60, 100, 143, 183
——志向　4, 5
——接点　167

――の愛顧　60

――のニーズ　4, 6

心　154, 179, 181, 183

固視（initial fixation）　68, 95

個人主義的文化圏　169

個人目標　165

コード（規範）　145, 156, 170

諺　172, 173

コピー　123-125, 133

コミュニケーション・バイアス　163, 165

コミュニケーション反応モデル　10

コモディティ化　8, 61

混合デザイン　81

コンセプト・ショップ　12, 56

コンテクスト　9, 18, 27, 30, 44, 45, 48, 103, 107, 137, 158, 159, 162-174, 177-179, 181

――効果　21

――・ブランディング　151

コントロール　71-76, 78

コントロール条件　71-73, 77, 79, 95

コンピレーション・マーケティング　161

◈ さ 行

再構成　153

――的想起（reconstructive remembering）　147, 156, 157, 160

再合成　45, 159-162, 164, 172, 174, 181

再構築（reconstructuring）　146, 155, 157, 171

再生　38, 107, 162

彩度（saturation）　53-55, 64, 65, 71, 97, 98

再訪問意向　51

再来店　47, 52

サウンド・シンボリズム（sound symbolism）　63

作業記憶　151, 171

サービス　8, 11, 12, 17, 32, 38, 56, 57, 59, 61, 69, 167, 178, 179

――スケープ（servicescape）　48, 49, 51

――品質　47, 51

参加者間デザイン／参加者間要因（between-participants factor）　66, 71, 81, 89, 111, 117, 123,

参加者内デザイン／参加者内要因（within-participants factor）　66, 72, 77, 80-82, 110, 113, 114, 116

3C バイアス　163

参照点　69-71, 160

視覚　8, 9, 12, 33, 51, 54, 61-64, 68, 69, 73, 74, 77, 79, 80, 94, 95, 97, 99, 104, 108, 109, 130, 144, 177

――探索（visual search）　63, 64, 69

――的注意　68, 95

時間的距離　81-83

時間的制約　151

色相（hue）　53-55, 71, 97, 98

刺激のスクリーニング能力　59

自己　142, 148, 173

――概念　26

――帰属（self-attribution）　26

――制御（self-control）　22, 24

――他者関係　142

――報告（self-report）方式　74

支出金額　47

市場開拓　139

市場浸透　139

システマティック　40, 68, 95

自尊心　25, 26

実験室実験　10, 53, 56, 126, 127

実験的アプローチ　47, 52, 53, 56, 177

実験デザイン　71, 81, 94, 110, 113, 117, 123

実店舗環境　56, 165, 169

品揃え　47, 53, 85

支払意思額（WTP）　67, 83-85, 92, 107, 123-126, 129, 131

社会的

――価値観　173

――状況　56

――制約　151

――認知　26

――要因　51, 56, 168

重回帰分析　120, 121

索　引

従業員　49-51, 53, 58
従属変数　72, 77, 78, 80, 82, 91, 92, 94, 111,
　115, 116, 118, 119, 124
集団思考（groupthink）　168
集団主義的文化圏　169
集団目標　165
周波数　13, 101-103, 106-134
重要性　14, 61, 80-83
主観的情報処理／主観に基づく情報処理
　145, 149, 183
主観的評価（subjective estimates）　173
主効果　72, 77, 78, 82-84, 91, 93, 95, 111,
　115, 118, 124, 125
主成分得点　124
主成分分析　124
消　化　14, 44-46, 48, 138, 143, 154-157,
　161-163, 172-176, 178, 181
衝動購買　24, 25, 53
消費経験　27, 174
消費行動　107, 174
消費者
　──意思決定プロセスモデル（CDP モデ
　　ル）　10, 17
　──イノベーション　143, 145
　──参加型製品開発　143
　──志向　4, 7
　──情報消化モデル（consumer informa-
　　tion digestion model：CID モデル）
　　14, 157-159, 162, 171-175, 178, 181
　──情報処理の基本構図　148-150
　──情報処理の統合モデル　151
　──情報処理モデル　11, 145, 153
　──特性　59
　──ニーズ　4, 6
　──のコンテクスト　138, 163
　──バイアス　163
消費体験主義　173
情　報
　──過多　63, 138
　──消化　46, 48, 138
　──処理　10-12, 29, 34, 36, 40, 45, 48, 59,
　　63, 64, 150, 151, 153-156, 164, 172, 173,

　　177, 180, 181
　──処理パラダイム　10, 11, 14, 145, 154,
　　175
　──処理プロセス　13, 14
　──処理様式　40
　──処理理論　59
　──創造　160
　──探索　17, 56
　──伝達　154, 155
　──統合　149
　──表示（information display）　146
　──量　95, 168
照　明　49-53, 55, 56
食　感　43, 64
触　覚　62, 63
処理方略　150
親近感　131
ジングル　64
人工知能（AI）　180, 183
新商品　3, 141
身体化された認知（embodied cognitive）
　36
心的表象　13, 105, 109, 131, 134
人的要因　49
信　念　50, 139, 146, 147, 160, 164, 165, 168
シンボル・マーク　31, 32
心理的距離　13, 38, 105, 108
心理的財布　20
推奨意向　54
錐体細胞　144
推　論　37, 38, 47, 146, 160, 164
スキーマ　10, 161, 162
ストア・イメージ　47, 56
ストア・マネジャー　52, 96
図と地の分化（figure-ground segregation）
　31-33, 46
ストーリー　40, 176, 178
生活空間　158, 159, 167
正規分布　121
制御焦点（regulatory focus）　24, 106, 130
精緻化見込みモデル（Elaboration Likeli-
　hood Model）　10

215

正当化（justification） 24-26

製品カテゴリー 17, 18, 22, 23, 86, 95, 96, 125, 130, 169

製品バリアント 85-87, 93, 96

接近−回避 59

絶対価値（absolute value） 179, 180

説得性 105

説得的コミュニケーション 40

セールス・プロモーション 38

選 好 7, 18, 25, 39-41, 62, 64, 67, 68, 80, 98, 118, 119, 146, 168

選 択 7, 8, 11, 12, 15-22, 24-27, 30, 44, 62-64, 67, 69, 73, 80, 82-85, 91, 93-95, 101, 103, 107, 108, 111, 118, 124, 126-131, 147, 180

──確率 17, 41, 83, 86, 87, 90, 92, 93, 97

──行動 15, 16, 26, 28, 39, 48, 150, 167, 174, 177

──肢評価 17

──的情報探索 146

──的注意 159

前注意 68

先有傾向 116

相互依存 15, 16, 26-28, 145, 164, 167, 177

相互協調的社会 170

操 作 31-33, 48, 52, 55, 56, 83, 91-93, 102, 106, 109, 123-125, 133, 164, 171

──チェック 90, 124

双方向因果（bi-directional causal path） 105

促進焦点（promotion focus） 24, 106, 169

ソーシャル 179-182

ソーシャル・メディア 179

ソニック・ロゴ（sonic logo） 63

ソベル検定 121, 135

素朴理論（naive theory） 37, 38

● た 行

滞在意向 51

滞在時間 47, 49

態 度 41, 109

代理変数 107, 124

ダウンストリーム効果 106-108, 123, 126, 128, 129

多感覚統合（multi-sensory integration） 42

妥協効果 168

他者性 140, 142, 145-147, 149, 152, 154, 156

妥当性 85, 106, 173

多変量分散分析（MANOVA） 119

短期（作業）記憶 148, 149

単純接触効果（mere exposure effect） 30, 37

知 覚 7, 8, 17, 19, 20, 29, 31-33, 41, 46, 49, 50, 53-55, 58, 62, 64-67, 69, 70, 74, 85, 96, 98, 99, 101-107, 109, 111-114, 117, 124, 128, 132-134, 141, 143, 144, 148, 153

──距離 102, 111-113, 115, 128, 132

──公正性 55

──システム 44

──重量（perceived heaviness） 64, 65, 71, 94

──的混乱 96

──に根ざした感情（grounded emotion） 62

──に根ざした認知（grounded cognition） 62

──の選択性 159

──品質 56, 59

──符号化 10, 149, 164

逐次選択（sequential choices） 20-22, 24, 26-28, 164, 174

逐次低減効果（sequential mitigation effect: SME） 24

知 識 34, 45, 59, 69, 82, 83, 86, 147, 148, 156, 157-162, 171, 174, 175, 183

──構造 149

チャンク化 10

注意獲得 95, 101

抽象度 109, 116-122, 130, 133, 134

チョイス・ブラインドネス（choice blindness） 147, 157

聴 覚 12, 62-64, 99, 102, 103, 108, 134,

索　引

144
長期記憶　148, 149
聴神経　144
調整変数　24, 27, 28, 59, 66, 97
丁度可知差異（just noticeable difference）
　41
直接販売　56
陳　列　64, 74
　——位置　75-78, 85, 95, 96, 165
　——棚　53
　——方法　13
対比較　70, 72, 77, 111, 113, 115, 116, 133
適応的意思決定プロセス　159
デモグラフィクス　69, 72, 82, 90
典型性　38
店　舗
　——環境（store environment）　48-50,
　53, 54, 58
　——好意度　47
　——特性　58
　——内環境　12, 36, 47-49, 51-53, 56, 58,
　59, 61, 94, 96, 97, 151, 177
　——内購買行動　95
動機づけ　106, 149, 151
同質的集団　168
同伴者　56, 165
独立性の検定　90
ドップラー効果　100, 102, 103,
取引費用論　152, 153
トレードオフ　18-20

◉ な　行

内　装　47-49, 51, 55
内的プロセス　59
中抜き　180
匂　い　43, 48, 49, 51, 52, 64
2次因子構造　50
ニーズ　140
　隠された（secret）——　6, 7
　顧客の——　4
　消費者——　4
　真の（real）——　6, 7

明言された（stated）——　6, 7
　明言されない（unstated）——　6, 7
　喜びの（delight）——　6, 7
日用消費財（fast moving consumer goods：
　FMCG）　131
ニューロ・マーケティング　44, 183
認　知　7, 23, 29, 32, 40, 44, 52, 62, 69, 86,
　91, 97, 99, 101, 104, 163
　——資源　40, 105
　——的焦点　91
　——的処理　41
　——的満足　51
　——バイアス　173
　——不協和　147, 157, 158, 165
　——プロセス　26, 182
　——容量　169
　——欲求　164
音色（timbre）　101
ネット・オークション　165
ネット販売　12, 56, 61
ノイズ　44, 171
脳腸軸（brain-gut axis）　155
脳腸相関（brain-gut connection／interac-
　tion）　155
脳の半球優位性　44
能　力　151

◉ は　行

バイアス補正型ブートストラップ法　121
媒介変数　30, 54
背景対比効果（background contrast effect）
　16-20, 26, 164
パースペクティブ理論　147, 148
外れ値　77
パーソナリティ　27, 28
パーソン消費　161
波　長　53, 54, 144, 145
パッケージ・デザイン　43, 44, 64, 85, 93
ハーモニー　102
バラエティ・シーキング　16, 22, 28, 47,
　165
バランス（balance）　20-22, 27, 28, 152,

164, 165

ハワード・シェス・モデル　10

判　断　12, 29, 30, 33, 37-39, 41, 80, 109,
119, 129, 131, 164, 169

判定者　87, 88

反応時間　75, 77-79, 94, 95, 108, 109

反復購買　27

光の三原色　144

非計画購買　16, 47

ビッグデータ　183

ヒューリスティクス（heuristics）　30, 40

評　価　2, 7, 8, 12, 17, 23, 30, 34, 37, 38, 40,
41, 43, 51, 54, 62, 64, 72, 82, 86, 87, 94,
106-109, 114, 116-123, 129, 131, 146, 148,
151

評価的反応　52, 119, 120, 122

標準誤差　73, 78, 89, 92, 112, 115, 119, 121,
125, 128

表　象　26, 30, 104, 108, 109, 120, 122, 126-
132, 134, 138, 142, 146, 160, 172

比例尺度　111, 113

品　質　1, 2, 8, 143, 177

フィードバック・パス　17

フィラー刺激（filler stimuli）　110

フィールド実験　53, 55, 107

フェイス数　69

複中心的視点　142

符号化　30

ブーバ／キキ効果　42, 43

不満足　17

プライミング（priming）　34, 35, 87, 89,
91-93, 96, 170

プライム　26, 34, 87-91, 93, 168

ブラウジング　23, 53

ブランド　96
──・アイデンティティ　141, 163
──・アイデンティティの失敗　163
──・イメージ　105, 131, 132, 141, 163
──・カテゴライゼーション　10
──観　170, 171
──経験　40
──選択　11, 16, 17, 73, 173

──態度　101
──知識　10
──評価　41
──・ロゴ　39, 41, 94

プリテスト　69, 70, 80, 86, 87, 89, 93, 116,
128

フレーミング　96

プロセス志向　58

プロトタイプ　35

フロー・モデル　172

雰囲気（atmosphere）　48-51, 53, 55, 56,
60

文　化　2, 9, 42, 59, 138, 143, 169
──的要因　168

分　解　45, 153, 155, 157, 159-162, 164, 172,
174, 181

分散分析（ANOVA）　70, 72, 77, 78, 80, 82,
84, 91, 92, 111, 115, 116, 118, 119, 124, 125

変　換　144, 146, 173

編　集　45, 146, 156, 159-161, 164, 176, 181

包括モデル　172

ポジショニング　132, 168

ポジティブ感情　49, 53

ポスト・モダン　153

ホリスティック　47, 49-52, 56, 58, 59, 133,
177

ボンフェローニの調整　70, 113, 116

■ま　行

マインドセット　23, 24, 105, 106, 108, 134
実行型──　23
審議型──　23

マクネマー検定（McNemar's test）　83

マーケターのコンテクスト　159, 165, 166,
177

マーケティング　1, 3, 4, 6-9, 13, 43-45, 49,
61-63, 95, 100, 103, 105-107, 138, 143, 150,
152, 155, 159, 161, 166, 171, 176-180, 182,
183
──・コピー　123, 124
──・コミュニケーション　11, 39, 45,
116, 119, 120, 131

索　引

──・ダイアログ（marketing dialogue）
　　140-143
──・ミックス　4, 5
満足／満足度　1, 15, 17, 22, 27, 47
味　覚　62-64, 103, 107
魅力効果　168
魅力度　80, 118-122
無意識　16, 45, 52, 63, 103, 175, 181, 182
無関連感情　150
結びつけ問題（binding problem）　46
明度（lightness／value）　53-55, 64-71, 73,
　　74, 77-86, 89, 91-94, 96-98, 100, 103, 107
　　──と位置の一致効果　73, 74, 76-78, 83,
　　84, 86, 92
メタ認知　12, 29, 30, 37, 39, 48, 179
メッセージ　11, 45, 97, 104, 109, 116, 126,
　　129-131, 138-145, 150, 158, 159, 167, 171,
　　173, 175, 177, 180
メディア　141
免許効果（licensing effect）　26
免罪符効果　24-26
目　標　17, 18, 20-23, 25, 26, 40, 59, 68, 86,
　　106, 134, 164, 165
　　──管理（goal management）志向　22
　　──志向型行動　23
モチベーション　10, 106
物語処理（narrative processing）　40
問題認識　17, 18, 157

● や 行

ユーザー・イノベーション　143, 145
要素還元主義　172
予算的制約　151
4つのP　4

予防焦点（prevention focus）　24, 106,
　　169

● ら 行

ライフスタイル分析　10
ラウドネス（loudness）　101-103, 132-134
ラグジュアリー・ブランド　131
ラベル　35, 43, 64, 96
リアリティ　7, 152, 153, 176
リアル店舗　57
リッカート尺度　52
流暢性　12, 30-33, 44, 48, 108, 109, 129, 131
　　運動──（motor fluency）　36
　　概念的──（conceptual fluency）　34,
　　35, 39
　　言語──（linguistic fluency）　34, 39
　　検索──（retrieval fluency）　36
　　主観的──　94
　　処理──（processing fluency）　30, 31,
　　34, 39, 44, 46, 116, 118-122, 129
　　知覚──（perceptual fluency）　31-35,
　　39, 40, 44, 67, 69, 72-74, 80, 85, 94, 95
　　描写──（imagery fluency）　36
利用可能性ヒューリスティクス　38
倫理的意識　89
レイアウト　49-51, 56, 183
連続性　11, 15, 29
ロ　ゴ　31, 32, 41, 73, 86
ロシター・パーシー・グリッド　10
ロング・セラー　41, 139

● わ 行

歪曲的処理（biased processing）　17, 45,
　　146, 147, 157, 158, 165, 168

219

人名索引

■ 外国人名

Alba, J. W.　63
Allen, C. T.　170
Alpert, J. I.　100, 101, 104
Alter, A. L.　30, 31, 34, 35, 40, 67
Argo, J. J.　99
Ariely, D.　142, 165
Assael, H.　11
Atkinson, R. C.　148
Bach, J. S.　110
Baker, J.　47, 50-52, 54-56, 59
Baron, R. M.　120
Bartlett, F. C.　162
Bettman, J. R.　146
Bitner, M. J.　47, 48
Brasel, S. A.　101-103, 107
Cacioppo, J. T.　10, 34, 39, 67, 146
Chandon, P.　95
Deng, X.　64-68, 86, 97
Dhar, R.　16, 18, 21-23, 25, 26
Dholakia, U. M.　16, 21, 24
Donovan, R. J.　47, 59
Fay, B.　56-58
Festinger, L.　147, 180
Fujita, K.　105
Gale, H.　10
Gorn, G.　53, 54, 150
Hagtvedt, H.　101-103, 105, 107
Hayes, A. F.　121
Higgins, E. T.　24, 106, 108
Hirschman, E. C.　173
Holbrook, M. B.　173
Holt-Hansen, K.　103
Hoyer, W. D.　95
Hultén, B.　99
Isen, A. M.　130
Janiszewski, C.　30, 39, 94
Jobs, S.　57

Johar, G. V.　25, 26
Kahn, B. E.　64
Kahneman, D.　38, 160
Kardes, F. R.　18, 168
Kellaris, J. J.　100, 104, 105, 129
Keller, E.　56-58
Keller, K. L.　6
Kenny, D. A.　120
Khan, U.　16, 26, 64-68, 86, 97, 164
Kotler, P.　6, 48
Krishna, A.　7-9, 62, 63, 99, 100, 103
Kunda, Z.　147, 169
Labroo, A. A.　35, 39, 73, 94, 130
Laran, J.　21, 22, 164
Lee, A. Y.　34, 39, 67, 73, 95, 105, 106, 120
Levav, J.　27, 165
Liberman, N.　13, 38, 105
Lusch, R. F.　143
MacInnis, D. J.　105, 129
Malhotra, N. K.　169
McCarthy, J.　4, 183
Mehrabian, A.　59
Meyers-Levy, J.　52, 161
Meyvis, T.　30, 39, 94
Milliman, R. E.　47, 49, 52
Montgomery, H.　146, 148, 180
Mozart, W. A.　108
Neuhoff, J. G.　102, 132, 133
Novemsky, N.　16, 21, 31
Oakes, S.　104
Oppenheimer, D. M.　30, 31, 34, 35
Pachelbel, J.　110
Park, C. W.　105, 129
Payne, A. F.　143
Payne, J. W.　161
Percy, L.　11
Petty, R. E.　10, 146
Pratt, C. C.　104
Ramachandran, V. S.　42

Ravel, J. M.　110
Reber, R.　30, 31, 33, 34, 39, 67
Rossiter, J. R.　11, 59
Russell, J. A.　59, 63
Russo, J. E.　17, 95, 147
Schwarz, N.　29-31, 33, 37-40, 67, 165
Shafir, E.　25
Shen, H.　64
Shiffrin, R. M.　148
Simonson, I.　18, 20-22, 25, 179, 181
Sobel, M. E.　121
Spence, C.　13, 42, 43, 58, 62-64, 99, 103, 107, 109, 179, 180
Srull, T. K.　147, 168
Tchaikovsky, P. I.　108
Treisman, A.　42, 58, 62, 67, 68, 100, 104, 109
Trope, Y.　13, 38, 105
Tversky, A.　18, 20, 21, 38, 160
Tybout, A. M.　161

Vargo, S. L.　143
von Hippel, E.　143, 145
Walker, P.　58, 64, 65, 97, 100
Wyer, R. S.　24, 147, 168

◉ 日本人名

青木幸弘　59, 152
阿部周造　38, 183
石井淳蔵　141, 142, 146, 152, 153, 175, 176
石原武政　141, 142, 145, 146
小川進　143, 145
恩藏直人　8
田中洋　147
中西正雄　10, 149, 183
新倉貴士　141, 146, 149, 151, 153, 156, 163, 165, 168
沼上幹　145, 164, 167
福岡伸一　152-155, 158-160, 162
三浦俊彦　1-3, 143, 151, 161, 170
和田充夫　143, 161, 173

企業名索引

◼ アルファベット

SPEEDO　5
SPONTINI（スポンティーニ）　3

◼ ア 行

アシックス　5
アップル　57
アマゾン　57, 58
ウルフギャング　3

◼ カ 行

グーグル　57
コカ・コーラ　3, 34

◼ サ 行

スターバックス　3
スポンティーニ　→SPONTINI

◼ タ 行

ダイソン　3
デサント　5
トブラローネ　32

◼ ハ 行

フィッシャーマンジャパン　178
フェイスブック　57
フェデックス　32
ポール・ボキューズ　3

◼ マ 行

ミズノ　5
ミツカン　139

◼ ラ 行

楽　天　57

◎ 著者紹介

須永　努（すなが　つとむ）

関西学院大学商学部教授。

早稲田大学商学部卒業（1999 年）。同大学大学院博士後期課程単位取得（2006 年）。博士（商学）早稲田大学。千葉商科大学専任講師・准教授を経て，2011 年に関西学院大学商学部准教授。2015 年より現職。

専攻は消費者行動論，マーケティング論。

主な著作に How the sound frequency of background music influences consumers' perceptions and decision making. *Psychology & Marketing*, 35（4），253-267, 2018. Interactions between instrumental timbre and consumers' regulatory focus. *Journal of Business Research*, 121（Dec.），1-12, 2020（共著）. Effects of lightness-location congruency on consumers' purchase decision-making. *Psychology & Marketing*, 33（11），934-950, 2016（共著）.『消費者の購買意思決定プロセス――環境変化への適応と動態性の解明』青山社，2010 年。『フェイス・トゥ・フェイス・ブック――クチコミ・マーケティングの効果を最大限に高める秘訣』有斐閣，2016 年（共訳）などがある。

消費者理解に基づくマーケティング
　　――感覚マーケティングと消費者情報消化モデル
Consumer Based Marketing: Sensory Marketing and Consumer Psychology

2018 年 11 月 15 日　初版第 1 刷発行
2021 年 4 月 15 日　初版第 2 刷発行

著　者	須　永　　　努
発行者	江　草　貞　治

発行所　株式会社　有　斐　閣

郵便番号101-0051
東京都千代田区神田神保町 2 - 17
電話(03) 3264 - 1315〔編集〕
　　(03) 3265 - 6811〔営業〕
http://www.yuhikaku.co.jp/

印刷・大日本法令印刷株式会社／製本・大口製本印刷株式会社
© 2018, Tsutomu SUNAGA. Printed in Japan
落丁・乱丁本はお取替えいたします。
★定価はカバーに表示してあります。
ISBN 978-4-641-16531-1

|JCOPY| 本書の無断複写（コピー）は，著作権法上での例外を除き，禁じられています。複写される場合は，そのつど事前に（一社）出版者著作権管理機構（電話03-5244-5088, FAX03-5244-5089, e-mail:info@jcopy.or.jp）の許諾を得てください。

本書のコピー，スキャン，デジタル化等の無断複製は著作権法上での例外を
除き禁じられています。本書を代行業者等の第三者に依頼してスキャンや
デジタル化することは，たとえ個人や家庭内での利用でも著作権法違反です。